Joseph Alexander von Helfert

Kaiser Franz und die europäischen Befreiungskriege gegen Napoleon I.

EHV
HISTORY

Joseph Alexander von Helfert

Kaiser Franz und die europäischen Befreiungskriege gegen Napoleon I.

ISBN/EAN: 9783955644116

Auflage: 1

Erscheinungsjahr: 2013

Erscheinungsort: Bremen, Deutschland

Kaiser Franz

und

die europäischen Befreiungskriege

gegen

Napoleon I.

Von

Dr. Joseph Alex. Freih. v. Helfert.

Wien, 1867.

Im Commissions-Verlage von Prandel & Ewald.

—

Druck der k. k. Hof- und Staatsdruckerei.

I.

Krieg Frankreichs gegen Rußland 1812 und Krieg Rußlands und Preußens gegen Frankreich bis zum Congresse von Prag, August 1813.

1.

Allgemeine Lage von Europa vor Ausbruch des russisch-französischen Krieges.

Nach der Demüthigung Oesterreichs im Jahre 1809 stand Napoleon auf dem Gipfel seiner Macht. Er war thatsächlich Herr des größten Theiles von Europa. Nur Rußland und Großbritannien waren, so harte Schläge sie auch erfahren hatten, noch nicht vollends gebeugt. In der Verblendung seines Macht-gefühles und seiner Siegeszuversicht legte er es darauf an, auch die Kraft dieser beiden Reiche zu brechen.

Wider England hatte Napoleon schon 1806 das soge-nannte Continentalsystem beschlossen, d. h. die Sperrung aller festländischen Häfen und Märkte gegen englischen Manu-factur- und Colonial-Handel. Alle Waaren britischen Ursprungs im Vorrathe der Großhändler und Kaufleute sollten ohne Entschädigung verbrannt oder vertilgt, keine neuen durften bei schwerer Strafe eingeführt und bezogen, aller Handel und Ver-kehr mit den britischen Inseln mußte eingestellt werden. Als

1

Wiedervergeltung hatte England alle Flüsse und Häfen, von denen seine Flagge ausgeschlossen würde, für streng blokirt, jedes mit einem französischen Ursprungszeugnisse versehene Schiff für verfallen erklärt. Im Frieden von Tilsit, Juli 1807, hatten Preußen und Rußland der Festlandssperre beitreten, durch die Verträge von Fontainebleau, October 1807, Dänemark und Spanien sich derselben anschließen, um dieselbe Zeit die Portugiesen ihre Häfen englischen Schiffen sperren müssen; am 18. Februar 1808 hatte Oesterreich, nachdem es seinen Gesandten von London abberufen, das Continentalsystem angenommen, im Wiener Vertrage 1809 dieses Versprechen nothgedrungen erneuert; im Frieden zu Frederikshamm zwischen Rußland und Schweden (17. September 1809) war auch letzteres in den Bund gezogen worden. Europa bekam unter der Tyrannei dieser widernatürlichen Maßregel Unsägliches zu leiden. Dem Einzelnen legte sie Entbehrungen gewohnter Genüsse auf; an die Stelle von Kaffee und Zucker traten Cichorie, gebrannter Spargelsame, Traubenzucker als armselige Surrogate, oder man mußte gegen Erlaubnißscheine oder auf dem gefährlichen Wege des Schmuggels für echte Waare ungeheure Preise zahlen. Dem Gewerbfleiße und Handel des Festlandes war aller Zutritt zu den überseeischen Ländern abgeschnitten. Fabriks-Unternehmungen, die ihre Stoffe aus den Colonien bezogen, geriethen in's Stocken. Am meisten freilich hatte England zu tragen. In allen seinen Seestädten häuften sich Vorräthe von Waaren, die nicht verfrachtet werden konnten. Die Themse war mit Schiffen überdeckt, die, anstatt in rührigem Tauschverkehr ein- und auszulaufen, das Schauspiel vollgepfropfter Magazine boten. Die Speicher der Kaufleute fanden keinen preiswürdigen Absatz ihrer Waaren; man schlug die letzteren um Spottpreise los. Das Pfund Colonial-Zucker, das in Paris 6 Francs kostete, war in London um 6—7

Sous zu haben. Das Papiergeld sank um 18 vom 100. Die Zahl der Bankerotte stieg auf 2000 im Jahre. Viele Fabriken hatten ihre Arbeit eingestellt, Tausende fleißiger Menschen waren ohne Brod und Erwerb.

Mit **Rußland** stand Napoleon einige Zeit hindurch auf bestem Fuße. Der Friedensschluß von Tilsit hatte die Beherrscher der beiden Reiche zuerst einander genähert, die glänzenden Tage von Erfurt, Herbst 1808, schienen die Gefühle schwärmerischer Bewunderung des jugendlichen Alexander und aufrichtigen Wohlwollens des geschmeidigen Napoleon zu einem immer festeren Bande knüpfen zu wollen, und das um so mehr, als das beiderseitige Interesse aus dieser Verbindung nur Vortheil ersah. Zum Glücke für das geknechtete Europa war es aber gerade dieses beiderseitige Interesse, das die kaum geknüpften Bande erst lockerte, dann löste, zuletzt Zuneigung und Vertrauen in das Gegentheil umwandelte. Den ersten Anlaß zur Erkaltung bot der Abschluß des Wiener Friedens, in welchem Napoleon das von Oesterreich abgetretene Westgalizien und Krakau seiner jungen Schöpfung, dem Herzogthum Warschau einverleibte, während Alexander, der darauf den nächsten Anspruch zu haben glaubte, mit einem kleinen Stücke von Ostgalizien, dem Bezirke Tarnopol mit etwa 40.000 Einwohnern, abgefertigt wurde. Als bald darauf, Jänner 1810, Napoleon den russischen Kaiser wegen der Hand der Großfürstin Katharina ausholen ließ und nicht das gewünschte Entgegenkommen fand — wovon übrigens weniger Alexander, als die Kaiserin-Mutter, die einen unbesiegbaren Widerwillen gegen den revolutionären Emporkömmling hatte, die Schuld trug —, war der Grund zur Verstimmung auf Napoleon's Seite. Er vergalt es dem russischen Kaiser, als dieser, durch das Anwachsen des Herzogthums Warschau beunruhigt, von Frankreich das Versprechen

verlangte, Polen niemals herstellen, noch das Herzogthum
Warschau durch polnische Gebietstheile weiter vergrößern zu
wollen; der französische Gesandte Caulaincourt, Herzog von
Vicenza, und der russische Reichskanzler Romanzov hatten am
23. Jänner 1810 eine Uebereinkunft in diesem Sinne getroffen;
allein Napoleon versagte die Bestätigung. Um die Festlandssperre sicherer durchführen zu können, wollte Napoleon die Häfen
und Flußmündungen Norddeutschlands in seiner unmittelbaren
Gewalt haben; das Senatsconsult vom 15. December 1810 sprach
deßhalb die Vereinigung der Hansestädte Hamburg, Lübeck und
Bremen, des Herzogthums Oldenburg, eines großen Theiles
von Berg und Westphalen mit Frankreich aus. Die Regenten-
familie von Oldenburg war aber dem russischen Hofe verwandt;
Alexander legte daher bei den europäischen Höfen förmliche
Verwahrung gegen jenen räuberischen Vorgang ein und wollte
von einer Entschädigung durch das Fürstenthum Erfurt und die
Grafschaft Blankenhayn, die Napoleon anbot, nichts wissen; er
verlangte für den entthronten Fürsten ein entsprechendes Stück
von Warschau, worauf wieder Napoleon nicht einging. Der
Kaiser von Rußland vergalt diese neue Beleidigung durch
den Ukas vom 31. December 1810, der für Rußland die Ein-
fuhr von Colonial- und britischen Artikeln unter neutraler
Flagge gestattete, dagegen jene vieler französischer Waaren
theils verbot, theils mit hohem Zolle belegte; französische Contre-
bande sollte verbrannt, englische blos in Beschlag genommen
werden. Das hieß den Kaiser der Franzosen an seiner empfind-
lichsten Seite verwunden; „lieber wolle er einen Backenstreich
erdulden" sagte er.

Auf solche Weise hatte sich auf beiden Seiten hinreichender
Zündstoff gehäuft und selbst an Vorspielen zu feindlichem Zusammenstoße fehlte es nicht. Verstärkte Napoleon seine Kriegsmacht

im Herzogthume Warschau, in Danzig und in den preußischen Oder-Festungen, so ließ Rußland, wie zur Vertheidigung gegen einen bevorstehenden Angriff, an der Düna Schanzen aufwerfen. England war rasch bei der Hand, den Brand zu schüren. Der russische Hof hatte an den neutralen Handel das Verlangen einer Salpeter-Lieferung gestellt. Diesen Anlaß benützte das britische Cabinet, um zwölf mit Pulver beladene Schiffe in die Ostsee absegeln zu lassen und einen gewissen Thornton als Agenten nach Stockholm zu senden, der sich dort der russischen Gesandt-schaft nähern und auf den ersten ihm gegebenen Wink jene Schiffe in einen russischen Hafen einlaufen lassen sollte. Allein der Wink wurde nicht gegeben; im Gegentheil, Rußland ließ Thornton wissen, es sei für ihn nicht an der Zeit sich in St. Petersburg einzustellen, und gebot den Pulverschiffen sich aus den Gewässern von Riga, wo sie kreuzten, zu entfernen, widrigens man Feuer auf sie geben werde. Die Ursache dieser Zurückhaltung russischerseits war wohl die, daß man Frankreich keinen neuen Stoff zur Beschwerde geben und den vorzeitigen Losbruch eines Krieges, dem man sich in der augenblicklichen Lage nicht gewachsen fühlte, möglichst hintanhalten wollte.

Bei der Machttheilung von Europa, die bei der Zusam-menkunft zu Erfurt zwischen dem französischen Imperator und dem russischen Zar verabredet worden war, hatte Napoleon dem letzteren die Erwerbung von Finnland und jene der türkischen Donauländer zugestanden. Mit Schweden hatte sich bald ein Anlaß zum Kriege gefunden; ein russisches Heer unter Buxhövden war in Finnland eingefallen, hatte binnen wenig Wochen die seiner Truppenzahl nicht gewachsene schwedische Macht aus dem Lande gedrängt und das für uneinnehmbar gehaltene Sweaborg genommen; im Friedensschlusse von Frederikshamn war sodann Finnland dem russischen Reiche zugeschlagen worden. Kaum war dieser Erwerb gesichert, hatte sich Rußland mit verstärkter Kraft wider die Türkei gewandt, gegen die es schon seit 1806 den Aufstand der Serben unter dem „schwarzen Georg" erst insgeheim und dann offen unterstützte. Nach manchen Kämpfen fanden Ende 1810 die ersten Friedensverhandlungen zu Bukarest statt. Rußland verlangte Abtretung Bessarabiens, der Moldau und Walachei, eines Landstriches längs des Kaukasus und Freiheit für die Serben. Als dieß verweigert wurde, begann der Krieg aufs Neue. Führer der Russen war der erfahrene Kutusov, der am 4. Juli 1811 die Türken bei Ruscuk schlug und vier Tage später die Werke der Festung sprengte, worauf er wieder auf das linke Donauufer zurückging. Am 9. September setzte der Großvezier Achmet Aga mit einem Theile seines Heeres über die Donau, ohne jedoch etwas Entscheidendes zu unternehmen; Kutusov dagegen sandte den General Markov auf das rechte Donauufer, der am 14. October den dort zurückgebliebenen Theil des osmanischen Heeres angriff und aufrieb. Im Laufe des Novembers traf der Courier, der diese Siegesnachricht überbrachte, in der russischen Hauptstadt ein, und sogleich erhielt Kutusov Befehl, von neuem den Weg des Ausgleichs mit den Türken zu versuchen. Die Unterhandlungen, die zu Giurgevo stattfanden, führten vorläufig zum Abschluß eines mehrmonatlichen Waffenstillstandes und am russischen Hofe sah man mit erwartungsvollem Bangen dem Tage entgegen, der die Kunde vom Zustandekommen des Friedens bringen würde. Napoleon war außer sich über diese unerwartete Wendung der Dinge. „Die Türken haben sich benommen wie unvernünftige Thiere" (comme des brutes), rief er aus, als er das Mißgeschick Achmet Aga's erfuhr Denn auch in seinem Interesse lag es, daß der Krieg mit Rußland nicht vor der Zeit ausbreche, da ein großer Theil seiner Waffenmacht in Spanien und Portugal verwickelt war und da er überhaupt Zeit brauchte, um die Heeresmassen aus allen Theilen seines weiten Reiches an die Grenzen Rußlands zu schaffen.

Napoleon hatte bei den neuen Planen seiner unersättlichen Herrschsucht so viel wie alles wider sich. Seine nächste Umgebung, seine Diplomaten, selbst seine Marschälle, welche die mit Mühen und Gefahren errungenen Ehren und Reichthümer endlich einmal mit Muße genießen wollten, waren gegen den Krieg. Am 11. Mai 1811 löste Marschall Lauriston den Herzog von Vicenza auf dem Gesandtschaftsposten von St. Petersburg ab. Er war, wie sein Vorgänger, ein Freund des französisch-russischen Bündnisses und gab sich redliche Mühe den Frieden aufrecht zu erhalten. Am Hofe Napoleon's selbst war es zumeist der Erz-kanzler Cambacérés, der es der Schüchternheit und der Unter-würfigkeit unter die Befehle seines Herrn, dem er mit ganzer Seele ergeben war, abgewann, vor der Herbeiführung eines Unternehmens zu warnen, dessen Ausgang niemand voraussehen könne. Napoleon suchte die Sorgen seines treuen Dieners zu beschwichtigen: „Rußland sei geschlagen, aber nicht gedemüthigt; zu einem Zusammenstoße zwischen ihm und Frankreich müsse es einmal kommen; also besser früher als später; er werde übrigens an diese Unternehmung, deren Schwierigkeit niemand besser ein-sehe als er selbst, mit aller Vorsicht schreiten; er gedenke den Krieg keineswegs in einem Feldzuge zu Ende zu bringen; er werde nicht so tollkühn sein, sich in die russischen Steppen hinein-zuwagen" ꝛc. Das erschöpfte Frankreich, das ausgesogene Europa bangten vor einer abermaligen Erschütterung der ihnen kaum erst gegönnten Ruhe. Wohl lechzten die Völker nach Be-freiung vom Joche französischer Zwingherrschaft; allein sie ver-zweifelten an jedem günstigen Ausgange eines Krieges, der wider den unüberwindlichen Tyrannen unternommen würde;

fie fürchteten eine Vermehrung des Druckes, der jetzt schon
mit kaum ertragbarer Schwere auf ihnen lastete. Ein Komet,
der einen großen Theil des Sommers und Herbstes 1811 mit
nie gesehener Pracht vom Himmel herableuchtete, war dem weit-
verbreiteten Aberglauben ein neues Zeichen drohenden Unheils.
Zu den Bedrängnissen der Continentalsperre kamen die eines
entschiedenen Mißjahres. Die anhaltende Trockenheit der Früh-
lings- und Sommermonate hatte einen vortrefflichen Wein ge-
zeitigt, aber in den meisten Ländern des Welttheils die Körnerfrucht fast gänzlich vernichtet. Dazu die Geschäftsstockung, der
Stillstand vieler Fabriken, der zahlreiche Fall von Handlungs-
häusern, die Tausende und Tausende um ihren Erwerb brachten.
Das Volk hatte kein Geld sich Brod zu kaufen, in einer Zeit, wo
das Brod theurer war als je. In England durchstreiften Banden
ausgehungerter Leute das Land, machten die Straßen unsicher,
hemmten und störten den Verkehr; der Grimm verzweifelter
Arbeiter wandte sich gegen die Maschinen, denen sie in ihrer
Beschränktheit alles Unheil zuschrieben, und schlug sie in Stücke;
das Einschreiten der Polizei und des Militärs führte zu blutigen
Auftritten. In den räuberberühmten Schluchten der Abruzzen
sammelten sich Rotten von Banditen, die durch zahlreiche Militär-
flüchtlinge fortwährenden Zuwachs erhielten, raubten die Reisenden
aus, scheuten Mord, Todtschlag und Brandlegung nicht und versetzten einen großen Theil des neapolitanischen Festlandes, namentlich Calabrien, in Angst und Schrecken. Nicht besser sah es jenseits
der Meerenge von Messina aus, wo der sorglose Hof Ferdinand's IV das Land mit Abgaben drückte und der Minister
Marchese Artali gegen die Parteigänger des Königs Joachim
wüthete. Auf der pyrenäischen Halbinsel tobte der Krieg
mit allen Scheußlichkeiten gegenseitigen Hasses und Rache-
durstes. Massena's von Zerstörung und Verwüstung begleiteter

Zug nach Portugal und seine Vertreibung durch Wellington
kostet hunderttausenden von Menschen das Leben, die im Elende
dahin sterben. Marschall Suchet läßt beim Sturm auf Lerida
spanische Weiber und Kinder vorantreiben; der Spanier Saraza
macht dagegen auf des Marschalls schwangere Gattin Jagd, um
die Mutter mit ihrer Leibesfrucht zu tödten. Fast die ganze ein-
heimische Bevölkerung außer den Städten und festen Plätzen
hat sich in Guerillas-Banden aufgelöst, die sich in verlassenen
Schlössern und Klöstern festsetzen und von da aus selbst gegen
die wehrlosen Familienglieder der Franzosen wüthen. Keine
Straße ist sicher, alle Verbindungen sind gefährdet, Hinterhalt
und Ueberfall, Mord auf offener Straße und Vergiftung sind
an der Tagesordnung und treiben den französischen Soldaten,
der selbst im Quartier fast aller Ruhe und Erholung entbehrt,
zur Verzweiflung.

Unter solchen Umständen hatte Napoleon alle Ursache,
den Schein zu vermeiden, als ob er es sei, der über dem ermü-
deten Welttheil die Kriegsfurie von neuem entfesseln wolle; im
Gegentheile, er stellte sich an, und ließ seine Minister und Gesandten unaufhörlich behaupten, als ob alle Schuld einzig auf
Seite seines Gegners sei. Er beschwerte sich bei dem russischen
Gesandten Fürsten Kurakin über die Ansammlung russischer
Truppen an der Warschauer Grenze und forderte die Entfernung derselben, sowie die Zurücknahme der Verwahrung wegen
Oldenburg. Inzwischen betrieb er eifrigst seine Rüstungen. Das
Kriegs-Ministerium bereitete ein Senatusconsult vor, wodurch
die Aushebung der Kriegspflichtigen für 1812 angeordnet werden sollte. Die Regierungen des Rheinbundes erhielten die Wei-
sung, ihr vollständiges Truppenmaß in Bereitschaft zu halten.
In Deutschland wurde der Pferdeeinkauf eifrigst betrieben. Die
in Castilien stationirte junge Garde wurde nach Frankreich

gernfen; die Dragoner-Regimenter follten escadronsweife über
die Pyrenäen zurückkehren. Soult und Suchet erhielten in Chif-
fern den Befehl, die fogenannten Weichfel-Regimenter (régi-
ments de la Vistule) nach Frankreich aufbrechen zu laffen.
An den Vicekönig von Italien Prinzen Eugen fchrieb Napoleon
eigenhändig, er habe feine Truppen zum Ausmarfch über die
Alpen gegen Ende Jänner k. J. bereit zu halten. Von den
meiften diefer Vorkehrungen erhielt man in St. Petersburg bald
genaue Kunde, da es dem Fürften Cernišev, Adjutanten des
Kaifers Alexander, der in den letzten Jahren zu häufigen Sendun-
gen zwifchen beiden Höfen verwendet wurde, gelungen war, die
geheimen Dienfte eines Beamten des franzöfifchen Kriegs-Mini-
fteriums zu erkaufen. Die ruffifche Regierung konnte kaum mehr
im Zweifel bleiben, daß es Napoleon auf einen großartigen
Schlag wider fie abgefehen habe. Kaifer Alexander wollte endlich
einmal darüber ins Reine kommen und warf, da Fürft Kurakin
den Künften des franzöfifchen Kaifers offenbar nicht gewachfen
war, feine Blicke auf den erften Gefandtfchafts-Secretär in Paris,
Neffelrode, der fich damals gerade in St. Petersburg befand
und der nun in außerordentlicher Sendung nach Paris gehen
follte. Allein gerade das war es, was Napoleon zu vermeiden
wünfchte. Er wollte fich nicht zu einer beftimmten Antwort
drängen laffen; er wollte vielmehr das verdeckte Spiel wie bisher noch weiter treiben, und wußte es darum fo einzurichten, daß
die Sendung Neffelrode's unterblieb. Es lag Napoleon daran,
den Ausbruch des Krieges bis zum Beginn der Sommerzeit
hinzuziehen, um die Ruffen zu hindern, daß fie ihm in der
Ueberfchreitung des Niemen zuvorkämen und dadurch alle in den
preußifchen und Warfchauer Gebieten aufgefpeicherten Vorräthe
wegführten oder vernichteten; auch ftanden bis dahin die Feld-
früchte, die Gräfer und Kräuter der Wiefen in üppiger Fülle

und boten den zahlreichen Pferden der Reiterei, der Geschütze, des Trosses und der Officiersstäbe ausreichendes Futter, das man zu einer anderen Jahreszeit auf endlosen Wagenzügen dem Heere nachführen mußte.

So hatte sich zu Anfang 1812 der zwitterhafte Zustand, worin man sich seit mehr als Jahresfrist befand, um wenig mehr geändert, als daß die Aussichten einer Beilegung des Streites zwischen den beiden Großmächten immer trüber, die Wahrzeichen des bevorstehenden Krieges von Tag zu Tag drohender wurden. Im ausgedehnten Gebiete des französischen Kaiserreiches und seiner Vasallenstaaten wurde die Einberufung und Abstellung der Kriegspflichtigen mit den schärfsten Zwangsmitteln betrieben, zu einer Zeit, der es an Noth und Drangsal aller anderen Art nicht fehlte. Die Mißernte des verflossenen Jahres hatte den Preis der Körnerfrucht auf eine für den gemeinen Mann unerschwingliche Höhe hinaufgebracht. In vielen Gegenden Frankreichs stürmte das Volk die Bäckerladen, die Speicher der Getreidemäkler, überfluthete im Drange der Selbsthilfe die Märkte von Lebensmitteln, fiel Kutschen und Wagen bei hellem Tage an. Die angeordnete Recrutirung führte neue Unordnungen herbei, die Leute wollten nicht „sich auf die Schlachtbank führen lassen"; die Masse der Militärflüchtigen stieg auf 50.000. Um die Maßregel mit Gewalt durchzusetzen, wurden bewaffnete Commanden im Lande herumgeschickt, die sich den Familien der Ausreißer in die Häuser legten und sie durch unerschwingliche Geldbußen in's Verderben stürzten. In vielen Städten Frankreichs, im Haag, in Rotterdam, in Amsterdam kam es zu offenen Meutereien; in Ost-Friesland wurde der Präfect, der die Aushebung persönlich durchführen wollte, in die Flucht gejagt. Einzelne Abtheilungen der Truppen in den Hansestädten überwältigten ihre französischen Officiere und brachten sich schaarenweise nach Helgoland in Sicherheit. Fast an allen Orten leistete die Bevölkerung den Widerspänstigen Vorschub, nicht blos ihren eigenen Landsleuten, sondern auch Italienern, Spaniern, selbst Franzosen, schaffte ihnen einen Versteck, verköstigte sie und verhalf ihnen, sobald die Gelegenheit sich bot, zur Flucht in ihre Heimat. Bei weitem vortheilhafter standen in allen diesen Stücken die Dinge jenseits des Niemen. Zwar war auch in Rußland das Jahr 1811 den Feldfrüchten nicht günstig gewesen; allein es hatte die Hoffnungen der Landwirthe nicht in dem Grade, wie im westlichen Europa, vereitelt; und wenn der Zar seine Russen in den „heiligen Krieg" rief, so konnte er überzeugt sein, daß sie mit opferwilliger Begeisterung seinen Fahnen folgen würden. Rußland hatte bereits im September 1811 eine Aushebung von 130.000 Mann angeordnet; zu Anfang des Frühjahres von 1812 erging eine neue Ausschreibung von Recruten.

Napoleon und Alexander ließen es an Eifer nicht fehlen, sich durch Bündnisse zu stärken. Am 24. Februar 1812 wurde der Vertrag Frankreichs mit Preußen abgeschlossen; am 14. März darauf kam das französisch-österreichische Bündniß zu stande. Napoleon suchte England mindestens zum Zugeständnisse der Nichtbetheiligung an dem bevorstehenden Kampfe zu bringen. Nach Constantinopel schickte er den General Grafen Andréossy, um die Pforte zur Fortsetzung des Krieges gegen Rußland aufzumuntern. In Schweden würde der König Karl XIII. wohl das französische Bündniß gern gesehen haben, allein er war von schwerer Krankheit getroffen; seit 17. März 1811 führte ein erwählter Nachfolger, der frühere französische Marschall Bernadotte, von jeher eifersüchtig auf Napoleon's Größe und Ruhm, als Kronprinz die Zügel der Regierung. Bernadotte verlangte als Preis von Schwedens Mithilfe das bis dahin dänische Norwegen, und als ihm Napoleon, welchem

Dänemark ein treuer Bundesgenosse war, dieß barsch verweigerte, näherte sich jener Rußland, falls ihm hier zu der
gewünschten Vergrößerung seines künftigen Reiches verholfen
würde; zugleich erbot er sich, den alten schwedischen Einfluß am
Hofe von Stambul geltend zu machen und einen baldigen Friedensschluß zwischen Rußland und der Pforte zustande zu bringen. Alexander griff mit beiden Händen zu. Er sandte den
Grafen Suchtelen nach Stockholm, um sowohl den Vertrag mit
Schweden zu betreiben, als auch mit Thornton die Bedingnisse
eines Schutz- und Trutzbündnisses mit England zu verabreden.
Schon gegen Ende 1811 waren die geheimen Unterhandlungen
zwischen Stockholm und St. Petersburg in Gang gesetzt; am
5. April 1812 kamen sie in letzterer Stadt zum Abschluß. Am
23. April verwarf England die Anerbietungen Napoleon's und
trat am 3. Mai dem schwedisch-russischen Bündnisse bei. Zugleich schickte es den geschickten Unterhändler Robert Wilson in
das Lager des Großveziers, um den Abschluß des Friedens mit
Rußland zu betreiben; als Napoleon's Gesandter nach Constantinopel kam, war es zu spät.

Während dieser ganzen Zeit hatte Napoleon seine zwei-
deutige Rolle fortzuspielen gesucht. Sein Gesandter am russischen Hofe war angewiesen, die Meinung zu verfechten, es handle
sich um keinen Krieg, sondern höchstens um eine Verhandlung
unter Waffen, und sein Gebieter würde nichts lieber sehen, als
wenn eine persönliche Zusammenkunft der beiden Monarchen,
etwa an der Weichsel, den entstandenen Mißhelligkeiten ein Ende
machen könnte. Insgeheim dagegen wurde Lauriston durch eine
Depesche des Ministers des Aeußern, Maret, Herzogs von
Bassano, unterrichtet, daß es dem Kaiser einzig darauf ankomme
Zeit zu gewinnen. Am 28. Februar 1812 hatte Černišev vor
seinem Abgange nach St. Petersburg eine Audienz bei Napoleon,

der ihm in langer Unterredung auseinandersetzte, daß niemand
den Krieg weniger wünsche als er; Černišev empfing einen eigenhändigen Brief Napoleon's an Alexander. Als er jedoch mit
diesem Boten des Friedens in der russischen Hauptstadt eintraf,
10. März, konnte er zugleich von den großartigen Truppen-
und Wagenzügen berichten, die er auf seinem ganzen Wege von
Frankreich bis an die Elbe und Oder getroffen. Trotz dieser
deutlich genug sprechenden Wahrzeichen wollte es Alexander von
seiner Seite an nichts fehlen lassen, was nur irgend geeignet
scheinen konnte, den drohenden Zusammenstoß abzuwenden. Am
April ging ein Antwortsschreiben von ihm an den französischen Kaiser ab. Er erklärte sich darin zu Unterhandlungen
bereit; er zeigte große Nachgiebigkeit in den Hauptpunkten, die
zu den gegenseitigen Mißhelligkeiten geführt hatten. Er verlangte nur, daß, um seinerseits entwaffnen zu können, Schwe-
disch-Pommern, Altpreußen und das Herzogthum Warschau von
französischen Truppen geräumt würden. Allein in diesem Begehren wollte Napoleon nur eine neue Beleidigung erblicken: „er als
Sieger habe an Alexander den Besiegten nie eine ähnliche Forderung gestellt!" Schon standen seine nach Hunderttausenden
zählenden Truppenmassen längs der Oder; ein neuer Befehl
schob sie in langsamen Märschen, um den Soldaten nicht vorzeitig zu ermüden und mit dem ungeheueren Troß überall zur
Stelle zu sein, bis an die Weichsel vor. Am Hofe Alexander's
mußte Lauriston sagen, es geschehe dieß nur darum, weil man in
Erfahrung gebracht habe, daß sich bedeutende russische Streitkräfte an der Düna und am Dnjepr zusammenzögen; auch sollte
er neuerdings den Wunsch Napoleon's ausdrücken, mit Alexander
an einem Orte zwischen dem Niemen und der Weichsel zusam-
menzukommen, wo man alles freundschaftlich, wie vor Jahren in
Tilsit und Erfurt, abmachen könne. Zugleich schickte Napoleon den

Grafen Louis de Narbonne in außerordentlicher Sendung nach
St. Petersburg ab, der sich namentlich über die von Alexander
gestellte Bedingung der Räumung von Pommern, Preußen und
Warschau beschweren sollte. Allein Alexander war des hinter-
listigen Spieles satt. Er ging auf Lauriston's wiederholten
Vorschlag nicht ein, und er beharrte troß Narbonne's Gegen-
vorstellungen auf seinem am 8. April gestellten Verlangen. Als
diesem nicht entsprochen wurde, verfügte sich der Zar am
21. April mit der ganzen kaiserlichen Familie in die Kirche zur
heil. Muttergottes von Kasan; dann verließ er die Stadt, von
einer ungeheuren Volksmenge begleitet, die ihm ihre inbrünstigen
Segenswünsche auf den Weg gab, und reiste zur Armee.

Napoleon hatte seinen Zweck erreicht. Die bessere Jahreszeit stand vor der Thüre, und vor den Augen der Welt konnte
er darauf hinweisen, daß der russische Kaiser es sei, der den
ersten feindseligen Schritt gethan, während er selbst noch den
Faden der Unterhandlung in der Hand halte!

2.

Das österreichisch-französische Bündniß vom 14. März 1812.

Seit Oesterreich zu den europäischen Großmächten zählte,
war es nie so tief gesunken, als in den Jahren nach dem Wiener
Frieden. Durch den unglücklichen Feldzug von 1805 hatte es
Venedig, Dalmatien, Vorarlberg und Tyrol, durch jenen von
1809 Triest, das Küstenland mit einem Theile von Croatien,
Görz, Krain und den westlichen Theil von Kärnten, Salzburg,
Berchtesgaden, das Innviertel und einen Theil des Hausruck-

viertels, Westgalizien, Krakau und ein Stück von Ostgalizien
verloren. Es hatte fast ein Drittheil seines Gebietes, die Werb-
bezirke für eine Anzahl seiner schönsten Regimenter eingebüßt.
Es war vom Meere abgeschnitten, zu einem Binnenstaate geworden. Sein Einfluß auf Deutschland war vernichtet. Durch
den Verlust der treuen Gebirgsfestung Tyrol waren seine westlichen Grenzen preisgegeben; ohne Schutzwehr und festen Halt
stand es seinem Ueberwinder offen. Es lag eingekeilt und ein-
gezwängt zwischen dem napoleonischen Italien, der napoleonischen Schweiz, dem napoleonischen Rheinbund, dem napoleonischen Herzogthum Warschau. Es war aber nicht blos besiegt
und verkürzt, es war zugleich gedemüthigt. In dem Wiener
Frieden hatte es die schimpfliche Bedingung eingehen müssen,
nicht mehr als 150.000 Mann auf den Beinen zu halten. Seine
Großmachtstellung war geopfert, es hatte keine selbständige
Politik mehr, es war, so zu sagen, zu einem Vasallenstaate
Frankreichs herabgedrückt. „Gott und sein Würgengel Napoleon
sind über uns", schrieb Friedrich von Genz in jenen traurigen
Tagen. Oesterreich lag in den eisernen Banden der französischen
Machtherrschaft, aus der keine menschliche Voraussicht, keine
staatsmännische Berechnung die Möglichkeit einer Befreiung
sah. Um die Wehrkraft Oesterreichs für künftige Fälle zu stärken, wollte Radetzky, Chef des General-Quartiermeister-Stabes,
die zugestandenen 150.000 Mann nur als den Rahmen benützen, dessen offene Räume im Augenblick des Bedarfs durch
rasche Einberufungen auszufüllen wären. Metternich billigte
diesen Vorschlag. Allein der Hofkammer-Präsident Graf Wallis war dagegen; „Oesterreich sei so erschöpft und ausgesogen",
meinte er, „daß es für die nächsten zehn, vielleicht für dreißig
Jahre an keinen Krieg denken könne" Dieses Gefühl der Ohnmacht, des Kleinmuths und der Ergebung in ein aufgezwungenes,

wie man glauben konnte, unabwendbares Schicksal, herrschte
in allen Kreisen der Bevölkerung vor. „Man habe es nun zur
Genüge erfahren, daß jeder Widerstand gegen Napoleon vergeblich sei; Oesterreich müsse darauf verzichten, das wieder zu
gewinnen, was es an Frankreich verloren; höchstens nach Südosten, auf die türkischen Donauländer, die zuletzt noch der
tapfere Prinz Eugen siegreich durchzogen, dürfe es seine Blicke
werfen." Allein auch daran konnte Oesterreich nicht nach
selbsteigenem Ermessen denken. Es suchte die Anlehnung an
den Unüberwindlichen, um von dieser Seite gedeckt und
vielleicht unter dessen Schutz, anderweitigen Ersatz für die erlittenen großen Verluste zu suchen. Hochmüthig wies Napoleon
alle Versuche der Annäherung zurück: was bedurfte er eines Bündnisses mit dem Unterworfenen!

Diese trostlose Lage verbesserte sich etwas mit dem
Jahre 1811. Die Heirat Napoleon's mit Maria Luisen,
die ihrem großen Gemal alle Liebe und Hingebung eines
jugendlich-empfänglichen Frauenherzens entgegentrug und nach
Jahresfrist seinen sehnlichsten Wunsch nach einem Erben seines
Thrones und seiner Macht in Erfüllung brachte, hatte das
Verhältniß zwischen Sieger und Besiegtem in günstiger Weise
umgewandelt. Jener war zum Schwiegersohn von diesem, letzterer zum Großvater des kleinen „Königs von Rom" geworden, und
die nahen verwandtschaftlichen Bande führten zu gegenseitigen
Freundschaftsbezeugungen, die nicht ganz ohne Einfluß auf die
staatlichen Beziehungen blieben. Metternich und der kaiserliche
Botschafter am Hofe von St. Cloud, Karl Fürst Schwarzenberg, waren ganz die Männer, im Interesse ihres Monarchen
und ihres Vaterlandes von diesem glücklichen Umschwung besten
Gebrauch zu machen, als der wachsende Zwiespalt zwischen
Napoleon und Alexander ihnen Stoff zu neuer Thätigkeit gab.

Oesterreichs Gesandter am russischen Hofe, Graf Saint-
Julien, vereinte seine Bemühungen mit denen des preußischen
Vertreters, um auf Kaiser Alexander beschwichtigend einzuwir=
ken, der ihnen aber entgegnete: „Wendet euch mit euren Frie-
densrathschlägen an Jene, die den Krieg um jeden Preis wollen
und die mich wider meinen Willen zwingen, zum Schwert zu
greifen!" In Paris suchte Schwarzenberg in häufigem vertraulichen Gespräche mit Napoleon die Gefahren und Schwierigkeiten eines Angriffskrieges gegen Rußland hervorzuheben.
„Glauben Sie ja nicht", beschwichtigte ihn der Kaiser, „daß ich
den Don Quixote spielen und das russische Reich über den
Haufen werfen wolle"; nur zu demüthigen, nicht zu vernichten
gedenke er Rußland. Napoleon trug sich eine Zeit lang mit dem
Gedanken, nebst Rußland auch Preußen zu bedenken, es im
Marsche mitzunehmen und die Ostseehäfen, die ihm für eine
wirksame Durchführung der Festlandssperre von Wichtigkeit
waren, in seine unmittelbare Gewalt zu bekommen. Er haßte
diese „Jacobiner des Nordens" wie er die Preußen nannte,
und blieb lange taub für alle Bitten und Vorschläge, die ihm
von Berlin kamen. Da war es Schwarzenberg, der im eigenen
Interesse Oesterreichs und des geknechteten Europa's den Für-
sprecher Preußens machte. Napoleon ließ von seinen feindseligen
Absichten ab, und so kam es zuletzt zu dem Vertragsabschlusse
vom 24. Februar 1812, welchem zufolge Preußen ein Contingent
von 20.000 Mann zu stellen, 44.000 Stück Rinder, 15.000
Pferde und eine entsprechende Menge Getreide und Futter zu
liefern hatte; dafür wurde Preußen sein gegenwärtiger Besitz-
stand gewährleistet und eine bessere Gestaltung seines Gebietes nach Beendigung des Krieges verheißen.

Ungleich günstiger stand es jetzt schon mit Oesterreich.
Hatte sich dieses in der ersten Zeit nach dem Wiener Frieden

vergeblich bemüht, einen Allianzvertrag mit Frankreich zustande zu bringen, so war es jetzt Napoleon, der das Bündniß mit Oesterreich suchte. Nicht um die materielle Hilfe Oesterreichs war es ihm, der über die Hälfte der Streitkräfte von ganz Europa gebot, in erster Linie dabei zu thun; aber Flanke und Rücken wollte er sich decken und einen Theil der moskowitischen Streitkräfte gegen die österreichische Ostgrenze beschäftigt wissen, um mit größerer Sicherheit seinen Schlag gegen das Innere von Rußland zu führen. Kaiser Franz verlangte sich keinen Krieg zwischen Frankreich und Rußland; noch weniger konnte er wünschen, in denselben mit hineingezogen zu werden; „Oesterreich bedürfe der größten Schonung seiner Kräfte" wurde dem französischen Gesandten, Grafen Otto, von Metternich bemerkt. Doch Napoleon drängte und bestand auf Oesterreichs Theilnahme am Kampf. Im Herbst 1811 wurde Fürst Schwarzenberg nach Wien berufen, um über die Lage der Dinge Auskunft zu geben; erst zu Anfang 1812 erhielt er von dort aus die Vollmacht, sich in Verhandlungen über ein Kriegsbündniß mit Frankreich einzulassen. Metternich und Schwarzenberg konnten ihre Bedingungen stellen; denn in der augenblicklichen Lage bedurfte Napoleon Oesterreichs, nicht Oesterreich Napoleon's. Am 3. Februar begannen die Unterhandlungen, am 14. März waren sie abgeschlossen. Kaiser Franz versprach 30.000 Mann gegen Rußland in's Feld zu stellen und eben so viele als Reservecorps in Bereitschaft zu halten. Doch wurde diese Beihilfe nicht als „Contingent" wie Napoleon wollte, sondern nur als „Hilfs-Corps" zugestanden, das, keinem französischen Armeecorps eingereiht, unter seinem eigenen Feldherrn stehen und seine Befehle unmittelbar aus dem Hauptquartier Napoleon's empfangen würde. Das Hilfs-Corps sollte nie getrennt, sondern jederzeit als selbständiges Corps angesehen werden und alles von demselben an Beute und Trophäen Gewonnene ihm verbleiben. Zugleich mußte Napoleon zugeben, daß der im Wiener Frieden bedungene Armeestand Oesterreichs um die Stärke dieses Hilfs- und Reservecorps, also zusammen um 60.000 Mann vermehrt werde. Oesterreich ließ sich die Neutralität seines Gebietes verbürgen, das von keiner andern Truppenabtheilung der napoleonischen Armee betreten werden durfte. Zugleich sicherte die Fassung des III. Vertrags-Artikels dem Wiener Hofe eine solche Stellung, „um bei der Unmöglichkeit des Friedens, oder falls der Krieg entscheidende Maßregeln erheischen sollte, im Stande zu sein, unabhängig zu handeln und unter jeder gegebenen Voraussetzung so zu Werke zu gehen, wie dieß eine gerechte Politik vorschreiben würde." Endlich machte Napoleon in den geheimen Zusatz-Artikeln zu dem Vertrage die Zusage, Oesterreich im Falle eines günstigen Ausganges des Krieges „einen Zuwachs von Ländern zu verschaffen, der nicht allein die Opfer und Kosten der Bundeshilfe aufwiegen, sondern auch als ein Denkmal der innigen und dauernden Freundschaft, die zwischen beiden Herrschern besteht, betrachtet werden solle"

Der österreichische Minister der auswärtigen Angelegenheiten hatte mit dem Vertrage vom 14. März 1812 alles geleistet, was sich unter den obwaltenden Verhältnissen erreichen ließ; er hatte gezeigt, daß er die Lage der Dinge trefflich zu benützen verstand. Der Vertrag, auf der Basis vollkommener Gegenseitigkeit gebaut denn auch Frankreich sagte Oesterreich, falls letzteres angegriffen würde, Kriegshilfe zu —, war in seiner ganzen Fassung ein Meisterstück. Er war die erste Sprosse auf der Leiter, die Oesterreich zu seiner verlorenen Machtstellung wieder hinaufsteigen sollte. Aus einem Vasallenstaate des gewaltigen Franzosenkaisers war es zu einem wichti-

gen und schonend zu behandelnden Verbündeten desselben geworden. Oesterreich hatte dadurch in den Augen Preußens gewonnen, es hatte in denen Rußlands und Englands nichts verloren. Von der Spree blickte man mit begehrlichen Blicken, doch
ohne Mißgunst, im Vergleich zur eigenen kümmerlichen Lage
auf die neidenswerthe Stellung Oesterreichs. Der preußische
Staatskanzler, Graf Hardenberg, schloß sich, im Sinne seines
Königs, immer enger an Metternich an, setzte ihn von allen
wichtigeren Vorfällen in Kenntniß, theilte ihm Actenstücke mit,
holte sich Rath und Trost bei ihm. Graf Saint-Julien am
Hofe von St. Petersburg hatte wohl anfangs einen schweren
Stand; das Bündniß seines Hofes mit dem französischen, das
auf die Länge denn doch nicht Geheimniß bleiben konnte, setzte
ihn in begreifliche Verlegenheit. So lang es geschehen konnte,
ließ er sich nirgends sehen, um keine Auskunft geben zu müssen;
als er zuletzt dem russischen Kaiser Rede stehen mußte, schob er
die Schuld auf den Drang der Verhältnisse, berief sich auf die
guten Gesinnungen seines Monarchen u. dgl. Es bedurfte dieser Versicherungen bei Alexander nicht, der sehr wohl einsah,
woran er war, und der ja drei Jahre früher selbst in ähnlicher
Lage zu Oesterreich, wie jetzt dieses zu ihm, sich befunden hatte,
als er 1809 um des französischen Bündnisses willen ein russisches Heer gegen seine früheren Kriegsgenossen hatte mar-
schiren lassen müssen. Er machte Oesterreich das Versprechen,
auch im Falle eines für ihn siegreichen Kampfes die galizische
Grenze nicht überschreiten zu wollen, so daß also unserer Monarchie in dem bevorstehenden Kampfe von beiden Seiten die
Unverletzlichkeit ihres Gebietes verbürgt war. Jetzt schon blickte
man von St. Petersburg wie von Berlin aus auf Oesterreich
als den möglichen Mithelfer in kommenden Tagen, während
England durch seine Unterhändler Johnson, King u. a. mun-

terbrochen vertrauliche Verbindungen mit dem Wiener Cabinete nahestehenden Personen unterhielt.

Metternich hatte nach Abschluß des Vertrages vom 14. März gebeten, daß derselbe vorderhand strengstes Geheimniß bleibe, nicht so sehr der auswärtigen Diplomatie wegen, die doch früher oder später dahinter kommen mußte, als vielmehr um seines eigenen Vaterlandes willen; „denn“, sagte er, „in ganz Oesterreich gibt es nur den Kaiser und mich, die mit diesem Bündnisse einverstanden sind.“ Wenn Metternich die ganze Wahrheit sagen wollte, so würde er vielleicht damals noch sich selbst, gewiß aber nicht seinen Monarchen haben ausnehmen können, dem es auf der Seele brannte, die napoleonische Gewaltherrschaft noch stärken und befestigen helfen zu müssen. Das war auch die allgemeine Stimmung seiner Völker, nicht blos derer, die er jetzt noch sein nannte, sondern in noch höherem Grade jener, die es noch vor kurzer Zeit gewesen waren. In allen Theilen der Monarchie standen, wenn es zum Kriege zwischen Napoleon und Alexander kam, alle Sympathien auf Seiten Rußlands und seines hochherzigen Zars. Unter dem altösterreichischen Adel war ein grimmiger Franzosenhaß vorherrschend. Genz erzählt in seinen Tagebüchern von einem antibuonapartischen Clubb, an welchem er selbst theilgenommen. Durch die Losreißung eines Theils von Croatien, das er mit seinen illyrischen Provinzen vereinigte, hatte Napoleon den Stolz der Ungarn aufs Tiefste verletzt; auf dem Landtage von 1811 hatte sich der Unwille der Nation über die inzwischen eingetretene Annäherung an Frankreich durch rundes Abschlagen alles Verlangten ausgesprochen; wurde nun noch im Lande der Abschluß des Kriegsbündnisses wider Rußland bekannt, so konnte dadurch das allgemeine Mißvergnügen nur gesteigert werden.

Die österreichische Armee durchdrang ein tiefes Gefühl der
Schmach, die der Gewaltherrscher an der Seine über Oesterreich
gebracht; hoch und nieder gestellte Officiere, wie Wallmoden,
Winzingerode, Tettenborn, Pfuel, traten in russische oder britische Dienste, wo sich ihnen am ehesten die Aussicht bot, gegen
das verhaßte Frankreich fechten zu können. In den unserem
Kaiserstaate entrissenen Ländern sehnte man sich nach der altge-
wohnten österreichischen Herrschaft zurück; überall gab es geheime Umtriebe und Vorbereitungen zum Wiederabfall vom
französischen Regiment. In Croatien und Istrien war der
Bischof von Agram, Maximilian Verhovac, das stillschweigend
anerkannte Organ der österreichischen Partei. In Oberkärnten,
in Krain, bis nach Triest hinab, zählte Erzherzog Johann,
„der Herr des Gebirges" mit wenigen Ausnahmen so viel
Anhänger als Einwohner. In den Reihen der illyrischen und
selbst der italienischen Truppen griff, wider Willen der kaiserlichen Regierung von Wien aus begünstigt, der Geist der Ver-
führung um sich. Wenn es noch etwas bedurfte, die Sehnsucht
der Tyroler nach der Rückkehr unter ihre alte Herrschaft zu vermehren, so war es die Dreitheilung ihres Landes, wovon Napoleon den nördlichen Theil zu Bayern, den südlichen zum
Königreich Italien, den westlichen zu Illyrien geschlagen hatte. In
Wien bildete sich ein tyrolisches Insurrections-Comité, zu welchem
Hormayr, damals Director des geheimen Staatsarchivs,
Appellationsrath Schneider u. a. gehörten, das seine Fäden bis
nach Graubündten und in's Veltlin hinein spann. Von den
Grenzen Ungarns bis in die Schweiz hinein, gährte es in den
Völkern, die, wie man in England und Rußland zu wissen
meinte, kaum mehr von einem Losbruch zurückzuhalten waren.

Der kaiserliche Hof hielt sich, wie man denken kann,
mit Sorgfalt all diesem Treiben fern; wie sehr es aber in seiner

unmittelbaren Nähe gährte, bewies der Vorfall mit dem Erzherzog Franz von Este, Bruder der Kaiserin Maria Ludovica und Haupt der aus Modena vertriebenen und trotz der
Verabredungen des Preßburger Friedens aller Entschädigung
beraubten österreichischen Tertiogenitur. Im December 1810
hatte Erzherzog Franz insgeheim Wien verlassen, begleitet von
den Obersten Karl Ludwig Grafen von Ficquelmont,
Laval Grafen Nugent u. a., war durch Ungarn über Brood
und Saloniki nach Smyrna, nach Malta und nach den jonischen
Inseln gegangen. In Wien war man über das unerwartete
Verschwinden des Prinzen in eine begreifliche Verlegenheit ge-
rathen; man hatte sich beeilt, Jänner 1811, Tettenborn nach
Paris zu schicken, um Napoleon von dem unliebsamen Vorfalle
in Kenntniß zu setzen, und hatte sich wie von einem drückenden
Alp befreit gefühlt, als die eben nicht sehr höfliche Antwort zu-
rückgekommen war: „es sei ihm völlig gleichgiltig, wo sich der
Erzherzog Franz befinde" Indessen, wenn auch für den Augen-
blick ohne sichtliche Folgen, so ganz bedeutungslos war das
Treiben des Ex-Herzogs von Modena nicht. Die britischen
Staatsmänner leisteten seinem Unternehmen allen möglichen
Vorschub. Beziehungen zu dem sardinischen Hofe wurden ange-
knüpft, und der Prinz-Regent von England beglückwünschte den
Prinzen in einem eigenen Schreiben zu seiner bevorstehenden
Verbindung mit der Prinzessin Beatrix. Während der Erzherzog
theils auf Malta, theils am Hofe des Königs Victor Emanuel
weilte, ging von den Genossen seiner Fahrten Ficquelmont nach
Spanien, um unter englischer Führung gegen die Franzosen zu
kämpfen; Nugent knüpfte mit Lord Bentinck in Sicilien,
dann wieder mit Wellington und Beresford auf der pyrenäischen
Halbinsel Verbindungen an, war bald in London, bald in
Gothenburg, in Colberg, in Berlin und wieder in Wien, stand

mit Hardenberg und Gneisenau, mit King und Johnson, mit Bischof Verhovac in Agram, mit einflußreichen Persönlichkeiten in den illyrischen Provinzen in unausgesetztem Verkehr und geheimem Briefwechsel *).

Der Plan des Erzherzogs Franz und seiner Schicksalsgenossen ging damals auf einen Handstreich im mittelländischen Meere, namentlich von Lissa aus gegen die illyrischen Provinzen. Dasselbe Ziel hatte eine andere Unternehmung im Auge, deren Plan im Herzen der österreichischen Monarchie geschmiedet wurde. Kapodistrias, in Diensten der russischen Gesandtschaft in Wien, war dabei vor Allem thätig. Es galt bei dem Kampfe, dessen Ausbruch zwischen Frankreich und Rußland immer wahrscheinlicher wurde, das französische Gebiet von einer Seite anzugreifen, wo es am verwundbarsten zu sein schien. Es sollte nämlich die Pforte durch das Versprechen, Ragusa und die jonischen Inseln zu erhalten, gefödert, Oesterreich durch Insurgirung der Serben, der Moldau, Walachei und Ungarns in Schach gehalten, sodann eine Unternehmung gegen die jüngsten französischen Erwerbungen, Dalmatien und Illyrien, ausgeführt und so dem gegen Rußland vordringenden Napoleon vom adriatischen Meere her in die Flanke gefallen werden. Um die bezüglichen diplomatischen Geschäfte zu führen, sollte sich Kapodistrias in das Lager der russischen Donauarmee begeben, wo sich die Stourdza, der Metropolit Ignatius u. a. schon befanden.

Ein dritter Mittelpunkt antibuonapartischer Verschwörungen war Prag. Hier weilte Justus Gruner, im Jahre 1809

---

*) In diesem hieß der Erzherzog von Modena „Arthur“, Kaiser Franz „Le Grand“, Napoleon „Vonelly“, Tyrol „Ancona“, England „Anna“ ꝛc.

seines Amtes als Berliner Polizeidirector entsetzt, und spann
aus dem Herzen des Böhmerlandes, von der russischen und britischen Regierung insgeheim begünstigt und unterstützt, seine
Fäden über ganz Deutschland aus. Es sollte eine deutsche Le-
gion geschaffen werden; man wollte durch Bildung von Streifparteien im Rücken des „Feindes" Magazine verderben, Zu-
fuhren abschneiden lassen, Aufstände in den „unterjochten"
Ländern begünstigen rc.

So war Oesterreich, sowohl durch die fast ungetheilte
Stimmung seiner Bevölkerung als durch das geheime Treiben
der Parteien, gänzlich der anti-bnonapartischen Politik verfallen, zu einer Zeit, wo sich dessen Regierung ausdrücklich und
förmlich eben dieser Politik inniger als je angeschlossen zu haben
schien. Freilich that man von oben, im Einklange mit dem neuen
Verhältnisse, das man zu Frankreich eingegangen, das Möglichste,
um jeden Verdacht von sich fern zu halten, als ob man zu jenen
Plänen und Tendenzen im geringsten in Beziehung stehe. Als
von Seiten des Erzherzogs Franz auch Metternich in's Vertrauen gezogen werden wollte, gab der kaiserliche Minister
die kategorische Erklärung, daß Oesterreich allen jenen Entwür-
fen fremd sei und durchaus unbetheiligt zu bleiben wünsche,
November 1811. Der englische Unterhändler Johnson, in Wien
allgemein geachtet und beliebt, mit Gentz befreundet, mußte
März 1812 die österreichische Hauptstadt verlassen und wählte
zunächst die Inseln des Quarnero, Lissa u. a. zu seinem beobachtenden Aufenthalte. Schlimmer erging es um dieselbe Zeit
Gruner, den die österreichische Regierung über förmliches Verlangen der preußischen in Prag aufheben und als Staatsge-
fangenen auf die Festung Peterwardein bringen lassen mußte.
Allein diese und ähnliche Maßregeln dienten nur dazu, den
Eifer, die Wachsamkeit der Patrioten zu verdoppeln, die sich

nicht nehmen ließen, alles das geschehe nur um des äußeren
Scheines willen, und im Grunde sei niemand dem Bündnisse
mit Frankreich abgeneigter als der Kaiser Franz selbst.

Der allgemeine Lauf der Dinge eilte mittlerweile rasch
der Entscheidung zu. Am 9. Mai verließ Napoleon mit seiner
Gemalin Paris, um sich vorerst nach Dresden zu begeben. Ein
Gegenstand des Schreckens und der Verwünschungen, der Neu
gier und der Bewunderung reiste er durch die ihm unterworfenen
Länder, für seine Person einfach und prunklos, aber von einem
Hofstaate und einer militärischen Suite umgeben, wie sie glän
zender nie ein Gewaltherrscher um sich sah. Große Feuerbrände
beleuchteten Nachts die Straßen, die er mit seinem endlosen
Wagengefolge fuhr. Niemand zweifelte an dem Gelingen seines
großartigen Unternehmens. Die ihn haßten und fürchteten,
bangten vor dem unvermeidlichen Untergange Rußlands; die
ihm anhingen oder ihm schmeichelten, sprachen von nichts als
von den künftigen Erfolgen der „großen Armee", erklärten
Alexander für bedauernswerth, für thöricht dem Unbesiegbaren
Widerstand leisten zu wollen, träumten von den Einzügen in
Moskau, in St. Petersburg, von der Vernichtung Rußlands,
von einem Zuge weiter nach Indien, um dort das stolze Eng
land an seiner Achillesferse zu fassen, wie einst Alexander der
Große nach dem Umsturze des persischen Reiches die entlegenen
Gebiete des Indus und Hydaspes heimgesucht hatte. An seinen
Weg drängten sich die Fürsten des Rheinbundes, ihm ihre unter
würfige Huldigung zu bezeigen. In Mainz, 11. und 12. Mai,
empfing er das großherzogliche Paar von Hessen-Darmstadt und
den Fürsten von Anhalt-Köthen, in Aschaffenburg, 13. und 14.,
den kleinen dicken Tyrannen von Württemberg. In Freiberg
am 16. von der königlichen Familie von Sachsen empfangen,

fuhr er am 17. in Dresden ein, wo Tags darauf die kaiserlichen
Majestäten von Oesterreich anlangten. Des Kaisers Franz dritte
Gemalin, die anmuths-, geist- und gemüthvolle Maria Ludovica von Este, verabschiente Napoleon; sie hatte sich nur dem
Gebote ihres Gemals gefügt, als sie ihm nach Dresden folgte,
wo sie aber bald in Gefahr kam, den Widerwillen, den sie mit-
gebracht, zu büßen. Das Wiedersehen zwischen Vater und Tochter, der vielbeneideten auf dem Kaiserthrone Frankreichs, war
ein herzliches, der Verkehr zwischen den beiden Kaisern ein
freundschaftlicher. Napoleon, der niemand in der Welt den
Vortritt gönnte, räumte ihn, wo es die Gelegenheit brachte,
seinem kaiserlichen Schwiegervater ein. Napoleon und seine
Gemalin überhäuften die Kaiserin Ludovica mit Aufmerksam-
keiten und reichen Geschenken.

Auch Graf Metternich war im Gefolge seines Monarchen
nach Dresden gekommen. Er hatte wichtige Unterredungen mit
Napoleon, dem er, wie so viele Andere vor ihm gethan hatten,
das Bedenkliche einer Unternehmung gegen Rußland, die
Schwierigkeit der Verpflegung so großer Massen in so unwirth-
lichen Gegenden, die Launen der Elemente vorzuhalten suchte.
Napoleon wollte von all dem nichts hören; allerdings war er
nun schon zu weit gegangen, um sich mit Ehren aus dem muth-
willig verworrenen Handel ziehen zu können. Er sprach nur
von der Unterwerfung, von der unerläßlichen Demüthigung
Rußlands. Einen halben Tag lang lag er über den Karten, um
Metternich seinen Feldzugsplan zu erklären; er wolle vorerst
nicht über die Düna hinausgehen; in Vilno werde sich das
Vorübergehen des Winters abwarten lassen; dort werde man
die eingerissenen Lücken ausfüllen, die Vorräthe an Stelle
schaffen und in Ordnung bringen können 2c. In viel späterer
Zeit sagte Metternich über den Eindruck, den jene Dresdner

Zusammenkunft auf ihn gemacht: „Napoleon stand damals
auf der Höhe seines Glückes, und ich glaubte nicht mehr
daran. Er war nicht mehr derselbe wie früher. Er besaß eine
Heftigkeit, die aus der Selbstunsicherheit entspringt, eine Un-
stätigkeit der Gedanken, die sich auch im Blicke offenbarte und
die gewöhnlich bei einem Genie die Furcht vor dem eigenen Un-
tergang bedeutet"

Als Cerniśev zum letztenmal Paris verlassen hatte, war
unvorsichtigerweise ein Brief zurückgeblieben, der in die unrechten
Hände fiel und auf die Spur des verrätherischen Beamten im
französischen Kriegsministerium führte, welchem der vertraute
Bote Alexander's die wichtigsten Mittheilungen über Aushebun-
gen, Einberufungen, Marschbefehle ꝛc. verdankte. Die Verhaftung des Unglücklichen, aber auch die eines in das heimliche
Geschäft mitverflochtenen Dieners der russischen Gesandtschaft,
waren die unmittelbare Folge dieser Entdeckung. Vergebens
berief sich Fürst Kurakin auf die völkerrechtliche Sonderstellung
(Exterritorialität) seines Gesandtschaftspersonales und verlangte
die Freigebung seines Mannes. Der Beamte des Kriegsdepar-
tements wurde überwiesen, verurtheilt und erschossen, der Diener
der russischen Gesandtschaft blieb noch in Haft, worauf Fürst
Kurakin seine Pässe verlangte. Das alles hatte sich zugetragen,
da Napoleon bereits aus Paris weg war; das Schreiben Kurakin's mußte in das kaiserliche Hauptquartier nachgesandt
werden; wurde es erledigt, so waren die Feindseligkeiten förmlich erklärt. Das war aber dem Kaiser der Franzosen noch zu
früh, seine Colonnen bedurften noch einige Wochen, um von
den Ufern der Weichsel bis an den Niemen vorzurücken. Lauriston
erhielt darum von Dresden aus den Befehl, in das Hauptquartier Alexander's abzureisen und den Vorschlag einer persönlichen
Zusammenkunft zu erneuern; insgeheim wurde ihm mitgetheilt,

es komme darauf an, den russischen Kaiser noch zwanzig bis
dreißig Tage hinzuhalten. Lauriston reiste von St. Petersburg
ab, allein Alexander ließ ihn nicht mehr vor.

Napoleon hielt an seinem verdeckten Spiele bis zum letzten
Augenblicke fest. Am 29. Mai verließ er Dresden, nach einem
herzlichen Abschiede von seiner Gemalin, die sich mit den Majestäten von Oesterreich vorerst nach Prag begab und dann nach
Paris zurückreiste. Erst am 16. Juni, von Königsberg aus,
empfing Lauriston die Weisung, seine Pässe zu verlangen; doch
möge er sein Begehren nicht vor dem 22. stellen, an welchem
Tage der Kaiser den Niemen zu überschreiten gedenke. Auch war
das Schreiben auf „Thorn" und auf den „12. Juni" zurück-
datirt, um glauben zu machen, daß sich Napoleon noch ziemlich
entfernt von der russischen Grenze befinde. Gleichzeitig übersandte der Herzog von Bassano dem Fürsten Kurakin die verlangten Pässe nach Paris, mit der Erklärung, daß man darin
eine Kriegserklärung erblicken müsse. In Gumbinnen am
21. Juni, also hart vor dem Ueberschreiten der russischen Grenze
erstattete der französische Minister des Auswärtigen an seinen
Kaiser einen Bericht, dessen Inhalt einzig darauf berechnet war,
die Schuld des ausgebrochenen Krieges auf die Schultern des
russischen Kaisers zu wälzen: „er habe den Tilsiter Frieden gebrochen; er habe sich England genähert, dessen Schiffen seine
Häfen geöffnet; er habe Soldaten in seinen polnischen Provinzen
angehäuft und bedrohe Warschau, so daß dem Könige von
Sachsen habe gerathen werden müssen, seine Truppen an der
Weichsel zu sammeln, um vor einem plötzlichen Angriffe gesichert
zu sein; er lasse einen Theil seiner Donau-Armee in Eilmärschen
an die Grenzen des Herzogthums Warschau rücken" :c.

Auch des Bündnisses mit Oesterreich gedachte Maret in
seinem Berichte. „Alles", sagte er „verbürgt diesem Bündnisse

lange Dauer. Es sichert die Ruhe des mittleren Europa und
verspricht Frankreich, daß es in seinen Bemühungen um die
Herstellung des maritimen Friedens nicht weiter werde gestört
werden"

3.

Die große Armee und ihr Ende, Juni bis Mitte December 1812.

Es hat niemals ein Anführer geregelter und wohlgezählter
Truppen über eine großartigere Masse bewährter Streiter, kriegerischer Zerstörungswerkzeuge und dazu gehörigen Trosses geboten, als Napoleon I., da er seine mit Recht so genannte
„große Armee" gegen Rußland führte.

Die große Armee bestand aus neun Corps. Das erste und
zahlreichste befehligte Davoust, Herzog von Rivoli, Fürst von
Eckmühl; er hatte fünf der schönsten französischen Divisionen
mit untergetheilten badischen, spanischen, holländischen und
hanseatischen Bataillonen, eine sechste polnische Division, den
Haupttheil des preußischen Contingents und ein Cavallerie-
Reservecorps, zusammen 114.000 Mann unter seinem Befehle
An der Spitze des zweiten Armeecorps stand Oudinot, Herzog von Reggio; 40.000 Mann, worunter der Rest der preußischen Kriegshilfe von 3—4000 Mann. Ney, Herzog von
Elchingen, gebot dem dritten an 50.000 Mann starken Armeecorps; das württembergische Contingent war demselben zugetheilt. Dem Führer des vierten Armeecorps, dem Vicekönig
Eugen Beauharnais von Italien, waren zwei französische
Divisionen, eine italienische und die königliche Garde, zusammen
45.000 Mann zugewiesen. Das fünfte Armeecorps bildeten
36.000 Polen unter dem Fürsten Joseph Poniatovski, das

sechste die Bayern, 25.000 Mann, unter Gouvion Saint-
Cyr, das siebente 17.000 Sachsen unter Reynier, das achte
Westphalen und Hessen, 18.000 Mann, unter dem König
Hieronymus. Dazu kamen nun noch: die große Cavallerie-
Reserve von 15.000 Mann; die kaiserliche Garde, 47.000 Mann,
deren erstes Corps der Herzog von Treviso, Mortier, das
zweite jener von Danzig, Lefebvre, befehligte; das Genie-
corps: Mineurs, Sappeurs Pontoniers; der Troß mit
18.000 Leuten zur Bedienung der Wagen, was mit dem abgesonderten österreichischen Hilfs-Corps von 30.000 Mann eine
Summe von 455.000 wirklich dienenden Soldaten ausmachte,
darunter 76.000 Reiter und 30.000 Artilleristen mit 1100
Stück Kanonen. Im Rücken der großen Armee hielt Marschall
Victor, Herzog von Belluno, das aus 39.000 Mann beste-
hende neunte Armeecorps um Berlin beisammen; eine französische und eine polnische Division, dann Berg'sche und
Baden'sche Truppenkörper bildeten sie; während noch weiter
rückwärts Augereau Herzog von Castiglione ein Reservecorps
von 37.000 Mann sammelte, reichlich 10.000 Mann in den
Festungen Stettin, Küstrin, Glogau, Erfurt lagen, eine dänische
Division von 10.000 Mann an der Grenze von Holstein
in Bereitschaft stand, ein österreichisches Reservecorps von
30.000 Mann in Galizien gebildet wurde, 15 bis 18.000 Recruten die Depots bewachten und bedienten 2c., was die Ge-
sammtstärke der großen Armee, wenn man mehr als 40.000 Lei-
dende und Kranke, die noch vor wirklichem Ausbruch des Krieges die Spitäler füllten, mit in Rechnung nahm, auf die Höhe
von mehr als 600.000 Mann brachte, worunter etwa
360.000 Franzosen, 70.000 Deutsche aus den Mittel- und
Kleinstaaten, 60.000 Oesterreicher, 50.000 Polen, 20.000 Italiener, 20.000 Preußen, 10.000 Schweizer, dann Spanier,

Portugiesen, Holländer, Dänen. Bedenkt man überdieß, daß an 150.000 Mann in Frankreich und 50.000 Mann in Italien zurückblieben, während etwa 300.000 Mann auf der pyrenäischen Halbinsel kämpften, so waren es in runder Summe eilfmal-hunderttausend Mann, die um die Mitte des Jahres 1812 unter Waffen standen, um dem Ehrgeize und der Herrschsucht des damaligen Beherrschers von Frankreich zu dienen.

Ende Mai hatten die zum unmittelbaren Angriffe auf Rußland bestimmten Corps der großen Armee folgende Stellung: Oudinot befand sich in Danzig, Davoust in Elbing und Marienburg, Ney in Thorn, Prinz Eugen in Plock, der König von Westphalen in Posen. In der ersten Hälfte Juni bewegten sich diese gewaltigen Massen sowie die kaiserliche Garde, die inzwischen in ihre Linie eingerückt war, gegen den Niemen vor, an dessen linkem Ufer sie insgesammt am 22. Juni in Bereitschaft standen. Am 23. ließ Napoleon die Armeecorps von Davoust, Oudinot und Ney, die kaiserlichen Garden und die Hälfte der Reserve-Cavallerie, zusammen mehr als 200.000 Mann, bei Kovno den Niemen übersetzen, während gleichzeitig Macdonald, Herzog von Tarent, mit einer polnischen Division und dem Haupttheil des preußischen Contingents weiter unten bei Tilsit, Prinz Eugen etwas oberhalb von Kovno bei Prenn und König Hieronymus noch weiter aufwärts bei Grodno, alles in allem 400.000 Mann, den Fluß übersetzten.

Die Aufstellung der russischen Streitkräfte war folgende: Eine Armee, 150.000 Mann stark, unter Barclay de Tolly stand an der Düna von Vitebsk bis Dünaburg mit dem Hauptquartier in Vilno und den Vorposten bis Kovno; eine zweite, etwa 100.000 Mann, unter Fürst Bagration am Dnjepr von Smolensk bis Rogačev mit dem Hauptquartier in Minsk und den Vorposten bis Grodno. Keines dieser beiden

Heere setzte dem französischen Ueberschreiten des Niemen ein
Hinderniß entgegen; es lag im Plane der russischen Feldherrn,
den Feind durch langsames Zurückziehen in das Innere ihres weiten
Steppenlandes hineinzulocken. Ein drittes russisches Heer, über
50.000 Mann, stand unter Tormasov in Wolhynien gegen
die Ostgrenze Oesterreichs. Das vierte, gegen 60.000 Mann,
war jenes an der untern Donau, das Napoleon, da er den
Niemen überschritt, noch mit den Türken beschäftigt glaubte,
was aber seit dem 24. Mai nicht mehr der Fall war. An diesem Tage war zu Bukarest der von den Russen so sehr ersehnte
Friede mit der Türkei zustandegekommen; Kutusov hatte sich
dabei mit der Abtretung Bessarabiens begnügt, während man in
St. Petersburg auch noch ein Stück der Moldau bis an den
Sereth zu erhalten gestrebt hatte. Kutusov war darum in Ungnade gefallen, und nicht er, sondern Admiral Cičagov war
es, der jetzt die Donau-Armee zur Vereinigung mit der wolhy-
nischen nordwärts führte. Mit diesen beiden letztgenannten
Armeen sollte es zunächst das österreichische Hilfs-Corps zu thun
bekommen, dessen Führung Kaiser Franz dem General der
Cavallerie Fürsten Karl Schwarzenberg anvertraute.

Schwarzenberg hatte sich in den ersten Tagen Mai vom
französischen Hofe verabschiedet, war am 12. in Wien eingetroffen und von da am 25. nach Lemberg, dem Sammelplatze
seiner Truppen, abgegangen. Das österreichische Reserve-Corps,
das zugleich bestimmt war, dem Hilfs-Corps die im Laufe des
Feldzuges etwa nöthigen Ergänzungen zuzuführen, war in Siebenbürgen zur Deckung der Grenzen gegen Rußland aufgestellt
und rückte, sowie das russische Donauheer unter Cičagow nach
Podolien und Wolhynien marschirte, gleichfalls in nördlicher
Richtung in die Bukovina und an die Ostgrenze von Galizien
vor. Am 30. Mai war Schwarzenberg in Lemberg, am 10.

Juni brach er von da auf. Die Stimmung in seinem Heere, von den Generälen bis zum gemeinen Manne, war keine kriegsfreudige. Der österreichische Soldat empfand es tief, jetzt in einer Reihe mit jenen stehen zu müssen, die durch lange Kriegsjahre so großes Unheil über sein Vaterland gebracht hatten; er würde lieber mit Rußland gekämpft haben, als gegen Rußland in das Feld zu ziehen. Der Armeebefehl, den Fürst Schwarzenberg vor dem Einrücken in das Warschauer Gebiet an seine Truppen richtete, suchte die Wunde ihres Ehrgefühles zu lindern: „Wir kämpfen für einen Zweck, den wir mit anderen Mächten gemein haben. Diese Mächte sind unsere Verbündeten. Wir kämpfen mit ihnen, nicht für sie; wir kämpfen für uns selbst. Die Armee wird die vorzüglichste aller kriegerischen Tugenden bewähren, welche in der Aufopferung für das besteht, was der Monarch den Zeitumständen angemessen erachtet." Am 15. Juni überschritt das Hilfs-Corps die galizische Grenze, am 2. Juli jene des Herzogthums Warschau gegen Rußland. Während nun Schwarzenberg der Hauptmacht Napoleon's nachziehen sollte, hatte das siebente Corps die Bestimmung, ihren Rücken zu decken und Tormasov in seinem Marsche aufzuhalten. Allein dazu war Reynier zu schwach. Eine bloßgestellte sächsische Brigade wurde am 27. Juli bei Kobryn mit Uebermacht angegriffen und aufgehoben; 800 Kosaken unter Oberst Knorring streiften gegen Bialystok; allgemeine Bestürzung herrschte in Warschau, wo, wie man meinte, jeden Augenblick russische Horden einbrechen konnten. Fürst Schwarzenberg war bereits über Slonim hinaus gerückt, als ihn die Nachricht von der Kobryner Affaire und deren Folgen umzukehren nöthigte; Napoleon aber war über den Unfall, der das sächsische Armeecorps getroffen, so aufgebracht, daß er Reynier unter die Befehle Schwarzenberg's stellte. Dieser kam, nachdem er sich am 3. August mit den Sachsen vereinigt, am 5. bereits Tormaśov an den Leib, drängte die Russen am 7 über die Jasiolda, am 8. über den Pieuecz-Bach, am 10. bis an den Muchaviec zurück, lieferte am 12. der Hauptmacht Tormaśov's bei Podubnie und Gorodeéno eine Schlacht, die mit dem vollständigen Rückzuge der Russen endete, verfolgte sie in unaufhaltsamem Marsche durch die sumpfige Gegend um Divin, und warf sie über den Przypiec, über die Vyćovka, über die Turija, über den Stochod, bis hinter den Styr zurück (29. August), an dessen linkem Ufer er seinem Heere einige Tage der Ruhe gönnte.

Um dieselbe Zeit befand sich Napoleon, ungeachtet der guten Vorsätze, die er andern vorgespiegelt, sich nicht in das innere Rußland verlocken lassen zu wollen, schon weit auf dem Wege dahin. Erfolge wie Mißerfolge, beide trieben ihn vorwärts; reizten ihn die einen Vergeltung zu üben, so weckten die andern das Vertrauen in sein Kriegsglück. Vom Niemen wandte er sich zuerst gegen Vilno. Am 28. Juni zog er, vom begeisterten Jubel der Litauer empfangen, in Vilno ein, an demselben Tage, an welchem der Reichstag zu Warschau die Wiederherstellung Polens feierlich aussprach und das ganze Land dadurch in Freude und Entzücken versetzte. Allein Napoleon schmeichelte den Polen nur, so weit er sie brauchte. Die vom Reichstage in sein Hauptquartier gesandte Deputation, die ihm den gefaßten Beschluß zu überbringen hatte, fand eine kühle Aufnahme; es hieß, man habe vorderhand wichtigeres zu thun. Während Napoleon in Vilno weilte, sandte er Davoust und den König von Westphalen mit beträchtlichen Streitkräften aus, um der Armee Bagration's den Rückweg in das innere Rußland zu verlegen. Der eitle Hieronymus richtete gar nichts aus, so daß Bagration seine Russen ungefährdet über die Beresina brachte. Davoust kämpfte am 23. Juli unweit Mohilew tapfer gegen Bagration; allein auch er konnte seinen Zweck nicht erreichen, indem der russische Feldherr sein Heer ohne erhebliche Verluste über den Dnjepr zurückführte. Inzwischen war Napoleon mit seiner Hauptmacht von Vilno aufgebrochen, 16. Juli. Am 25. bis 27 fanden entscheidungslose Kämpfe zwischen Murat und dem Corps des Prinzen Eugen und der Armee Bagration's statt, der sich zuletzt gegen Smolensk zurück-zog, um sich da mit Barclay de Tolly zu vereinigen. Am 28. kam Napoleon nach Witebsk, wo er seinen Truppen eine vierzehn-tägige Erholung gönnte.

Mit der großen Armee sah es nun schon etwas bedenklich aus. Ungemach aller Art hatte gleich hinter dem Niemen begon-nen, und nahm von Woche zu Woche eine drohendere Gestalt an. In der ersten Zeit war die Hitze verderblich. Officiere wie Soldaten fielen vom Sonnenstich getroffen todt nieder; nicht wenige erschossen sich in einer Art von Wahnsinn, in welchen sie die unerträgliche Temperatur versetzte. Nicht minder litten die Pferde, die zu Hunderten zusammenbrachen; bis Vilno waren ihrer schon an 10.000 gefallen; aus Mangel an Gespann hatten an hundert Geschütze zurückgelassen werden müssen. Der Nach-zügler zählte man an 30.000. Dabei zeigte sich die Verpflegung mangelhaft. Krankheiten brachen aus, die in einzelnen Heeres-abtheilungen furchtbar um sich griffen. Aber auch Desertionen, besonders der fremden Truppen, wie der Illyrier, Croaten, Württemberger ꝛc., rissen große Lücken in die Reihen der Armee. Von den 420.000 Mann, die den Niemen überschritten, waren gegen Ende Juli nur 255.000 beisammen. Noch schlimmer stand es mit manchen andern Abtheilungen der großen Armee. Macdonald's Preußen und Polen mußten sich mit der

Belagerung von Riga ab. Oudinot hatte bei Drissa und Polock, 30. Juli bis 1. August, hartnäckige Kämpfe gegen Wittgenstein zu bestehen; von 40.000 Mann hatte er kaum mehr die Hälfte beisammen. Von den 25.000 Bayern unter Saint-Cyr waren, in Folge von Lagerseuchen, zu Anfang August nur 12.000 übrig.

Am 4. August vereinigten Bagration und Barclay ihre Heere in der Nähe von Smolensk. Am 8. brachte der Hetman der Kozaken, Platov, dem General Sebastiani empfindliche Verluste bei. Am 15. stieß Murat, der Napoleon's Vortrab befehligte, bei Krasnoi auf 7000 Russen unter Neverovskij, der ihn so lange aufhielt, bis Bagration eine russische Ab- theilung nach Smolensk warf. Um den Besitz dieser Stadt wurde am 16. und 17. gestritten; Napoleon büßte dabei 12.000 Mann ein; die Russen räumten zuletzt die zum größeren Theile in Flammen stehende Stadt. Murat eilte den Abziehen- den nach. Bei Valutina-Gora am 19. hielt ihm der russische Nachtrab unter Korv Stand. Das Treffen nahm bald eine größere Ausdehnung an, da beide Theile Verstärkungen bekamen. Mit Einbruch der Nacht mußten die Franzosen vom Kampfe, der sie 7000 Mann gekostet, ablassen; die Russen zogen wenig gefährdet weiter. In denselben Tagen, 15. bis 18., hatte sich St. Cyr in viertägigen Kämpfen gegen Wittgenstein bei Polock den Marschallstab errungen; allein der Sieg war theuer erkauft; sein und Oudinot's Corps zusammen, beim Ausmarsch 65.000 Mann stark, waren auf 20.000 herabgeschmolzen; der wackere achtzigjährige Bayerngeneral Deroi war gefallen.

Alles schien von dem gefährlichen Wagniß weiteren Vor- dringens abzumahnen. Als Napoleon in Smolensk Kriegsrath hielt, sprachen die tapfersten seiner Marschälle und selbst der tollkühne Murat, die gewiegtesten seiner Rathgeber, wie Berthier und Caulaincourt, ihre ernsten Bedenken aus. Napoleon beachtete

sie nicht; vor seinen Blicken stand Moskau, das Herz und
Kleinod des Altrussenthums; das mußte er erringen, dort festen
Fuß fassen. Nichts glich den Schwierigkeiten, mit denen die
große Armee im russischen Steppenland zu kämpfen hatte. Die
ermüdendsten Märsche führten zu keinem erquickenden Ziel. Wie
das halbeingeäscherte Smolensk kein schützendes Obdach bot,
so gingen Dorogobuž, Piasma, bei Annäherung der Franzosen
in Flammen auf (26. und 29. Juli). Die sparsam vertheilten
Dorfschaften, durch die man kam, waren wie ausgestorben,
wenn sie nicht gar die flüchtigen Einwohner angezündet hatten.
Strapazen, Entbehrungen, Krankheiten, auch Unlust, Ver-
stellung und böser Wille lichteten die Reihen der großen Armee,
füllten die Spitäler, vermehrten das Heer der Nachzügler,
während der Feind, je weiter er in das Innere seines Landes
gedrängt wurde, immer neue Kräfte an sich zog. Alexander
hatte, der Volksstimme nachgebend, den greisen Kutusov
wieder an die Spitze des Heeres gestellt, dessen Aufrufe das
Volk zum Kriege für sein „heiliges Rußland", zum Hasse wider
den Feind seines Glaubens und Vaterlandes entflammten.
Täglich erhielt sein Heer neue Verstärkungen, welche die auf-
opfernde Begeisterung der Russen aus den entferntesten Theilen
des Reiches ihm zusandte. Als er sich am 5. September bei
Borodino an der Moskva den heranrückenden Franzosen
stellte, zählte er 120.000 Mann, während Napoleon von der
schönen Armee, die er über den Niemen geführt, nur mehr
130.000 Mann beisammen hatte. Napoleon suchte den
sinkenden Muth seiner Krieger aufzurichten: „Der Sieg",
sagte er, „wird uns Ueberfluß, gute Winterquartiere und
rasche Rückkehr in die Heimat gewähren!" Kutusov ließ
das Bild der Muttergottes von Smolensk in feierlichem
Aufzuge durch die Reihen seines Heeres tragen. „Durch dieses

von euch hochverehrte Bildniß" rief er seinen Soldaten zu,
„rufen wir Gott an, sich mit den Menschen zu verbinden gegen
den Tyrannen, der eure Altäre umstößt; Gott wird seinen
Schild über eure Reihen halten und seinen Feind mit dem
Schwerte des heiligen Michael bekämpfen" Am 7. September
wüthete die Schlacht. Bagration, welchem Kutusов die Ehre
des Tages gönnte, sank tödtlich getroffen nieder. Die Verluste
waren ungeheuer. 30.000 Franzosen, 60.000 Russen lagen
todt oder verwundet auf dem Schlachtfelde, bei 20.000 Pferde
waren hingestreckt oder irrten herrenlos über die blutgetränkte
Fläche. Trotzdem brachte der fürchterliche Kampf keine Entscheidung. Die Franzosen behaupteten das Feld, das die Russen
in Ordnung und geschlossenen Massen räumten. Die nach-
setzende Reiterei des Königs von Neapel mit ihren ermatteten,
ausgehungerten Pferden, konnte ihnen nichts anhaben, erlitt
vielmehr am 10. von Miloradović, der den russischen Nachtrab
führte, eine empfindliche Schlappe. Als Murat seine Unter-
befehlshaber darüber zu Rede stellte, erwiederte der tapfere Reiter-
general Nansouty: „Das kommt daher, weil die Rosse keinen
Patriotismus haben; unsere Soldaten schlagen sich ohne Brod,
aber unsere Pferde thun ohne Hafer ihre Schuldigkeit nicht"

Die Armee Napoleon's konnte nach ihrem schwer erkauf-
ten Siege, bei dem Mangel an Lebensmitteln, selbst an Wasser,
nur langsam vorrücken. Erst am 14. September stand sie
vor Moskau. Niemand von der Bürgerschaft, von den
Behörden erschien die Befehle des einziehenden Siegers zu
vernehmen; als Napoleon eine Deputation zur Stelle zu schaffen
gebot, wurden einige auswärtige Kaufleute aufgetrieben, sie zu
bilden. Das Heer zog ein. Die Stadt schien ausgestorben, die
Straßen waren still und öde, die Hausthüren, die Fensterläden,
die Gewölber geschlossen; von den 240.000 Einwohnern mochten

etwa 15.000 darin geblieben sein; Leute aus den untersten
Classen, losgelassene Verbrecher, ihrem Gewahrsam entsprungene
Geisteskranke, trieben sich in den Gassen herum. Napoleon quar-
tierte sich in einem verlassenen Gebäude ein. Noch am Abend
des 14. stiegen in verschiedenen entlegeneren Stadttheilen Rauch-
säulen auf. Die einziehenden Soldaten achteten nicht darauf;
was sie suchten, waren Herbergen und Lebensmittel. Am 15.
bezog Napoleon die alte Zarenburg, den kuppelgekrönten Kreml.
Die Brände wurden häufiger. Jetzt dachte man daran, sie zu
löschen, doch in der ganzen Stadt war keine Feuerspritze aufzutreiben; sie waren offenbar mit Absicht fortgeschafft. Man
begann Unheil zu ahnen. Am 16. legte sich ein heftiger
Wind in die hochauflodernden Flammen und peitschte sie immer
weiter über die noch unversehrten Stadttheile hin. Nicht
zu bewältigende Feuermassen wälzten sich näher und näher
an den Kreml. Entsetzt und von düstern Ahnungen ergriffen,
verließ Napoleon den Palast; sein Weg ging durch ein Flam-
menmeer in das abseits gelegene kaiserliche Lustschloß Petrovskoi,
nachdem er seinen Soldaten den Befehl zurückgelassen: „Wo ihr
nicht löschen könnt, da plündert!" Erst am 20. ward dem
Brand ein Ziel gesetzt, nachdem er fast neun Zehntheile der
Stadt in Trümmer und Asche verwandelt hatte.

Die französische Armee mußte sich auf der ungeheuren
Brandstätte einrichten. Vorräthe fanden sich, trotz des verheer-
renden Feuers, in Fülle oder wurden aus den bezwungenen Land-
strichen zugeführt. Nicht Mangel war es, unter dem die französische Armee litt, aber das Gefühl der moralischen Niederlage,
die ihr der Fanatismus ihres Gegners beigebracht, der das
Aergste befürchten ließ. Die Jahreszeit war nicht so weit vorgerückt, um sich nicht aus der bedenklichen Lage herausziehen zu
können. Allein Napoleon versuchte im Tone des Siegers mit

Alexander, dessen Hauptstadt er im Besitze hatte, Unterhand=
lungen anzuknüpfen und verlor so die kostbarsten Wochen, die
ihm für einen leidlichen Rückzug gegönnt waren.

Auch am entgegengesetzten Ende des ausgedehnten Kriegs=
schauplatzes war inzwischen eine ungünstige Wendung eingetre=
ten. Als Schwarzenberg Anfangs September, nur durch den
Styr getrennt, Tormasov gegenüber stand, waren seine und
Reynier's Truppen kaum 33,000 Mann stark; sengende Hitze
abwechselnd mit Tagen strömenden Regens, Mangel an Ver=
pflegung in der unwirthbaren, von den Einwohnern großentheils
verlassenen Gegend, die Strapazen unaufhörlicher Märsche,
eine lange Reihe größerer und kleinerer Gefechte, endlich Sumpf=
fieber und Krankheiten hatten beträchtliche Verluste herbeigeführt,
die sich mitten in Feindesland nicht ersetzen ließen, während
Tormasov, dessen Truppen kaum weniger arg mitgenommen
und dazu durch die erlittenen Schlappen und Niederlagen ent=
muthigt waren, die Ankunft der Donauarmee abwarten konnte,
die unter Čičagov's Führung immer näher heranrückte. Am
14. September vollzogen die beiden Feldherrn die Vereinigung
ihrer Truppen, die nun mehr als doppelt so stark als die Unsern
waren. Nur die Umsicht und überlegene Kriegskunst Schwarzen=
berg's vermochte es, sein Heer aus dieser bedrohlichen Lage
ruhmvoll, und ohne Einbuße im Großen, herauszuziehen. Am
22. begann Čičagov seine Bewegung über den Styr. Schwar=
zenberg zog seine Truppen, zu denen in der letzten Zeit General
Kosinski mit 4000 polnischen Reitern gestoßen war, langsam
zurück und sammelte sie bei Ljubonl, wo er seinen Gegner
schlagfertig zu erwarten schien, 29. September. Doch während
sich die Russen zum Kampfe rüsteten, der bei der großen Ungleich=
heit der beiderseitigen Streitkräfte allen Vortheil auf ihre Seite

brachte, löste Schwarzenberg in der Nacht zum 30. seine
Schlachtordnung plötzlich auf, führte sein Heer am 1. October
im Angesichte des überraschten Feindes über den Bug und
marschirte dann am linken Ufer herab bis Brześé Litovski,
wo er am 4. den Fluß neuerdings übersetzte und an ihn gelehnt
eine vortheilhafte Stellung bezog. Als aber Cičagov herangezogen kam und sicher glaubte, nun werde er seinem schwächeren
Gegner an den Leib rücken können, stand dieser am Morgen
des 8. wider Vermuthen in einer völlig geänderten Schlachtordnung da, zog, als nun auch die Russen genöthigt waren ihre
Linie zu ändern, in der Nacht vom 10. auf den 11. seine
Truppen aus allen ihren Stellungen heraus, ging unweit
Drohiczyn am 14. und 15. wieder auf das linke Ufer des Bug
zurück und wußte da seine an Zahl, an Kräften und an Ausrüstung
herabgekommenen Truppen so geschickt zu verwenden, daß sein
Gegner nach einem mißlungenen Versuche, bei Biala an der
Krzna die österreichische Stellung zu durchbrechen, 17. und
18., jeden Gedanken eines weitern Angriffes aufgab. Am 27.
erhielt endlich Schwarzenberg die langersehnte Verstärkung aus
Galizien, und als nun auch an 9000 Franzosen unter Durutte
zu dem Corps Reynier's stießen, zögerte er keinen Augenblick
von neuem angriffsweise vorzugehen. Cičagov hatte inzwischen,
einem ihm zugekommenen Befehle gemäß, seine Streitmacht
getrennt und zog mit dem größeren Theile gegen die Berezina ab,
während er beiläufig 26.000 Mann unter General Sacken —
Tormašov hatte eine andere Bestimmung erhalten — zur
Beobachtung Schwarzenberg's zurückließ. Dieser übersetzte am
29. October abermals den Bug und schlug die Richtung ein, die
Cičagov genommen, während Reynier das Sacken'sche Corps
in Schach halten sollte. Schon war Schwarzenberg bis Slonim
gekommen, als ihn am 15. November ein Hilferuf Reynier's zur

Umkehr zwang. Dieser wurde nämlich bei Volkowysk von den Russen mit überlegener Macht angegriffen und trotz des tapfersten Widerstandes seiner Sachsen aus dem Städtchen, das schon an mehreren Punkten brannte, hinausgedrängt. Am 16. setzte Sacken seine Angriffe fort. Reynier konnte sich in keiner Stellung behaupten. Da trafen im gefährlichsten Zeitpunkte die Truppen Schwarzenberg's ein, nahmen das von einer Abtheilung Russen besetzte Isabelin mit Sturm und kündeten den hart bedrängten Sachsen durch neun Kanonenschüsse ihre Nähe an. Diese sammelten jetzt ihre letzten Kräfte, um Volkowysk wieder in ihre Gewalt zu bekommen. Aber schon hatte Sacken den Rückzug angetreten, der bald in unordentliche Flucht ausartete. Nun ließ ihn Schwarzenberg nicht mehr zu Athem kommen und drängte ihn vom 17. bis 25. in mannighaltenen Märschen bis Brześć zurück, wo er seinen Truppen einige Erholung gönnen mußte, während Sacken die seinen, von denen er mehr als ein Drittheil eingebüßt hatte, hinter den Styr zurückführte.

Auf die Hitze des vorangegangenen Sommers folgte ein frühzeitiger Winter. Um die Mitte Octobers schon hatte er sich durch die ersten Schneefälle angekündigt, ein paar Wochen später war er da mit allen seinen Schrecknissen, einer grimmigen Kälte, schneidenden Nordwinden, dichten Schneefällen, welche die Wege, selbst die Wohnungen der Menschen unkenntlich machten. Als Napoleon die Fruchtlosigkeit seiner Unterhandlungen mit Alexander erkennend, am 19. bis 22. October von Moskau aufbrach, hatte er, da viele der Verwundeten von Borodino seitdem geheilt waren, noch 104.000 Mann mit 600 Geschützen beisammen; 4000 Kranke mußte er der Gnade eines Feindes zurücklassen, dessen Wuth er im letzten Augenblicke durch die Sprengung des Kreml gesteigert hatte. Am 27. October begannen Fröste sich einzustellen. Die Armee konnte sich, fortwährend durch rasch wieder verschwindende Kozakenschwärme beunruhigt, nur langsam vorwärts bewegen. Am 3. November hatte man bei Viasma einen Angriff Miloradović's abzuschlagen; am 9. mußte sich das Corps Eugen's den Weg nach Smolensk durch eine russische Heeresabtheilung bahnen, die ihm empfind= liche Verluste namentlich an Geschütz beibrachte. Schon war die Kälte bis auf 18° gestiegen, Tausende von Leuten erlagen dem Froste, den Entbehrungen, den Beschwerden; Reiter und Wagen büßten massenweise Pferde ein. Hinter Smolensk zählte das Heer kaum 36.000 kampffähige Soldaten, mit 150 Geschützen; an 30.000 Mann schleppten sich ohne Waffen fort. Am 15. bis 18. fanden bei Krasnoi erbitterte Kämpfe gegen Kutusov und Miloradović statt. Ney, der den Nachtrab führte, benützte den Einbruch der Nacht, um den Rest seiner Truppen an den Dnjepr zu bringen, dessen eisbedeckte Fläche er am 19. übersetzte, um hier neue Angriffe der Kozaken Platov's abzuwehren; als er am 21. zu Napoleon stieß, hatte er von seinem Corps kaum 1200 Mann, und diese von Hunger und Strapazen ent= kräftet. Am 25. November befand man sich an den Ufern der Berezina.

Die Abtheilungen der großen Armee, die am Zuge nach Moskau nicht theilgenommen, waren: das Corps Macdonald's, das seit Anbeginn des Feldzuges Riga vergeblich belagerte; jenes von Saint-Cyr und Oudinot, die an der Düna mit Mühe und mit ungeheuren Verlusten den überlegenen Kräften Wittgen= stein's die Spitze boten; das noch unberührte neunte Victor's, seit kurzem erst von Berlin auf den Kriegsschauplatz berufen, während Augereau mit seinem eilften Corps jetzt Victor's Stellung in der Mark einnahm; endlich das österreichische Hilfs-Corps. Alle diese Heerestheile, mit Ausnahme jenes von Riga, hatten in der letzten Zeit Befehl erhalten, ihren Marsch

gegen die Berezina zu richten. An demselben Tage, an welchem
Napoleon an dem verhängnißvollen Flusse stand, befand sich
Schwarzenberg, bis zur letzten Stunde im Kampfe mit den
rückweichenden Truppen Sacken's, am rechten Ufer des Muchaviec
bei Brzesć, und wenn er auch, was bei der großen Erschöpfung
seiner Truppen an die Unmöglichkeit streifte, unmittelbar darnach
Kehrt gemacht hätte, so kam er für das, was sich jetzt an
der Berezina entwickeln sollte, lange zu spät. Wie die französischen, so hatten auch sämmtliche russische Heeresabtheilungen
die beiden Ufer der Berezina zum Ziele: Kutusov und Milo-
radovié bedrängten die französische Hauptarmee im Rücken,
Wittgenstein kam von der Düna herangezogen, Ciéagov vom
Niemen. Napoleon ließ über den reißend angeschwollenen Fluß
zwei Brücken schlagen; bei einer Kälte von 12° mußten die
Pontoniere des wackern Generals Eblé oft bis an die Schultern im Wasser stehen, das sich unmittelbar an ihrem Körper
zu einer Eisrinde gestaltete. Am Nachmittage des 26. marschirten das Corps Oudinot und die Division Dombrovski, zusammen kaum 9000 Mann, zuerst auf das andere Ufer, wo sie
sogleich einen Kampf mit dem Vortrab des Ciéagov'schen
Heeres zu bestehen hatten. Es folgte die alte und die junge
kaiserliche Garde, noch etwa 6000 Mann zu Fuß, aber keine
500 zu Pferde. Am Abend und dann nochmals in der Nacht
rissen drei Joche der für das Fuhrwerk bestimmten Brücke und
versanken mit ihrer Last in den Wellen; erst am Morgen des
27. war der Schade beseitigt. Zu dieser Zeit ging Napoleon
mit dem ganzen Hauptquartier über die Brücke; es folgten die
kläglichen Reste des dritten, vierten, fünften und achten Armeecorps, zusammen nicht 5000 Mann, dann gegen Abend jene
des ersten. Marschall Victor, beim Auszuge aus Berlin an
30.000, bei seinem Eintreffen in Smolensk 24.000, jetzt nur

noch an 14.000 Mann stark, war langsam dem nachdrängenden Wittgenstein gewichen; am 27. sah sich die beste seiner
Divisionen unter dem tapferen Partouneaux am linken Ufer
der Berezina von zwei Seiten angegriffen und wurde theils aufgerieben, theils gefangen; kaum 300 Mann von 4000 gelang es
im Dunkel der hereinbrechenden Nacht den Uebergangspunkt zu
erreichen. Am Morgen des 28. begann der Kampf zu beiden
Seiten des Flusses. Am linken Ufer war Wittgenstein bereits
in die Nähe der beiden Brücken gekommen, während am rechten
Čičagov und Jermolov den Marschall Oudinot angriffen, dessen
Stelle, als er verwundet den Oberbefehl abgeben mußte, Ney
übernahm. Bei Studianka hatte die drängende Hast des Trosses
und der Nachzügler um die Eingänge der beiden Brücken einen
unentwirrbaren Knäuel von Fuhrwerk und Menschen angesam-
melt, in dessen dichtgedrängte Haufen die Kugeln Wittgenstein's
mit erbarmungslosem Wüthen einschlugen. Was jetzt da vorging,
war ein Schauspiel des Entsetzens. Geschrei der Drängenden,
Angstrufe der Getroffenen, Gekreisch der Weiber begleiteten das
wüste Durcheinander. Man preßte sich, man stieß sich, man
schob die Schwächern bei Seite, man stieg auf die, welche todt
oder aus Mangel an Kräften oder durch einen Zufall zu Boden
gefallen waren; dazwischen ein Pferd, das sich bäumte, im
Niederstürzen eine Anzahl Leute mit sich riß und dadurch auf
einen Augenblick freien Raum machte, der aber im nächsten von
dem überall drückenden Gewirre wieder ausgefüllt war. Viele,
des Ringens müde, sprangen in das eisige Wasser, nicht wenige
wurden hineingestoßen, während Andere vom Eis bedeckte
Stellen suchten, bis die schwache Hülle unter ihnen einbrach und
sie in den Fluten begrub. Victor, der in der unmittelbaren
Nähe dieser Jammerscenen noch immer tapfer Stand hielt, hatte
etwa 5000 Mann und 300 Reiter beisammen, als bei

einbrechendem Abend die Russen von ihren Angriffen abließen. Nachdem es gelungen war, die Eingänge zu den Brücken wieder frei zu machen, führte der tapfere Marschall die Ueberreste seines Armeecorps auf das andere Ufer. Viele Tausende von jenen, die sich den Tag über um den Zutritt zu einer der Brücken herumgebalgt hatten, lagen jetzt erschöpft um ihre Wachtfeuer und waren durch keine Zureden des unermüdlichen Eblé zu bewegen, die Bivouacs, die ihnen augenblickliche Ruhe und Wärme boten, gegen die Ungewißheit dessen zu vertauschen, was ihrer in der ungastlichen Nacht am andern Ufer harrte. Beim ersten Grauen des 29. empfing Eblé den Befehl die Brücken in Brand zu stecken; er zögerte bis acht Uhr. Erst als Abtheilungen des nahenden Feindes sich blicken ließen, gab er das Zeichen und eine Masse von Rauch und Flammen hüllte im Nu das schnell ergriffene Holzwerk ein, während ein Jammergeschrei der Zurückbleibenden, die sich jetzt verloren sahen, die Luft durchzitterte. Unter unausgesetzten Angriffen bald hier bald dort auftauchender Kozakenschwärme, setzten die glücklich Hinübergebrachten ihren Rückzug fort. Die Kälte nahm von Tag zu Tag zu, das Thermometer sank auf 18, 20 bis zu 24, ja 30° unter dem Gefrierpunkte. Hunderte von Leuten fielen todt am Wege nieder; jeden Morgen lagen Reihen von solchen, die über Nacht in's andere Leben hinübergeschlummert waren, um die ausgebrannten Wachtfeuer herum. Als die Armee am 6. von Smorgonia aufbrach, verbreitete sich die unerwartete Nachricht, ihr Kaiser und Feldherr habe sie verlassen und auf einem Schlitten den Weg nach Paris eingeschlagen. Nun waren die letzten Bande der Ordnung gelöst; die Leute rissen massenweise aus, um sich, so gut sie konnten, Brod und Unterkunft zu suchen. Marschall Victor, der in den letzten Tagen den Nachtrab zu führen hatte, kam am 8. vor die Thore

von Bilno, ohne einen Soldaten unter seinem Befehle zu
haben!

Eine riesige Masse von 450.000 Mann mit 60.000 Pferden und 1200 Geschützen war die große Armee in den ersten
Wochen des Sommers über den Niemen und den Bug mar-
schirt; an 80.000 Mann waren im Laufe des Feldzuges nach-
gerückt. Als man um die Mitte December wieder am Niemen
stand, waren nur das Corps Macdonald und das Schwarzenberg's,
von denen jenes den äußersten linken, dieses den äußersten
rechten Flügel der nach Moskau ziehenden Armee gebildet
hatten, im aufrechten Stande. Sonst zählten die Garde
und die erst später zur Armee gestoßene Division Loison
noch ein Paar hundert Gewehre. Von allen andern Heeresabtheilungen hatte keine eine waffenfähige Truppe mehr; an
30 bis 40 Officiere auf das Regiment und eine Anzahl von
Unterofficieren, die das militärische Ehrgefühl um die verwaisten
Fahnen schaarte, waren das einzige, was sie nach einem halb-
jährigen Feldzuge über den Grenzfluß Rußland's zurückbrachten.
Von den Nachzüglern, die vereinzelt über die polnischen Schnee-
felder ihren Weg an die Weichsel suchten, wurden in den nächsten
Wochen allmälig zwischen 30 und 40.000 wieder eingebracht.
Dieses war das Ende der „großen Armee!"

4.

Versuch österreichischer Dazwischenkunft, December 1812 bis Februar 1813.

Das Aufsehen, die Verwunderung, die leidenschaftliche
Erregtheit, welche die erst als unsichere Gerüchte auftauchenden,
nach und nach festere Gestalt gewinnenden Nachrichten von dem
Brande Moskaus, von dem Uebergange über die Berezina, von

4

dem kläglichen Ende der großen Armee in allen Theilen von
Europa hervorriefen, war ungeheuer. Laut verlangte man in
Wien den Bruch mit Napoleon, die Zurückberufung des öster-
reichischen Hilfs-Corps; „Frankreich habe keine Armee mehr, solle
Oesterreich allein den Krieg mit dem russischen Koloß führen?"
Allgemein war die Erbitterung gegen den Grafen Metternich,
den man als Urheber und Vertheidiger des französischen Bündnisses bezeichnete. Die ersten Männer am Hofe und in der
Verwaltung trieben in dieser Richtung; jeden Tag ersannen sie
ein neues Mittel, ihn außer Credit, und den Grafen Philipp
Stadion, den ausgesprochenen Gegner der napoleonischen Politik
an das Ruder zu bringen. „Frankreich befinde sich am Vorabend
einer großen Umwälzung; der Augenblick sei gekommen, den
Völkern ihre vorigen Gesetze, ihre frühere Unabhängigkeit wieder
zu verschaffen; Oesterreich stehe auf, und 50,000,000 Menschen
werden mit jubelnder Begeisterung auf seine Seite treten!" Graf
Otto in Wien war unwillkürlicher Zeuge dieser heftigen Bewegung der Gemüther. „Es ist vielleicht beispiellos", berichtete er
am 28. December voll Entrüstung nach Paris, „daß die Re-
gierungsmitglieder einer großen Macht dem Gedanken Raum
geben, einen Verbündeten nach dem ersten erlittenen Unfall zu
verlassen und sich an die feindlichen Fahnen anzuschließen."

Einen kaum minder schwierigen Stand als Metternich mit
der Bevölkerung der Hauptstadt hatte Schwarzenberg mit seinen
Truppen, die durch eine eigenthümliche Fügung des Schicksals
nun die einzige achtunggebietende Macht auf dem polnischen
Kriegsschauplatze waren, um den Ueberresten der napoleonischen
Armee einigen Halt zu bieten. Schwarzenberg war, nachdem er
seinen erschöpften Soldaten am Muchaviec einige Tage der
Ruhe gegönnt, am 29. November zum dritten Male gegen
Slonim aufgebrochen, wo er diesmal am 6. December eintraf.

Nachdem er hier die erste richtige Einsicht in die Sachlage gewonnen — der Herzog von Bassano hatte ihm, um den Ruhm
seines kaiserlichen Gebieters nicht bloßzustellen, von Moskau bis
an die Berezina nichts als Siegesnachrichten gesandt —, zog er
sich langsam gegen Grodno und Bialystok zurück, rettete die
dort aufgespeicherten großen Vorräthe und machte vielen Tausenden französischer Nachzügler das Einholen befreundeter
Truppenkörper möglich. Die Russen drängten mit Macht nach
und sahen sich auf ihrem Vorwärtsmarsche überall nur durch
Oesterreicher aufgehalten, gegen die sie doch, einem ausdrück-
lichen Befehle ihres Kaisers zufolge, nichts feindseliges mehr
vornehmen durften. Sie steckten unsern Vorposten Proclamationen und Kriegsnachrichten zu, brachten aufgegriffene Nachzügler
ein und suchten sich in jeder Weise als Freunde zu bezeugen;
„man führe keinen Krieg gegen die Oesterreicher" erklärte
Sacken, „sondern nur gegen die Franzosen und Polen."

Während dies auf dem äußersten rechten, jetzt linken Flügel
der weiland großen Armee vorging, trat am entgegengesetzten Ende
derselben ein Ereigniß ein, das eine Reihe von unberechenbaren
Folgen nach sich ziehen sollte. Den Hauptbestandtheil des Corps
Macdonald bildeten Preußen, die mit eben so großem Widerwillen wie die Oesterreicher für Frankreich stritten. Als sich
Macdonald, von den Russen gedrängt, gegen den Niemen
zurückzog, knüpfte Diebic, Chef von Wittgenstein's Generalstab, geheime Einverständnisse mit dem preußischen General
Yorf an, die zuletzt dahin führten, daß zwischen beiden in der
Mühle von Poscherung bei Tauroggen am 30. December eine
Art Neutralitäts-Vertrag abgeschlossen wurde. Mit Mühe
rettete Macdonald die 7000 Mann, die ihm nach dem Abfall
der Preußen noch blieben, nach Königsberg, das er auch bald,
Anfangs Jänner 1813, dem nachdrängenden Wittgenstein

überlaſſen mußte. In Berlin ſtand Augereau mit ſeinem Reſerve-
corps. Hinter der Oder ſammelte der Vicekönig von Italien die
allmälig ſich wieder einfindenden Nachzügler und organiſirte ſie
zu neuen Truppenkörpern. In Warſchau rief Poniatovſki, durch
Schwarzenberg's Aufſtellung gedeckt, ſeine Polen in feurigen
Proclamationen unter die Fahnen, die ihre früheren Krieger
auf der Wahlſtatt oder im ruſſiſchen Schnee oder in den Fluten
der Berezina verloren hatten. Wohl verſuchten die Ruſſen auch
beim öſterreichiſchen Feldherrn, was ihnen bei dem preußiſchen
General gelungen war. Der Staatsrath Ivan Oſipović von
Anſtett, der in Kutuſov's Lager die diplomatiſchen Geſchäfte
leitete, fand ſich in ſolcher Abſicht im öſterreichiſchen Hauptquartier ein. Allein Schwarzenberg erwiederte: „Ich zweifle, ob
unter meiner Truppe ein einziger Mann iſt, der nicht mit
Widerwillen in den Krieg für die Sache Frankreich's gezogen
wäre; allein der öſterreichiſche Soldat iſt gewohnt, nicht eigen-
mächtig zu handeln, ſondern den Befehlen ſeines Kaiſers zu
gehorchen." Nur das erlangte Anſtett, daß Schwarzenberg
ſeine Truppen, um nußloſe Kämpfe mit den nachdrängenden, um
mehr als das doppelte überlegenen ruſſiſchen Heeresabtheilungen
zu vermeiden, gegen Ende Jänner 1813 über den Bug und die
Weichſel auf das linke Ufer des letzteren Fluſſes zog und in den
Tagen vom 5. bis 7. Februar Warſchau räumte, das alſogleich
von den Ruſſen beſetzt wurde.

General York hatte ſeinen kühnen Schritt auf eigene Fauſt
gethan. Napoleon und die franzöſiſchen Marſchälle wütheten;
König Friedrich Wilhelm war in Verzweiflung. Er ſchickte den
General Kleiſt ab, York zu verhaften, deſſen Corps unter die
Befehle des Königs von Neapel zu ſtellen, und ſandte den Fürſten
Haßfeld mit einem eigenhändigen Schreiben an Napoleon, dem
jener noch mündlich die Entrüſtung bezeugen ſollte, die ſein

Gebieter bei der Nachricht von diesem Verrathe empfunden. Saint-Marsan, der französische Gesandte, berichtete nach Paris, daß man in Berlin fest am Bündnisse mit Frankreich halte und eine eheliche Verbindung zwischen dem Prinzen von Preußen und einer Prinzessin des französischen Kaiserhauses in Vorschlag gebracht habe. Aber anders urtheilte die Bevölkerung über den Schritt Yort's. Ganz Deutschland rief ihm seinen Beifall zu, das preußische Volk jubelte, und seinem stürmischen Drängen mußte zuletzt der König nachgeben. Er verließ das von den Franzosen besetzte Berlin und begab sich nach Breslau, von wo er sein Volk unter die Waffen rief, 22. Jänner, alle Dienstfähigen zu freiwilliger Stellung, zu Ausrüstung und Bekleidung aus eigenen Mitteln aufforderte, 3. Februar, die Bildung von Freischaaren unter Lützow, Petersdorf, Jahn anordnete, 9. Februar.

Hatte man in Oesterreich schon seit den Decembertagen die Nachrichten von den Unfällen des Franzosenheeres mit fieberhafter Ungeduld eingesogen, so kannte seit der Kunde vom Abfall Yort's die Aufregung keine Grenzen. Tyrol jauchzte auf, in Italien brauste und gährte es. In Wien bildete jetzt die Wohnung des preußischen Gesandten Wilhelm von Humboldt den Sammelplatz für Alle, die nach Abschüttelung der napoleonischen Zwingherrschaft lechzten. Seit der Erniedrigung ihres Vaterlandes befanden sich viele preußische Officiere in österreichischen Diensten; als jetzt die Aufrufe ihres Königs bekannt wurden, eilten sie in ihre Heimat, darunter der liebenswürdige Dichter Theodor Körner, der sich unter Lützow's schwarze Jäger einreihen ließ, um ein halbes Jahr später mit dem Degen in der Faust den Heldentod zu sterben. Die Kampfeslieder, mit denen er von Wien und von seiner geliebten Braut, die er nicht mehr wiedersehen sollte, Abschied nahm, haben Tausende wackerer

Herzen zum Kampfe begeistert, wurden von tausend schönen
Lippen, die ihre Gatten, ihre Brüder, ihre Geliebten zum
Schwerte greifen sahen, als wehmuthsvoller Trost gesungen.
Nicht minder als in Wien, kochte es in Böhmen, wohin die
Aufrufe aus dem nahen Breslau schnelleren Eingang fanden;
durch die ganze Bevölkerung ging ein Zittern, ein hoffnungs-
volles inbrünstiges Bangen und Sehnen; Russen und Preußen
waren die Helden des Tages, und die heißesten Wünsche flogen
stündlich über den nördlichen Grenzwall der Gebirge für das
Glück und den Erfolg ihrer verbündeten Waffen.

Inmitten dieses allgemeinen Stürmens und Drängens
bewahrte der vielgeprüfte Kaiser Franz eine Besonnenheit und
Ruhe, der nur die seines ersten Ministers, des Grafen Metternich, gleichkam. Von Anfang an hatten sie den Krieg im Bunde
mit Frankreich nicht gewünscht, aber noch weniger konnten sie
im Augenblicke den Krieg gegen Frankreich wünschen. Oesterreich
war erschöpft, seine bewaffnete Macht auf einen ungenügenden
Stand herabgebracht. Napoleon war besiegt und hatte eine
große Armee verloren; aber die unerschöpflichen Hilfsmittel
eines ausgedehnten Reiches standen ihm zu Gebote, und was
sein kriegerisches Genie vermochte, das hatte Oesterreich nun
schon hinreichend erfahren. Es war unter die Bedingungen vom
14. März 1812 ausdrücklich aufgenommen, daß beide Theile
kein Mittel unversucht lassen würden, auf die Erhaltung des
Friedens hinzuwirken, und dieser Vertragspunkt schien es zu
rechtfertigen, wenn das Wiener Cabinet noch während des
Feldzuges von 1812 Anknüpfungspunkte in dieser Richtung
suchte. Im November wußte sich Gentz der englischen Regierung
zu nähern, als er nach London eine Denkschrift über das
britische Seerecht sandte, die besonders auf die hierüber mit
Frankreich und Nordamerika obschwebenden Streitfragen Bezug

nahm. Auch mit den russischen Diplomaten setzte er sich in
Verbindung, die er gleich den britischen davon unterrichtete, daß
die Absichten der kaiserlichen Regierung nur auf die Wiederherstellung eines allgemeinen Friedens gerichtet seien. Napoleon
waren diese Beschickungen nicht entgangen und schon Anfang
December erhielt Otto den Wink, auf die Schritte des österreichischen Cabinets ein wachsames Auge zu haben. Auf seiner
eiligen Schlittenfahrt von Smorgonia nach Frankreich hielt er
dann am 14. in Dresden an, um einen Brief an seinen Schwiegervater zu schreiben; er bat ihn darin, er möge in Galizien
und Siebenbürgen ein Corps von 60.000 Mann aufstellen.
„Ich denke", sagte er bei, „Euer Majestät werden alles thun,
was Sie mir in Dresden versprochen haben, um unserer gemeinschaftlichen Sache den Sieg zu sichern und uns rasch zu
einem annehmbaren Frieden zu führen." Zugleich sprach er den
Wunsch aus, daß in Abwesenheit des österreichischen Gesandten,
des Fürsten Schwarzenberg, der bei der Armee unentbehrlich
sei, eine andere Persönlichkeit nach Paris gesandt werde.

Von Kaiser Franz wurde Ferdinand Graf von Bubna
— „in seiner Jugend ein Achill an Schönheit, Muth und Kraft,
keinem großen Tage der französischen Kriege fremd, in den ver-
wickeltsten Verhandlungen eben so gewandt als herrlicher Vor-
dermann im hitzigsten Gefecht", wie ihn Hormayr schildert —
für diese Mission ausersehen. Er nahm ein Schreiben des
Kaisers an Napoleon mit, welches diesem in wohlwollendem
Tone zum Frieden ohne Rückhalt rieth. Bubna wurde zugleich
beauftragt, für diesen Zweck die Dazwischenkunft Oesterreich's
bei den kriegführenden Mächten anzubieten. „Wir haben tausend
Mittel zu wissen, was vorgeht", sagte Metternich Anfangs
Jänner 1813 in dieser Richtung zu Otto. „Von allen Feinden
geschmeichelt, erfahren wir von dem Einen, was uns der Andere

verborgen hatte, und wir sind im Stande, so viele verschiedene
Berichte zu vergleichen, daß uns die Wahrheit nicht entgehen
kann"; dabei fehle es nicht an unmittelbaren Aufforderungen
zum Eintritt in das Bündniß wider Frankreich; England habe
sich zu 10,000.000 Pfund Hilfsgeldern anheischig gemacht,
was aber „mit Verachtung" zurückgewiesen worden sei; „sagt
uns offen, was Ihr thun wollt, und setzt uns in den Stand
gegen Euch als gute Verbündete und gegen die Andern als
unabhängige Macht zu handeln." Metternich unterließ dabei
nicht, der französischen Eitelkeit, dem Ehrgeize Napoleon's zu
schmeicheln. „Trotz Ihrer letzten Unfälle", schloß er, „ist Ihre
Lage immer höchst glänzend. Nicht Ihr Kaiser bedarf des
Friedens am meisten. Wollte er nicht mehr angriffsweise handeln, so stünde es ganz bei ihm, ein oder zwei Jahre an der
Weichsel aufgestellt zu bleiben, nie würden die Russen die
Grenze überschreiten. Aber wir bedürfen des Friedens, Europa
bedarf seiner." In der That kam von Paris Nachricht, daß
Napoleon den österreichischen Vorstellungen Gehör schenke, und
Kaiser Franz dankte ihm dafür in einem eigenhändigen Schreiben,
23. Jänner, indem er ihn versicherte, daß Oesterreich nun als
intervenirende Macht für den Frieden sorgen werde.

Kaiser Franz hielt in seinem Innern mehr zu den Russen
und Preußen; bei Metternich war, zum mindesten was Rußland
betraf, das Gegentheil der Fall. Metternich war ein aufrichtiger
Bewunderer der Größe Napoleon's; dagegen blickte er nicht
ohne Besorgniß auf die steigende Macht Rußlands, das in der
That durch den Erwerb des schwedischen Finnland auf der
einen Seite, Bessarabiens auf der andern, Erfolge erzielt hatte,
von denen namentlich der letztere für Oesterreich durchaus nicht
gleichgiltig sein konnte. „Während des siegreichen Fortgangs der
französischen Waffen", sagte Metternich zu Otto, „hat Rußland

Riesenschritte zur Erweiterung seiner Herrschaft gemacht und dabei seinen Endzweck unter den einschmeichelndsten Formen erreicht; es hat weit mehr Gebiet erworben als Frankreich, dabei aber seinen Ehrgeiz so zu verhüllen gewußt, daß die Völker, weit entfernt es zu hassen, ihm vielmehr für seine Eingriffe Dank zu wissen schienen." Bei solchen Anschauungen war der österreichische Staatskanzler trotzdem nicht gewillt, sich unbedingt Frankreich gefangen zu geben. Er erwartete von Napoleon, daß er seiner Vergrößerungssucht endlich einmal Zügel anlege. Er stimmte mit seinem Kaiser in dem Wunsche überein, daß von Frankreichs Seite solche Bürgschaften gegeben würden, die Oesterreich, die Europa den Frieden dauernd sicherten. Sein Streben ging dahin, Oesterreich wieder jene unabhängige Stellung im europäischen Staatensysteme zu verschaffen, zu der es nach seiner ruhmvollen Geschichte berufen war, die es aber durch ein Zusammentreffen unglücklicher Ereignisse in der letzten Zeit eingebüßt hatte. Er wollte dieses Ergebniß nicht als großmüthiges Geschenk, sei es von Napoleon, sei es von dessen Gegner, er wollte es von Oesterreich selbst als Erfolg seiner wiedergewonnenen Macht errungen wissen. Als ihm Herr von Stackelberg in der zweiten Hälfte Jänner den Antwurf machte: Rußland wolle Oesterreich behilflich sein, seine verlorenen Landestheile zurückzuerobern, wies Metternich diesen Antrag zurück. „Oesterreich hat seine Verluste verschmerzt", sagte er, „und ich glaube nicht, daß ein fremdes Cabinet berechtigt ist, sie mehr als wir selbst zu empfinden. Das System des Kaisers ist unerschütterlich. Weit entfernt Vergrößerungen zu suchen, die durch einen einzigen Feldzug zu theuer erkauft wären, will er nur den Frieden und er schlägt Ihnen vor, dazu beizutragen." Diesen Ton hielt Metternich nach allen Seiten ein und versetzte die vaterländischen und auswärtigen Verfechter einer anti-buonapartischen

Politik, die mit brennendem Ungestüm den Beitritt Oesterreichs zum Bündnisse wider Napoleon nicht erwarten konnten, in eine wahre Wuth. Metternich erwies sich in dieser kritischen, für Oesterreichs künftiges Heil entscheidenden Zeit, als ein unübertroffener Meister der diplomatischen Kunst. Mitten in dem allgemeinen Treiben und Drängen bewahrte er eine unerschütterliche Ruhe. Er ging seinen festen besonnenen Schritt, wo alles um ihn her keuchend hetzte und jagte. Er blieb bei kühler Witterung, wo den Andern die Wangen vom Feuer der Erregung glühten. Die Art, wie er sich, immerfort festhaltend an der französischen Allianz, die Mittel zurechtlegte, für alle Fälle bereit zu sein, und wie er, während sein Kaiser eine ausgedehnte Recrutirung ausschrieb und eifrig rüstete — weit über die Grenzen hinaus, die der Wiener Frieden und der Vertrag vom 14. März 1812 gezogen hatte —, Frankreich in die Lage setzte, zusehen zu müssen ohne Einsprache zu thun, ist der höchsten Bewunderung werth.

Schon Ende Jänner erhielten mehrere in Ungarn stationirte Regimenter Marschbefehl. Metternich theilte dem französischen Gesandten mit, sein Kaiser habe die ihm vorgelegte Denkschrift zur Mobilisirung einer Armee von 70.000 Mann, die man in Galizien und in der Bukovina aufstellen werde, unterzeichnet. „Bis jetzt ist der Krieg nicht österreichisch", sagte Metternich; „wird er das, so werden wir die Russen nicht mit 30.000 Mann, sondern mit unserer ganzen Macht angreifen; indessen werden sie nicht ohne Besorgniß die Vermehrung unserer Truppen ansehen und sich wohl hüten uns herauszufordern." Allein die mobilisirten Truppen kamen nicht nach Galizien, sondern zogen in langsamen Märschen nach dem nördlichen Böhmen. Allmälig wurde dort ein Beobachtungs-Corps von 3 Jäger-, 3 Grenz-, 4 Grenadier- und 12 Füsilier-Bataillonen,

18 Schwadronen Chevauxlegers und 16 von Kürassieren, nebst
9 Batterien zusammengezogen. Dagegen rückte das österreichische
Hilfs-Corps im Herzogthume Warschau näher an die galizische
Grenze hinauf. Nach der Räumung der polnischen Hauptstadt
nahm Fürst Schwarzenberg eine Stellung hinter dem Flüß-
chen Pilica. Hier traf ihn der Ruf nach Wien, worauf er
am 7. Februar den Oberbefehl über das Hilfs-Corps an F. Z. M.
Baron Johann Frimont abgab. Wenige Tage nach seinem
Scheiden wurde Reynier von Winzingerode bei Kalisz angegriffen, 13. Februar, und mußte sich gegen die Oder zurückziehen; einen Theil der Sachsen führte General Gablenz, von
Reynier abgeschnitten, nach Czenstochau, wo er sich mit den
Polen vereinigte, die Poniatovski wieder unter seine Fahnen
gesammelt und, von den Oesterreichern gedeckt, aus Warschau
geführt hatte. Kalisz wurde bald darauf das Hauptquartier
des russischen Kaisers, und hier unterzeichneten Kutusov und
Hardenberg am 28. Februar den Vertrag, laut dessen sich Rußland und Preußen zur Waffengemeinschaft gegen Frankreich
verpflichteten. Schwarzenberg befand sich um diese Zeit bereits
in Wien, von wo er in außerordentlicher Botschaft nach Paris
gehen sollte, „um damit", wie Metternich dem Grafen Otto
sagte, „vor ganz Europa einen schlagenden Beweis von den
Gesinnungen Oesterreichs zu geben, daß der Führer des Hilfs-
Corps bei seinem Oberfeldherrn erscheine, um dessen Befehle persönlich einzuholen."

Vom österreichischen Minister wurde noch immer der
Standpunkt festgehalten, daß es keine eigentliche Vermitte-
lung (médiation) sei, um was es sich handle, sondern die
bloße Dazwischenkunft (intervention) „eines Verbündeten, der, müde der Kriegsbeschwerden, sich nach dem Ende
derselben sehnt." Dabei trat aber das österreichische Cabinet

immer selbständiger auf. Ohne daraus vor dem französischen
Gesandten ein Hehl zu machen, sandte es, mit den gleichen
Vorschlägen eines allgemeinen Friedens, die es Napoleon
machte, Anfangs Februar 1813 den Ritter Ludwig von
Lebzeltern, eine bei Kaiser Alexander beliebte Persönlichkeit,
nach Kalisz; und den österreichischen Gesandten in München,
Baron Johann Philipp von Wessenberg über Hamburg, wo
er einige Tage durch die französische Polizei aufgehalten wurde,
nach London. Doch Napoleon selbst war es, der jede Aussicht
auf das Zustandekommen eines haltbaren Friedens abschnitt.
Die Ansprache, womit er am 14. Februar die Sitzung des
gesetzgebenden Körpers in Paris eröffnete, war so großsprecherisch
wie seine Schlachtberichte, und so gebieterisch wie die übermüthigen Forderungen in den Zeiten seiner glänzendsten Siege. „Er
werde keine seiner Eroberungen antasten lassen; er werde keinen
seiner Verbündeten preisgeben; die französische Dynastie regiere in
Spanien und werde fortfahren dort zu regieren.“ Als diese Rede
bei den fremden Regierungen bekannt wurde, war man darüber
einig, daß es mit einem solchen Gegner nur Krieg geben könne.
„Ich bewundere“, sagte Metternich zu Otto, „diesen Muth,
diesen Stolz der Sprache Ihres Kaisers, ich erkenne darin sein
Genie. Aber möge man die Folgen bedenken, die nur bedauer-
lich sein können! Wie wollen Sie, daß ich angesichts einer
solchen Sprache mit England unterhandle, wenn es in Spanien
bleiben soll wie es ist? oder mit Rußland, wenn das Herzogthum
Warschau eine unantastbare Frage sein soll? Was soll es mit dem
Rheinbund, der unvereinbar ist mit der Unabhängigkeit Deutschlands und der den aufgeregten Geist der öffentlichen Meinung von
der Nordsee bis zu den Alpen wider sich hat?“ Metternich's Voraussicht über das Scheitern der Sendung seiner beiden Friedens-
boten traf pünktlich ein. Wessenberg wurde in London von

Lord Castlereagh mit offenen Armen empfangen, obgleich im strengsten Incognito, um die öffentliche Meinung Englands nicht vorzeitig aufzuregen. Der britische Minister begrüßte das Erscheinen Wessenberg's als den ersten Schritt der längst gewünschten Annäherung Oesterreichs. Allein von den Friedens-vorschlägen, die der Freiherr brachte, wollte Castlereagh nichts wissen; „was lasse sich nach der herausfordernden Sprache Napoleon's von Frankreich erwarten?" Eben so erging es Lebzeltern in Kalisz. Man hatte die größte Aufmerksamkeit für ihn, man kam ihm mit einer wahren Herzlichkeit entgegen; „man wolle den Frieden, man werde ihn mit Freuden aus Oesterreichs Händen empfangen; man werde Oesterreich noch lieber als Verbündeten sehen, es sei das seine natürliche und nothwendige Allianz; mit Napoleon aber gebe es keine Unter-handlung."

5.

Die bewaffnete Vermittlung Oesterreichs, März bis Anfang Juni 1813.

Kaiser Franz war nicht der Monarch, der das Interesse des Staates Familienrücksichten opferte, allein er war auch nicht so wenig Vater, um ohne dringenden Anlaß das Umge-kehrte zu thun. „Der Kaiser", äußerte sich Metternich noch Anfangs März 1813, „will nicht den Sturz der Dynastie Buonaparte's, und diese Katastrophe wird nicht zu vermeiden sein, sobald Oesterreich in den Bund tritt." Das österreichische Volk dagegen verkannte wohl nicht das Opfer, das der Kaiser durch den Beitritt zum russisch-preußischen Bündnisse seinen Vater-gefühlen zu bringen habe; allein es erwartete, daß er es bringen werde. Man brannte in Oesterreich vor Ungeduld, den Zeitpunkt gekommen zu sehen, wo man das französische Joch abschütteln und die Verbindungen lösen werde, in die man sich durch Knüpfung des Ehebandes mit Napoleon verstrickt. Die Feinde Napoleon's wußten um diese Stimmung und zählten darauf; sie meinten, Kaiser Franz werde, wie der preußische König, den ungestümen Wünschen seiner Völker zuletzt nachgeben müssen. Diese Hoffnung sollte indeß nicht erfüllt werden. Metternich wollte nicht, wie die Andern, auf sein Ziel losstürmen, er wollte sich demselben schrittweise, aber dafür um so sicherer nähern. Er durfte sich in diesem Gange nicht beirren lassen durch das Grollen der Ungeduldigen, durch die Verwünschungen der Brauseköpfe, die sich gegen seine Schlaffheit, gegen seine Zweideutigkeit und was sie sonst in seiner Handlungsweise zu finden glaubten, in ungezügelter Heftigkeit entluden.

Die kaiserliche Regierung hatte um so mehr Grund sich die ungestümen Dränger vom Leibe zu halten, je argwöhnischer ihr Verkehr, ihre Schritte, die Stimmung des österreichischen Volkes von französischen Spähern beobachtet wurden, die sich nicht müde zeigten, über das Treiben der „anti-bonapartischen Fanatiker" nach Paris zu berichten. Englische Reisende und Couriere, preußische und russische Fremde, die sich in Wien einfanden, wurden von den „Mouches" auf Schritt und Tritt überwacht. Die viel umworbene Fürstin Bagration, deren Salon der bonapartischen Clique ein Dorn im Auge war, empfing den Wink, ihren Wiener Aufenthalt mit Preßburg zu vertauschen. Am brennendsten stand es mit Tyrol. Laut hörte man die begeisterten Anhänger Oesterreichs sagen, das Land werde sich diesmal erheben, ohne erst in Wien viel anzu fragen. Erzherzog Johann, wollte man wissen, habe sich gegen den englischen Agenten King geäußert, daß er, wenn Tyrol los- brechen wolle, jeden Augenblick bereit sei, sich an die Spitze zu stellen, und King habe sich bereit erklärt, ansehnliche Geldmittel und eine große Waffenlieferung dem Erzherzog für diesen Fall zur Verfügung zu stellen. Anton von Roschmann, damals in Traiskirchen bei Wien, nahm Urlaub von seinem Amt, hatte bei nächtlichem Dunkel in der verlassenen Wohnung der Fürstin Bagration Zusammenkünfte mit Schürern der tyrolischen Gluth und stand in täglichem Verkehre mit Hormayr und Appellationsrath Schneider, als alle drei am Morgen des 7 März in der Stille aufgehoben und aus Wien fortgeschafft wurden. Noch 45 andere von 1809 her bekannte Tyroler, Vorarlberger, Veltliner traf die Verweisung nach Brünn, Olmütz, Iglau, Grätz, Cilli, Marburg, Klagenfurt. Hormayr kam auf die Festung Munkács, Schneider auf den Spielberg, wo sie im strengsten Incognito, jener als „Hilbert" dieser unter dem Namen „Schuster" gefangen gehalten, obgleich mit aller Schonung und Rücksicht behandelt wurden. Sie behielten ihren vollen Gehalt und empfingen überdies Taggelder, und Hormayr erzählt, wie ihm die gutmüthigen Rusniaken nicht blos um die Wette mit Geflügel und Wildpret, sondern auch, was ihm noch werther war, mit Zeitungen versehen konnten. Der österreichische Hof ging in seinem Streben, jeden vorzeitigen Anschein eines Ver ständnisses mit den Gegnern Napoleon's zu beseitigen, so weit, daß er allen Verkehr mit Humboldt abbrach und den kaiserlichen Minister Grafen Zichy aus Berlin zurückrief.

Wenn diese Schritte ihrer Regierung die Einen in Betrübniß, die Andern in Sorgen versetzten, so war doch manches wahrzunehmen, woraus man auf den Ernst derselben schließen konnte, sich nicht als bloßes Werkzeug der Politik Napoleon's gebrauchen zu lassen. Die Rüstungen dauerten ununterbrochen fort. Zahlreiche Truppenzüge bewegten sich auf allen nach Böhmen führenden Straßen, während gleichzeitig das Land ob der

Enns und Innerösterreich Knotenpunkte für die Ansammlung militärischer Kräfte zu werden schienen. Graf Philipp Stadion, noch trauernd über den Verlust des treu geliebten gleichgesinnten Bruders, wurde aus der Abgeschiedenheit seines böhmischen Waldschlosses nach Wien berufen, zur namenlosen Freude aller Patrioten, denen sein Erscheinen als die Morgenröthe des lang ersehnten Tages der Erhebung und Befreiung galt. Auch das mochte als Zeichen einer neuen Wendung der Dinge gelten, daß um dieselbe Zeit Graf Otto, der allgemein beliebte Vertreter Frankreichs am kaiserlichen Hofe, von seinem Posten plötzlich abberufen wurde. Als sein Nachfolger traf am 17. März Graf Louis Narbonne ein, derselbe, den Napoleon in der letzten Zeit vor dem Bruche mit Rußland am Hofe Alexander's verwendet hatte. Mißtraute Napoleon den wohlmeinenden Andeutungen, die aus Otto's Depeschen über dessen Verkehr mit Metternich herausklangen? Oder sah er bereits Oesterreich am Eingange derselben Bahn, die Rußland von der Bundesgenossenschaft zur offenen Feindschaft geführt hatte?

Auf dem Kriegsschauplatze bereitete sich alles auf den Feldzug vor, der mit der kommenden besseren Jahreszeit mit beiderseits erneuten Kräften beginnen sollte. Am 4. März verließ Augereau Berlin und zog sich an die Mittelelbe, wohin auch Eugen Beauharnais nach Preisgebung seiner Stellung an der Oder zurückgegangen war. Dort stieß General Grenier mit 19.000 Mann frischer Truppen zu ihnen, die er aus Italien über die Alpen gebracht hatte. Am 7. rückte Reynier mit den Sachsen, die ihm nach der empfindlichen Schlappe vom 13. Februar geblieben waren, in Dresden ein. Auch dieses ließ sich nicht halten. Schon hatte Friedrich Wilhelm III. dem Kaiser der Franzosen förmlich den Krieg erklärt, 16. März, und seine Streitmacht mit der russischen vereinigt. Friedrich August von Sachsen verließ mit seiner Familie und mit seinen Schätzen, von 2—3000 Mann, namentlich Artillerie und Reiterei, begleitet, seine Hauptstadt, um über Plauen nach Regensburg zu gehen, während der Vicekönig von Italien von der mittleren Elbe bis an die Saale zurückwich. Am 26. März erließ Kutusov im Namen der Beherrscher von Rußland und Preußen von Kalisz aus einen Aufruf an das deutsche Volk, worin er die Wiederkehr von Freiheit und Unabhängigkeit, die Auflösung des Rheinbundes, die Neugeburt des ehrwürdigen deutschen Reiches verhieß. Am 27. zog Winzingerode mit seinen Russen, am 30. Blücher mit seinen Preußen in Dresden ein. Maßloser Jubel flog durch alle deutschen Gaue. Tausende von Jünglingen und Männern verließen alles, was ihnen das Leben theures bot, und griffen zu den Waffen, die Wiedergeburt des geliebten Vaterlandes mit ihrem Herzblut zu erstreiten. Drohende Bewegungen entstanden in den von den Franzosen beherrschten deutschen Gebieten, an der Spitze einer russischen Kriegsschaar zog Tettenborn in Hamburg ein.

Dem allgemeinen Zurückweichen der napoleonischen Streit-kräfte hatte sich auch Frimont im Warschauischen anschließen müssen; er hatte seine Stellung hinter der Pilica verlassen und sich in der Richtung gegen Krakau zurückgezogen. Am 29. März kam zwischen Lebzeltern und Nesselrode zu Kalisz ein geheimer Vertrag zu Stande, laut dessen die russischen Streitkräfte gegen die beiden Flanken der österreichischen Aufstellung vorrücken sollten, worauf sich Frimont nach Galizien zurückziehen und auf dem linken Weichselufer nur Krakau, Opatov und Sandomirz besetzt halten würde. Zugleich wurde ein neuer Waffenstillstand auf unbestimmte Dauer verabredet. Das Uebereinkommen sollte für alle, mit Ausnahme von Preußen, streng geheim gehalten werden. Es war das noch kein Bündniß Oesterreichs mit Ruß-

5

land und Preußen, aber es war das erste reelle Einverständniß
mit ihnen; es war noch keine Lösung der französisch-österreichi-
schen Allianz, aber es war der erste Riß in dieselbe.

Auch in Wien und Paris hatten die Dinge mittlerweile
eine andere Gestalt angenommen. Narbonne hatte offenbar die
Weisung, dem österreichischen Cabinete gegenüber eine entschie-
denere Sprache zu führen, als dies von Otto's Seite geschehen
war. Die Folge davon war aber nur die, daß nun auch Kaiser
Franz und sein erster Minister aus ihrer mehr beobachtenden
Stellung heraustraten und den Forderungen, die sie bis dahin
nur vorsichtig angedeutet, eine festere Gestalt gaben. Am 28. März
reiste Fürst Schwarzenberg von Wien ab, am 7. April war
er in Paris. Er wurde von Napoleon freundlich empfangen. „Sie haben einen schönen Feldzug gemacht, Sie!" sagte
der Kaiser. „„So gut es die Umstände zuließen, Sire,"" entgegnete Schwarzenberg; „„übrigens sind meine Oesterreicher
praktische Leute, die wissen wollen, wofür sie kämpfen."" „O,
wenn es nichts anderes ist als das, so können Sie Schlesien
nehmen; denn Preußen darf nicht länger bestehen!" „„Von
einem solchen Raubsystem will Oesterreich nichts wissen,"" erwiederte der Fürst. In ähnlichem Sinne sprach Narbonne in
Wien, 10. April, von einer Theilung Preußens zwischen Oesterreich, Rußland und Sachsen; er gab zu verstehen, daß sein
Kaiser zu noch größeren Opfern bereit sei, die illyrischen Provinzen an Oesterreich zurückzugeben sich erbiete. Als Metternich
auf diese Vorschläge nicht eingehen zu wollen schien, versuchte
es Narbonne einige Tage später, 18. April, in anderer Weise.
Der französische Gesandte wollte herausbringen, was es mit
dem österreichischen Hilfs-Corps für eine Bewandtniß habe; sein
Gebieter erklärte, er werde diesem als einem Bestandtheile seiner
Armee besondere Befehle zukommen lassen. Metternich erwie-

derte, das Hilfs-Corps sei den russischen Streitkräften gegenüber
zu schwach, um sich in neue Kämpfe einzulassen. „So wollen
Sie also", drängte Narbonne weiter, „daß es sich trotz des
Bündnisses und der von Ihnen eingegangenen Verpflichtungen
nicht schlage?" Am 23. brachte Narbonne denselben Gegenstand bei Kaiser Franz zur Sprache. „Ich kann nicht zugeben,
daß meine Truppen aufgerieben werden", sagte dieser. „„So sehen
also Euer Majestät den Bundesvertrag als aufgelöst an?"" „Es
ist ja Ihr Gebieter, der ihn vernichtet und der mich zwingt, eine
bewaffnete Vermittlung vorzuschlagen! Ich werde 200.000 Mann
zusammenziehen, um sie an der Seite der französischen Armee
operiren zu lassen." „„Sie sind demnach bestimmt, mit uns zu
gehen?"" „Ja, für den Fall, daß Ihr Gebieter vernünftigen
Vorschlägen Gehör gibt, wie ich hoffe. Ich bin meinen Unterthanen für alles Blut Rechenschaft schuldig, das ich sie vergießen
lasse und werde an meinen Entschlüssen nichts ändern. Mein
Gewissen fordert es so. Handelte ich anders, würde ich vor Gott
die Verantwortung tragen müssen." Bei Kaiser Franz stand es
nun bereits fest, eine unabhängige Stellung einzunehmen, um
nach eigenem Ermessen handeln zu können; dazu war vor allem
nöthig, den Vertrag vom 14. März 1812 zu lösen, dessen Bestimmungen auf die jetzt so durchaus geänderten Verhältnisse
nicht mehr paßten. *)

Inzwischen war es Frankreich selbst, das Oesterreich den
Uebergang aus seiner gebundenen Stellung in eine unabhän-
gigere erleichterte. Noch vor Ankunft Schwarzenberg's in Paris

---

*) „3'erscht will i von Napoleon d'Allianz z'ruckhaben", sagte
er in seinem Wiener Dialekte zu Metternich; „derweil kann
i mi in alle Sättel richten; z'erscht bringen's mir d'Allianz
z'ruck!"

hatte Graf Bubna eine Aenderung des bestehenden Allianzver-
trages zum Behufe einer wirksameren „Vermittlung" Oesterreichs
— jetzt war schon nicht mehr von einer bloßen „Dazwischenkunft"
die Rede — vorgeschlagen; „Rußland und Preußen könnten nie
an Oesterreichs Unparteilichkeit glauben, so lange das innige
Verhältniß fortbestehe zwischen dem Vermittler und einem der
kriegführenden Theile." Wie es Metternich nicht besser wünschen
konnte, ging Maret auf diesen Vorschlag ein. „Oesterreich möge
die erste Rolle übernehmen", schrieb dieser am 9. April nach
Wien; „da es den Frieden wolle, möge es sich mit den Mitteln
ausrüsten, ihn den Feinden Frankreichs zu gebieten; es möge
Rußland und Preußen drohen, 100.000 Mann in ihre Flanken
zu werfen" 2c. Metternich erklärte seine Zustimmung; nur verlangte er von Narbonne zu wissen, welches die Grundlage jenes
Friedens sein solle. Da Narbonne hierüber keine Auskunft
geben konnte, beschloß Metternich selbst den Anfang zu machen
und zuvörderst Oesterreichs neue Stellung Frankreich gegenüber
zu klären. „Der Gang der Ereignisse", hieß es in einer Verbal-
note, die Schwarzenberg dem französischen Minister der auswärtigen Angelegenheit am 21. April überreichte, „die Annäherung des Kriegstheaters von Czernovic bis Eger, auf einer
Strecke von mehr als 400 Stunden der wichtigsten Punkte der
österreichischen Grenze, gestattet nicht mehr, daß Se. Majestät
der Kaiser an dem Kriege blos als eine Hilfsmacht theilnehme.
Oesterreich findet als die einzige unter den gegenwärtigen
Verhältnissen ihm zukommende Stellung die einer bewaffneten Vermittlung. Der Kaiser von Oesterreich will den
Frieden. Er wird diese Sprache allen Höfen gegenüber führen
und nichts versäumen, derselben das gehörige Gewicht zu
verschaffen. Er wird sich bei seinen Schritten nicht auf Friedens-
worte beschränken; er wird, falls überspannte Ansichten

den Sieg über Vernunft und Mäßigung gewinnen sollten, ohne
Bedenken ein entscheidendes Gewicht in die Wagschale jener
Macht werfen, die er als seinen natürlichen Verbündeten
erkennt." Napoleon befand sich um diese Zeit nicht mehr in
Frankreich. Eine Audienz, die Schwarzenberg unmittelbar
nach dessen Abgange bei der Kaiserin hatte und wobei er
dieser den Ernst der Lage nahe zu legen suchte, blieb ohne Erfolg.
Maria Luise hatte die Augen noch voll der Thränen, die sie
beim Abschied von ihrem Gemal geweint; sie bat, man möge
ihre Stellung in Frankreich schonend berücksichtigen. Was
Napoleon und dessen Minister betraf, so ließen sich diese die
Möglichkeit nicht beifallen, daß Kaiser Franz vom Bündnisse
mit Frankreich könne abfallen wollen. Der Herzog von Bassano
führte bei seinen Unterhandlungen mit Schwarzenberg fortwährend „die Allianz" und „die Heirat" im Munde, bis der Fürst
einmal herausfuhr: „Die Heirat, und immer wieder die Heirat!
Die Politik hat sie gemacht, die Politik könnte sie wieder weg machen
— la politique l'a faite, la politique la pourrait défaire!"

Die Warnungen Schwarzenberg's waren nicht ohne
Grund. Auf dem Kriegsschauplatze stand die Sache Napoleon's
in mehr als einer Hinsicht nichts weniger als günstig. Die französischen Waffen hatten während seiner Abwesenheit eine Schlappe
nach der andern erhalten. Am 2. April war General Morand
von einer russischen Streifschaar unter Černišev geschlagen und
getödtet worden. Am 5. hatte Prinz Eugen bei Möckern gegen
die vereinigten Russen und Preußen unglücklich gestritten.
Bereits waren Czenstochau, Thorn und Spandau gefallen. Aber
auch die alten Verbündeten schienen abtrünnig werden zu wollen.
Schon hatte sich Mecklenburg vom Rheinbunde losgesagt. Nicht
minder auffallend mußte das Benehmen des Königs Friedrich
August erscheinen, obgleich er noch am 23. die Erklärung

abgegeben hatte, „treu auszuhalten beim französischen System,
dem allein Sachsen seine Erhaltung und Erhebung verdanke."
Vom 19. auf den 20. April verließ er plötzlich Regensburg,
immer in der Furcht, unterwegs mit seinen Geldern und Schätzen
aufgefangen zu werden. Die Kanoniere mit brennenden Lunten,
die Reiterei mit gezogenem Säbel, so ging die, einem Kriegszug
gleichende Reise zuerst nach Linz und von da nach Prag, von
wo er den General Langenau nach Wien zur Verabredung
gemeinsamer Maßregeln sandte, 27. April, und dem Könige von
Preußen mittheilte, er habe sich gänzlich der bewaffneten Vermittlung Oesterreichs angeschlossen. Als Narbonne in Wien
Erklärungen über das Erscheinen des Königs von Sachsen
verlangte, stellte sich Metternich verwundert: „Er ist wie der
Blitz in Böhmen eingefallen!" „„Ja, wie der Blitz"", erwiederte Narbonne sarkastisch; „„doch es scheint, daß Sie die Ge-
schicklichkeit Franklin's haben, ihm die Richtung zu geben.""
Auch Bayern suchte Oesterreich um diese Zeit zu seiner bewaffneten Vermittlung herüberzuziehen; doch zerschlugen sich die
Verhandlungen wieder, als Oesterreich die Herausgabe seiner
1809 an Bayern verlorenen Gebietstheile beanspruchte, ohne
einen Ersatz dafür bieten zu können.

Am 15. April hatte Napoleon St. Cloud verlassen, um
sich an die Spitze seiner neu gesammelten Armee zu stellen. Es
war nicht mehr die „große" vom Jahre zuvor, aber immerhin
eine ansehnliche, die allen seinen Feinden die Spitze bieten
konnte. Es waren allerdings meist junge kriegsunerfahrene
Leute; aber auch Rußland hatte die furchtbaren Lücken, die der
Feldzug von 1812 in die Reihen seiner altgedienten Krieger
gerissen, durch junge Mannschaft ersetzen müssen, und eben so
bestanden die preußischen Kriegsschaaren zum weitaus größten
Theile aus kaum geübten Neulingen. So standen sich die Dinge,

was den Kern der Truppe betraf, auf beiden Seiten ziemlich gleich; das Uebergewicht der Menge jedoch und der Genius der Führerschaft war unläugbar auf französischer Seite. Der Russen und Preußen waren zusammen kaum 90.000 Mann; gegen dieses hatte bisher der Vicekönig von Italien mit seinen 30.000 den kürzeren gezogen. Nun aber brachte Napoleon an 120.000 Mann frischer Truppen, so daß er seinen Gegnern bedeutend überlegen war. Am 26. April weilte Napoleon in Erfurt. Hier trafen ihn Depeschen aus Paris und aus Wien, über deren Inhalt er in die größte Aufregung gerieth. Es war der Gedanke der bewaffneten Vermittlung, der wieder gewonnenen Selbständigkeit Oesterreichs, der ihn so empörte. Er fühlte, wie die österreichische Politik stets engere und engere Kreise um ihn zog, denen sein Hochmuth vergebens sich zu entwinden strebte. Er wollte prüfen, wie weit schon die Eigenmacht seines früheren Verbündeten gediehen sei, und ließ dem österreichischen Hilfs-Corps den Befehl zukommen, gemeinschaftlich mit Poniatovski gegen die Russen vorzugehen. Es geschah aber das Gegentheil davon. Das Hilfs-Corps, dessen Führung, da Frimont erkrankt war, F. M. L. Bianchi übernommen, hatte seit dem 23. April die vollständige Räumung des linken Weichselufers begonnen. Die Polen geriethen über den Befehl aus dem französischen Hauptquartiere in gewaltige Gährung, sie träumten von einer Wiedereroberung Warschaus. Als aber die Oesterreicher ihren Rückzug unbeirrt fortsetzten, mußte auch Poniatovski, dessen Truppenmacht den Russen unmöglich die Spitze bieten konnte, Krakau räumen. Die Polen, die mit ihnen vereinigten Reste des Reynier'schen Corps und ein Bataillon französischer leichter Jäger wurden nach Ablegung der Waffen truppweise über das österreichische Gebiet geschafft, um jenseits desselben wieder zur französischen Armee zu stoßen, die jetzt unter Napoleon's persönlicher Führung in raschem Vordringen begriffen war.

Am 2. Mai stellten sich die Russo-Preußen unter Wittgenstein — Kutusov befand sich seit 28. April nicht mehr unter den Lebenden — bei Lützen und Großgörschen, mußten aber nach blutigem Kampfe das Schlachtfeld räumen. Am 8. verließen Alexander und Friedrich Wilhelm die sächsische Hauptstadt, in welche bald darauf Napoleon als Sieger einzog. Nun war auch für den König Friedrich August kein längeres Weilen mehr in Prag. Schon am 3. Mai hatte ihm Napoleon durch den Herzog von Weimar sagen lassen „Wenn er gegen mich ist, wird er alles verlieren was er hat!" Am 5. und 6. Mai waren in Prag preußische Siegesnachrichten von der Lützener Affaire eingelaufen; allein gleich darauf kam Minister Serra, von Napoleon unmittelbar gesandt, in der böhmischen Hauptstadt an und verlangte, mit der Drohung im Weigerungsfalle noch denselben Abend wieder abzureisen, die unverzügliche Rückkunft des Königs nach Dresden. Der eingeschüchterte, an seiner Gesundheit angegriffene, von Natur aus schwache Friedrich August vermochte so kategorischem Gebote nicht zu widerstehen. Er brach die Unterhandlungen mit Oesterreich ab; auf der Prager steinernen Brücke, im Dunkel der Nacht, vertilgte Langenau alle darauf bezüglichen Papiere. Am 10. Morgens reiste der König über Teplitz nach Dresden, während die Königin und die übrigen Familienglieder in Prag zurückblieben. Doch Napoleon bestand darauf, daß auch sie mit den Schätzen nachkämen, und so verließen sie am 20. Prag, nachdem zwei Tage früher schon ein Theil der Geldwägen nach Sachsen vorausgegangen war. Langenau, der nicht länger um den König bleiben konnte, ging nach Wien und trat in österreichische Dienste.

Die Sprache, die das österreichische Cabinet in den letzten
Wochen gegen das französische angenommen, war klar und
bestimmt; über Oesterreichs Stellung und festen Entschluß war
jetzt kein Zweifel mehr. Da es aber damals noch nicht Sitte
war, die Depeschen, die heute aus dem auswärtigen Amte ab-
liefen, am nächsten Tage in der Zeitung abdrucken zu lassen; da
vielmehr die damalige Staatskunst darauf hielt, so lang die Dinge
noch nicht zur Reife gediehen waren, jeden Schein zu vermeiden,
der vorzeitig das, was kommen sollte, verrathen konnte: so war
man im großen Publicum über die Absichten der österreichischen
Regierung noch immer im unklaren und fuhr man fort, Metternich der Schwäche und Unentschlossenheit zu beschuldigen. In
den aufgeregten Köpfen wechselten die wunderlichsten Entwürfe,
wie man ihn entweder entfernen oder wider Napoleon aufbringen
könnte. Es war eine förmliche Verschwörung der Anti-Buona-
partisten inner- und außerhalb des Kaiserstaates, die „Ehrlich-
machung Oesterreichs", wie sie es nannten, zu fördern. Umge-
kehrt that die kaiserliche Regierung alles mögliche, den Verdacht Napoleon's, als ob sie mit seinen Gegnern vertragswidriges
Einverständniß pflege, zu zerstreuen, was natürlich die Wider-
sacher Frankreichs in neue Unruhe und Erbitterung versetzte.
Die diplomatischen Agenten Englands, King und Alexander
Horne, mußten Wien verlassen. Der bei Lützen verwundete
preußische General Scharnhorst hatte von seinem Könige den
Auftrag übernommen, Kaiser Franz zum Beitritte zu dem russisch-preußischen Bündnisse zu bewegen. Allein zwei Posten vor
Wien empfing er die Mittheilung, daß ihn weder der Kaiser noch
Graf Metternich empfangen könne; er mußte nach Prag zurück,
wo er bald darauf den Folgen seiner Verwundung erlag. Man
wollte in Wien freie Hand behalten und sich in der selbstü ber-
nommenen Rolle unabhängiger Vermittlung nicht beirren lassen.

Es wurde früher erwähnt, welche Freude und welche Hoffnung die österreichischen Patrioten an die Ankunft Philipp
Stadion's in Wien knüpften. Allein für's erste war seine Aufgabe nur eine finanzielle. Die bewaffnete Vermittlung verlangte
Geld, und das hatte man nicht. An Anleihen war nicht zu
denken. Andererseits hatte man im Patente vom Februar 1811
das feierliche Versprechen gegeben, die zur Aufsaugung des ent-
wertheten Papiergeldes benöthigte Summe von Einlösungs-
scheinen „nie und in keinem Falle" zu vermehren. Man verfiel
auf das Mittel der Vorausnahme der Steuern. Es sollte nämlich von 1814 angefangen durch zwölf Jahre eine Summe von
3,750.000 fl. „aus dem Ertrage der Grundsteuer in den
deutschen, böhmischen und galizischen Provinzen" anticipirt,
daraus ein „Anticipations-Fond" von 45,000.000 fl. geschaffen
und dafür der gleiche Betrag von „Anticipations-Scheinen" sogleich ausgegeben werden. Die Tilgung sollte derart erfolgen,
daß alljährlich von der baar eingehenden Grundsteuer
3,750.000 fl. an den Anticipations-Fond abgeführt und dafür
eben so viele Anticipations-Scheine wieder eingelöst oder vertilgt
würden. Das bezügliche kaiserliche Patent erschien am 16. April.
Es war darin von einer nothwendigen Vermehrung der Streitkräfte die Rede, um „bei der bevorstehenden Entwicklung der
Schicksale von Europa" die Monarchie in den Stand zu setzen,
jenes Gewicht, das ihre Lage und das „Verhältniß gegen die
sämmtlichen übrigen Mächte" ihr sichern, „zur Erreichung des
so nöthigen, so sehnlich gewünschten Standes der Ruhe mit
allen seinen segensreichen Folgen" geltend zu machen.

Vierzehn Tage später, am 3. Mai, ging Stadion von
Wien ab — nach Dresden, wie man im Publicum meinte; am
nächsten Tage wurde Schwarzenberg von Paris zurückerwartet.
„Der Augenblick ist von ungeheurer Wichtigkeit", schrieb einer

der Heißsporne jener Tage aus Wien. Stadion war aber nicht
nach Dresden geschickt, sondern in das russisch-preußische Hauptquartier, während Metternich dem französischen Gesandten die
Bedingungen namhaft machte, die den Friedensunterhandlungen
zur Grundlage dienen sollten. Frankreich werde Italien, Holland,
Westphalen behalten, dagegen auf die Hansestädte verzichten;
der Rheinbund solle aufgelöst, die preußische Monarchie wieder
hergestellt werden, Spanien unter seine frühere Dynastie zurückkehren; für sich verlange Oesterreich die Rückgabe der illyrischen
Provinzen und die Zurückstellung seines Antheils am Herzogthum Warschau, dessen übrige Theile wieder an Rußland und
Preußen zu fallen hätten. Kaiser Franz schrieb Napoleon einen
Brief, worin er ihn wegen seines Sieges bei Lützen beglückwünschte; er, Kaiser Franz, habe nur auf einen Moment gewartet,
wo sich die erhitzten Gemüther abkühlen könnten; „dieser Augenblick ist gekommen und Euer Majestät befinden sich in der
schönsten der Lagen, um nach einem glänzenden Erfolge der
Welt den Frieden zu geben." Bubna, der das Schreiben in das
französische Hauptquartier zu überbringen hatte, sollte in Napoleon dringen, er möge sich zu den verlangten Opfern herbei-
finden, „die ja kaum den übertriebenen Anforderungen der Russen
und Preußen entsprächen."

Den 16. Abends kam Bubna in Dresden an. Napoleon,
dem wieder seine Erfurter Gedanken durch den Sinn fahren
mochten, empfing ihn, obgleich er ihn sonst schätzte und seinen
Umgang liebte, höchst unwirsch und ergoß seine üble Laune in
eine Fluth von Ausfällen gegen Metternich. Bubna, ein Mann
von Geist und Welt, ließ den ersten Sturm vorübergehen und
übergab dann das Schreiben seines Kaisers, dessen wohlmei-
nender Ton seine gute Wirkung auf Napoleon nicht verfehlte.
Bubna brachte sodann vorsichtig und schonend die Forderungen

des österreichischen Cabinets eine nach der andern vor und schloß
mit dem Vorschlage, dieselben einem Friedens-Congresse, der sich
in der Nähe des Kriegsschauplatzes, etwa in Prag, versammeln
könnte, zu Grunde zu legen. Napoleon hörte ihn, wider Erwarten, ruhig an, ging auf die einzelnen Punkte ein, zeigte sich
hinsichtlich der meisten willfährig und wollte nur vom Aufgeben
der Hansestädte und des Protectorates über den Rheinbund,
als mit seiner Ehre unverträglich, nichts wissen. Mit Vorwissen
Napoleon's setzte Bubna den Grafen Stadion von dem Vor-
gefallenen in Kenntniß.

Allein, während Bubna, hochbeglückt das Ungehoffte erreicht zu haben, über Prag nach Wien zurückeilte, wo er den
20. eintraf, geschah hinter seinem Rücken von Napoleon ein
Schritt, der entscheidend auf den weiteren Gang der Ereignisse
wirkte. Denn zur selben Zeit, da der Courier Bubna's in das
russisch-preußische Hauptquartier abging, begab sich Caulaincourt
zu den russischen Vorposten, um Alexander den Wunsch seines
Kaisers auszudrücken, sich mit ihm behufs des Friedensschlusses
in unmittelbare Verbindung zu setzen. Am 20. und 21. wurde
sodann die blutige Schlacht bei Bautzen geschlagen, die zwar
Napoleon an 20.000 Todte und Verwundete kostete, aber den
Rückzug der Verbündeten zur Folge hatte, die Sachsen völlig
räumten. Jetzt bekam wieder der volle Siegeshochmuth bei Napoleon die Oberhand, und wenn er sich unter so günstigen Umständen auf den Abschluß eines mehrwöchentlichen Waffenstillstandes einließ, zu Poischwitz 4. Juni, so geschah es nur, um
Zeit für neue Rüstungen zu gewinnen und dann mit seiner
ganzen Macht über die Verbündeten herzufallen. Schon hatte
er zu diesem Zwecke nach Paris seine Befehle gesandt. Seine
eigene Armee wollte er bis auf 400.000 Mann vermehren;
außerdem sollte eine Heeresabtheilung von 20.000 Mann von

Bayern aus, der Vicekönig von Italien mit 80.000 Mann von Illyrien aus Oesterreich, bedrohen. Um sich auf diesen Stand gesetzt zu sehen, brauchte er drei Monate Zeit. Darum sollte erst der Waffenstillstand verlängert, dann der Zusammentritt des Congresses, sowie die Verhandlung auf demselben derart in die Länge gezogen werden, daß man beim 1. September anlangte, ehe die Feindseligkeiten wieder eröffnet würden. Es war das- selbe Spiel, wie ein Jahr zuvor mit Rußland; es sollte wie damals zu Napoleon's Unheil ausschlagen.

6.

Fürst Karl Schwarzenberg — Kaiser Franz in Jičin — Metternich's letzte Zusammenkunft mit Napoleon; Juni und Juli 1813.

Fürst Karl Schwarzenberg, der Nebenlinie eines der mächtigsten und berühmtesten Adelsgeschlechter des Kaiserstaates entsprossen, geboren zu Wien am 15. April 1771, hatte bereits 1786, fünfzehnjährig, als Hauptmann im Graf Wolfegg'schen Regimente des schwäbischen Kreises seine militärische Laufbahn begonnen, 1788 im kaiserlichen Regimente des Herzogs Ludwig von Braunschweig-Wolfenbüttel bei dem Sturm auf Sabac sich ausgezeichnet und war 1789 im Hauptquartier Loudon's ver- wendet worden. Bei Beginn der französischen Feldzüge treffen wir ihn 1791 als Major im wallonischen Dragonerregimente Latour, 1793 als Oberstlieutenant der freiwilligen Uhlanen, dem nachmaligen 2. Uhlanenregiment, das später für ewige Zeiten seinen Namen führen sollte. Schon hat sich der schöne, geistvolle und unerschrockene Reiterführer durch manche glänzende That bemerkbar gemacht, bei Aldenhoven und Aachen die Aufmerksamkeit des Oberfeldherrn Prinzen von Coburg auf sich gezogen, in der Schlacht bei Neerwinden am rechten Flügel unter Erz= herzog Karl gefochten, als ihm Ende Jänner 1794 das Obersten= Patent des Kürassier-Regimentes Wallis ertheilt wird. Er ver= zichtet auf diese Ehre, da das Regiment im Wiener Friedens= quartiere liegt, erhält dafür die Oberstenstelle bei Zaschwitz= Kürassieren, entscheidet durch den prächtigen Reiterangriff bei Cateau an der Sambre (26. April) den Fall der Festung Lan= drecy und empfängt dafür auf den Feldern von Tournay das Ritterkreuz des Maria-Theresienordens. Er nimmt unter den Augen des Helden-Erzherzogs an der Erstürmung von Fleurus Theil, erhält 1795 aus dem Lager von Mannheim die Huldi= gung seines Officiercorps als „Sieger von Troiville" und erringt 1796 neue Lorbeern bei Amberg und Würzburg, bis ihn die Ernennung zum Generalmajor von der Spitze seines geliebten Regimentes abruft. In das Jahr 1799 fällt seine Vermälung mit Maria Anna, geborenen Gräfin Hohenfeld, verwitweten Fürstin Paul Eßterházy, jener zärtlich geliebten „Nani", der er in einundzwanzigjähriger Ehe keinen Kummer und Schmerz bereiten sollte, bis sie, in Thränen gebadet, seinen lorbeerge= schmückten Sarg in die Todtengruft von Worlik hinabsinken ließ. Im Jahre 1800 erringt er bei Hohenlinden am rechten Flügel Erfolge, die leider durch die Verluste auf den anderen Punkten vereitelt werden, zieht sich dann, ohne eine Kanone zu verlieren, zurück, leitet die Nachhut des auf 30.000 Mann herab= geschmolzenen Heeres und hemmt die unordentliche Flucht, in welche der übereilte Rückzug auszuarten drohte. Als Feldmar= schalllieutenant erscheint er 1801 in diplomatischer Sendung bei der Thronbesteigung Alexander's in St. Petersburg, wo es ihm gelingt, die unter Paul's launenhaftem Walten vielfach gestörten guten Beziehungen zwischen Oesterreich und Rußland wieder herzustellen. Nach einigen Jahren beglückter Häuslichkeit, die ihm dem nunmehrigen Haupte des zweiten fürstlichen Majorates, auf seinem romantisch an den Ufern der oberen Moldau gelegenen Felsenschlosse vergönnt sind, wird er 1805 Vicepräsident des Hofkriegsrathes, erstreitet sich am 11. October bei Jungingen das Commandeurkreuz des Theresienordens, dringt dann vergebens in Mack, Ulm bei Zeiten zu verlassen, und schlägt sich, da er alles verloren sieht, mit dem Erzherzog Ferdinand an der Spitze eines Theiles der Reiterei glücklich nach Böhmen durch. Nach der Schlacht bei Austerlitz, deren schlimmen Ausgang er vorausgesagt, geleitet er seinen Monarchen zu dem traurigen Wachfeuer bei der Brandmühle (spáleny mlýn), wo er dem siegreichen Kaiser der Franzosen zum erstenmale in's Antlitz schaut, und setzt, von da weg nach Preßburg eilend, auf einem elenden Kahne mit Gefahr seines Lebens über die von Treibeis erfüllte Donau, um dem Erzherzog Karl die Nachricht vom Abschlusse des Waffenstillstandes zu bringen. Auf Alexander's Wunsch als Botschafter nach Rußland gesandt, gelingt es ihm, den mit Napoleon verbündeten russischen Kaiser 1809 von einem nachdrücklichen Eingreifen gegen Oesterreich abzuhalten und kehrt auf Umwegen durch die Türkei in sein Vaterland zurück. In der Schlacht bei Wagram führt er eine Cavallerie-Division mit Bravour, obgleich ohne Erfolg für das mißlungene Ganze, und schlägt bei Znaim an der Spitze von acht Reiter-Regimentern die Massen feindlicher Cavallerie zurück, welche der weichenden Armee den Rückzug nach Böhmen abschneiden will. Noch vor Ablauf des unglücklichsten Jahres der österreichischen Geschichte finden wir Schwarzenberg auf dem Botschafterposten in Paris, wo er im Auftrage seines Kaisers die Heiratsangelegenheit der Erzherzogin Maria Luise mit Napoleon betreibt und dadurch nicht blos der neuen Kaiserin von Frankreich, sondern bald auch ihrem hochgebietenden Gemale eine gern gesehene und mit vielfachem Vertrauen beehrte Persönlichkeit wird. Es knüpfen sich so manche Züge, die erst durch den Verlauf der Begebenheiten an Interesse gewannen, an diese Pariser Gesandtschaft. So unterhielt sich Napoleon eines Tages mit ihm lange Zeit über die Frage, wie Paris angegriffen und vertheidigt werden könne. Ein andermal war kaiserliche Jagd in Grosbois und Schwarzenberg vertiefte sich mit Berthier in ein Gespräch über die Lage von Europa, über die Größe Napoleon's, über die Stimmung gegen ihn u. dgl. Zuletzt meinte Berthier, es sei doch möglich, daß es noch einmal zu einem großen Bündnisse wider Napoleon komme; „und an der Spitze der vereinigten Heere" sagte er zu Schwarzenberg, „wird dann kein Anderer stehen als Sie." Wir wissen bereits, welche schwierige Lage der Fürst im Jahre 1812 an der Spitze einer Truppe hatte, deren Sinn und Herz der Sache, für die sie fechten sollte, völlig fremd war. Damals erklärte Aloys Liechtenstein unverholen dem Kaiser Franz, „wie nur eines dem öster- reichischen Soldaten zur Befriedigung diene: die Führung Schwarzenberg's; denn auf den Wegen dieses Mannes zu wan- deln, könne keine Unehre sein." Der für den Fürsten ruhm- volle Feldzug von 1812 bringt ihm die Erhebung zum Feld- marschall. Wir sehen ihn dann von den Ufern der Pilica noch einmal an den Hof von St. Cloud gehen, wo ihm Napo- leon zum letztenmale in freundlichem Gespräche gegenüber- steht. „Sie haben da den Marschallsstock — ‚Stock‘, das will sagen, damit den zu schlagen, den man vor sich hat." „Ja, Sire, man muß es wünschen; es handelt sich nur darum, ob man es kann."

Als Fürst Schwarzenberg in den ersten Tagen Mai wieder in Wien eintraf, waren die Kriegsrüstungen seit Monaten eifrig im Gange, allein man befand sich noch lang nicht am Ziel;

man konnte erst Mitte Juni hoffen, eine schlagfertige Truppenmacht von 120.000 Mann in Böhmen aufzustellen. Dabei
machte Radetzky aufmerksam, daß mit Ausnahme des früheren
Hilfs- und des Reserve-Corps die ganze Armee aus Recruten
bestehe, worauf ihm freilich mit Grund erwiedert wurde dem
französischen Kaiser gehe es auch nicht besser. Es handelte sich
jetzt um die Ernennung des Oberfeldherrn. Tausende verdienter
Krieger riefen nach ihrem früheren geliebten und verehrten Generalissimus Erzherzog Karl. Allein dagegen war die Hofpartei.
Es gab da Neider und Hetzer, die dem Kaiser Franz, der von
Natur aus zu Mißtrauen hinneigte, in den Ohren lagen und
ihn gegen seine Brüder und Vettern einnahmen. „Wem anders
falle", so ließen sie merken, „die ganze unglückliche Katastrophe
von 1809 zur Last als diesen? Habe nicht die schlechte Verbindung zwischen Regensburg und Landshut, den Anfang des
Unglücks, Erzherzog Ludwig, Wiens vorschnelle Uebergabe Erzherzog Maximilian, den unglücklichen galizischen Feldzug Erzherzog Ferdinand auf dem Gewissen? Und der gepriesene Held
von Aspern, könne man ihn von der Nichtbenützung seines entscheidenden Sieges freisprechen? Was aber habe das Unheil
von Wagram herbeigeführt, als die Saumseligkeit des Erzherzogs
Johann?" Man ging so weit, selbst die Lauterkeit ihrer Gesinnung in Zweifel zu ziehen. „Jeder von ihnen handle nach eigenen
Ansichten und nicht nach dem Befehle seines Monarchen. Jeder
wolle einen Staat im Staate bilden und sei ein Werkzeug unruhiger Ehrgeiziger, die sich an ihn drängten." Der edle Karl
war ein Hauptziel solch gemeiner Verdächtigungen. Dem biedern
Johann unterschoben sie verrätherische Hintergedanken: er wolle
sich an die Spitze Tyrols und Veltlins stellen, aber nur, um sich
selbst zum „König von Rhätien" ausrufen zu lassen. Durch
solche Mittel wurde denn Kaiser Franz dahin gebracht, diesmal

6

alle Prinzen von Geblüt von einer thätigen Theilnahme an der
Kriegführung zu entfernen; Erzherzog Ferdinand mußte selbst
sein mährisch-schlesisches Generalcommando niederlegen, ehe es
zum Ausbruch kam. Unter diesen Umständen blieb kaum ein
anderer, als Fürst Schwarzenberg, den der Kaiser für den
Posten des Generalissimus ausersehen konnte. Seine ganze militärische Laufbahn ließ ihn als einen Führer nicht blos von
glänzender Bravour und Tapferkeit, sondern von eben so viel
Umsicht und Besonnenheit erscheinen. Selbst wer von hochfürst-
lichem Stamme ist, erwirbt nicht das Ritterkreuz und das Commandeurkreuz des Theresienordens, wenn nicht wahrhaft hervor-
ragende militärische Leistungen und die laute Stimme seiner
Kampfesgenossen dazu auffordern. Zu seinen früheren Lorbeern
hatte der Fürst im letzten Feldzuge neue gesammelt. Er hatte zum
erstenmale ein selbständiges Commando geführt und dabei seine
taktische und strategische Befähigung außer Frage gestellt. Wenn
sein Sieg bei Podubnie und Gorodečno und das Zurückwerfen
Tormasov's hinter den Styr, sein rechtzeitiges Erscheinen bei
Volkovysk und Isabelin und die Verfolgung Sacken's ausgezeich-
nete Waffenthaten waren, so war sein ungefährdeter Rückzug
gegen die vereinte Uebermacht Čičagov's und Tormasov's ein
Meisterstück klug berechnender Kriegskunst. Dabei war er durch
seine hohe Geburt, wie durch sein würdevolles, achtunggebietendes
Wesen eine Persönlichkeit, wie sich in so ernster, folgenschwerer
Lage keine zweite finden ließ.

Mit kaiserlichem Handschreiben vom 8. Mai wurde Feld-
marschall Fürst Karl Schwarzenberg zum commandirenden
General der in Böhmen aufzustellenden Armee ernannt und ihm,
über seinen Wunsch und Metternich's Einrathen, Graf Joseph
Radetzky als Chef des Generalstabes an die Seite gegeben.
Radetzky war damals in voller Manneskraft, mit einnehmenden

Gesichtszügen, die sich durch das freundlich Gewinnende seines heiteren Wesens noch verschönerten. Unter ihm standen der aus sächsischen Diensten in österreichische übergetretene General Langenau für die Geschäfte des Generalquartiermeisterstabes und Oberst Trapp für die inneren Angelegenheiten des General- stabes. Am 23. Mai trafen Schwarzenberg und Radetzky in Prag ein, das jetzt zum Mittelpunkte der militärischen und diplomatischen Vorbereitungen für die noch ungewisse Wendung der Dinge wurde.

Napoleon hatte, wie früher erwähnt wurde, hinter dem Rücken Bubna's mit dem Kaiser Alexander einen unmittelbaren Verkehr anknüpfen wollen, um sowohl Preußen zu vereinzeln als Oesterreich zu schrecken, und dann diese beiden die volle Schwere seines Armes fühlen zu lassen. „Rußland“ meinte er zu seinen Vertrauten, „hat allerdings Anspruch auf einen ehren- vollen Frieden, es hat ihn theuer erkauft durch zwei wilde Kriegsjahre. Oesterreich hingegen hat gar nichts verdient. Nichts würde mich mehr empören, als daß es als Belohnung des Ver- brechens seines Allianzbruches noch die Frucht und die Ehre der Herbeiführung des europäischen Friedens ernten sollte“ Allein Napoleon's Schritt hatte das gerade Gegentheil von dem zur Folge, was er beabsichtigte: statt die Verbündeten zu trennen, brachte er ihnen nur Oesterreich näher. Caulaincourt wurde bei den russischen Vorposten nicht durchgelassen; er empfing zur Antwort: „man habe die österreichische Vermittlung angenommen und nur Graf Stadion sei es, an den sich der Abgesandte des französischen Kaisers wenden könne“ Zugleich wurde aber der Schritt Napoleon's im russischen Hauptquartier dazu benützt, Oesterreich zu drängen. Es wurde beschlossen, Nesselrode nach Wien zu schicken, um nun, da die Doppelzüngigkeit Napoleon's offen lag, den Beitritt Oesterreichs zu dem Bündnisse wider

Frankreich zu beschleunigen. Zugleich sandten Stadion aus Reichenbach und Gentz aus Ratiboŕic — wo sich letzterer bei der
Herzogin von Sagan, der einflußreichen Freundin Metternich's,
wie auf einem Beobachtungsposten befand — Warnungen nach
Wien, welche Gefahr für Oesterreich daraus entstehen könne,
wenn Rußland, das jetzt das Entgegenkommen Napoleon's
abgewiesen, ein zweitesmal nicht dasselbe thun, sondern sich mit
dem Gewaltigen allein abfinden und Oesterreich Napoleon's
Rache überlassen würde. In der That wirkte diese Erwägung
entscheidend. Am 30. Mai waren die Nachrichten über die
letzten Vorfälle im russisch-preußischen Hauptquartiere zu Wien
eingetroffen, und es vergingen keine vierundzwanzig Stunden,
so befanden sich der Kaiser und sein erster Minister auf der
Straße nach Böhmen. Dem Grafen Narbonne wurde gesagt, es
geschehe das, um, nachdem die österreichische Vermittlung von
beiden Theilen angenommen worden, dem Standorte derselben
näher zu sein. Am 3. Juni Abends kamen Kaiser Franz und
Metternich in Ižin an; F.3.M. Baron Duka und F.M.L.
Johann v. Kutschera, die beide im besonderen Vertrauen des
Kaisers standen, befanden sich bei ihm. Bald langte auch Nesselrode, der inzwischen seine Richtung nach Wien schnell geändert
hatte, in Ižin ein.

Wenn man die heutigen deutschen, meist von Preußen oder
in preußischem Geiste geschriebenen Geschichtsbücher über die Zeit
der Befreiungskriege liest, sollte man meinen, Preußen hätte im
damaligen Kampfe gegen Napoleon eigentlich alles allein gemacht,
und es sei mehr eine Gnade von seiner Seite gewesen, auch
Oesterreich an dem Unternehmen einen Theil zu gönnen und ihm
dadurch großmüthig zur Wiedererlangung seiner verlorenen Gebiete zu verhelfen; Lützen und Bautzen waren ihnen zufolge
gewonnene Schlachten; wenn trotzdem darnach Napoleon vor-

rückte, so lag die Schuld davon einzig an Oesterreich, das mit
seiner Entschließung so unverantwortlich lang hinhielt ꝛc. Als
ob das verkürzte, erschöpfte, vor kurzem noch tiefgebeugte
Oesterreich von allem Anfang keine andere Aufgabe gehabt hätte,
als Preußen und Rußland aus der Verlegenheit zu ziehen!
Preußen zumal, dessen ränkevolle Haltung während der letzten
zwanzig Jahre Oesterreich mehr als einmal empfindlich bloßgestellt und im Stiche gelassen hatte! Damals, im Jahre 1813,
als ihnen das Messer an der Kehle war, sprach man in
Preußen anders. „Wenn uns Oesterreich nicht hilft, sind wir
verloren," hieß es allgemein. Ja, es gab tapfere und entschlossene
Männer unter ihnen, welche die Dinge noch viel schwärzer sahen.
„Selbst wenn Oesterreich auf unsere Seite tritt", sagte York im
Garten der Jordansmühle zum russischen General Langeron,
„geht die Sache dennoch schlecht" Man wußte im russisch-
preußischen Hauptquartiere nur zu gut, warum man Oesterreich
so sehr zur Entscheidung drängte, ihm in jeder Art schmeichelte
und sich, um seiner ja sicher zu sein, in allem seinem Ermessen
fügte. Kaiser Franz und Metternich hingegen wollten sich nicht
drängen lassen, wollten bis zum äußersten an ihrer Politik
festhalten und sich den Wechselfällen eines Krieges nur dann
aussetzen, wenn jede Aussicht auf einen ehrenvollen und dauernden Frieden abgeschnitten wäre. Darum wurde Nesselrode gesagt:
„Trotz der Zweideutigkeit Napoleon's könne man an einem günstigen Erfolge der Verhandlungen nicht verzweifeln; Oesterreich
müsse vor der Hand der übernommenen Vermittlerrolle treu
bleiben; würden die Unterhandlungen mit Napoleon nicht zu dem
gewünschten Ende führen, dann gelte es eine letzte und äußerste
Anstrengung, Europa seiner Willkürherrschaft zu entreißen"

Einige Tage vor seiner Abreise von Wien hatte Kaiser
Franz den Grafen Bubna neuerdings an Napoleon ab-

geschickt. Die Forderungen bezüglich der Hansestädte und des Rheinbundes, die einzigen, die zuletzt noch einen Stein des Anstoßes gebildet hatten, waren in einer den Bedenken Napoleon's volle Rücksicht tragenden Weise umgeändert, und Bubna sollte überdies wahrheitsgemäß versichern: „bis zur Stunde sei Oesterreich nach keiner Seite hin gebunden; nehme Frankreich die Grundlagen der Friedensunterhandlung in ihrer jetzigen Gestalt an, so werde sich Oesterreich auf seine Seite stellen." Bubna traf am 30. Mai in Liegnitz, dem Hauptquartiere Napoleon's, ein, versuchte aber vergebens, bei dem französischen Kaiser vorzukommen. Im Gegentheile trug dieser seinem Minister des Aeußern auf, den Grafen mit sich nach Dresden zu nehmen und dort so lang als möglich hinzuhalten. Erst am 10. Juni traf Napoleon dort ein, und selbst da mußte Bubna noch bis zum 14. warten, ehe er vorgelassen wurde und am 15. eine schriftliche Antwort des Herzogs von Bassano empfing, worin dieser in hochfahrendem Tone und mit der unverschämtesten Verdrehung des wahren Sachverhaltes Oesterreich die Schuld beimaß, daß man, nachdem der Waffenstillstand bereits am 4. abgeschlossen worden, noch keinen Schritt vorwärts gekommen sei.

An demselben 15. Juni kam im russisch-preußischen Hauptquartiere zu Reichenbach ein von Nesselrode, Hardenberg und Lord Cathcart unterzeichneter Vertrag zu Stande, laut dessen sich die drei Mächte zur gemeinschaftlichen Führung des Krieges wider Frankreich in der Weise verpflichteten, daß Rußland 160.000, Preußen 80.000 Mann ins Feld stelle und England an jeden der beiden Kriegsgenossen 2,000.000 Pf. St. Hilfsgelder zahle, letzteres überdies die Herbeischaffung weiterer 5,000.000 Pf. St. zusicherte, die als „Bundes-Papier" in den verbündeten Staaten Geltung haben sollten. England legte es dabei seinen beiden Verbündeten an's Herz, Oesterreich um jeden Preis zu gewinnen.

Eine Zusammenkunft der drei Monarchen, deren Standpunkte einander jetzt so nahe gerückt waren, schien das geeignetste Mittel eine rasche Verständigung herbeizuführen, und es wurde dafür von Alexander und Friedrich Wilhelm das fürstlich Collo- redo'sche Schloß Opočno in Vorschlag gebracht. Kaiser Franz kam aber nicht; er glaubte, so lange die Dinge nicht zur Ent- scheidung gekommen, seine Person nicht in's Spiel bringen zu dürfen; statt seiner erschien Metternich vor den Monarchen, die ihn auf das Schmeichelhafteste empfingen und ihre volle Ueber- redungskunst an ihm versuchten. Allein Metternich hielt seinen Standpunkt fest: „Man dürfe kein Mittel unversucht lassen, auf friedlichem Wege zu erlangen, was das wankelmüthige Kriegs- glück gewähren, aber auch unwiederbringlich entreißen könne; würden die Anträge Oesterreichs zurückgewiesen, dann könne sich sein Gebieter ohne Vorwurf von seinem kaiserlichen Schwie- gersohn lossagen; dann werde er sich zu ihrem entschiedenen Ver- bündeten erklären und alle Kräfte Oesterreichs zur Erreichung des gemeinsamen Zieles einsetzen." Zuletzt kam man überein, Rußland und Preußen würden die Vermittlung Oesterreichs förmlich aufrechthalten und der österreichische Minister habe in Aller Namen eine persönliche Verständigung mit dem Kaiser der Franzosen zu versuchen.

Als Metternich die Einladung nach Opočno angenommen, hatte er darauf gerechnet, es werde dies Napoleon keine Ruhe lassen, hinter das Geheimniß, was man dort ausgemacht habe, zu kommen. In der That, als er in Jičin bei seinem Kaiser wieder eintraf, fand er bereits eine Einladung Maret's nach Dresden zu kommen. Metternich reiste ohne Verzug ab und war am 25. Juni in der sächsischen Hauptstadt. Zwei Tage wurden in nichtssagenden Verhandlungen zwischen den beiden Ministern über Formfragen des Bündnisses vom März 1812,

des Waffenstillstandes, des Congresses u. dgl. hingebracht. Am
28. wurde Metternich vor Napoleon selbst beschieden. Es war
das Letztemal, daß sich die Beiden Aug in's Auge sahen, und die
fast sechsstündige Unterredung, die sie führten, gehört zu den
denkwürdigsten Zwischenfällen jener so ereignißreichen Zeit. Sie
wirft bezeichnende Lichter auf den Charakter, die Stimmung, die
Ziele der beiden geschichtlichen Persönlichkeiten, die sich da gegenüberstanden, wie auf die Lage der Dinge, deren Verhängniß, den
Zeitgenossen noch im Schoße der Zukunft verborgen, seiner
Erfüllung entgegeneilte.

Es war in den ersten Nachmittagsstunden des 28. Juni,
als sich Metternich im Palais Marcolini, das Napoleon damals bewohnte, einfand. Er trat in den von Ministern, Generälen, Civil- und Militärbeamten aller Grade erfüllten Vorsaal,
deren erwartungsvolle scheue Blicke sich auf den Eintretenden
hefteten und ihm zu sagen schienen, was Berthier, ihn zur Thüre
des Audienzzimmers geleitend, ihm zuflüsterte: „Bringen Sie
uns Frieden? Seid doch vernünftig! Ihr habt es so gut nöthig
als wir, daß der Krieg ein Ende nehme!"

Napoleon empfing Metternich stehend, den Degen an der
Seite, den berühmten dreieckigen Hut unter dem Arme. Er hielt
mit Mühe die Erregung zurück, die sich seines leidenschaftlichen
Gemüthes beim Anblicke des österreichischen Ministers bemäch-
tigte. „Das sind Sie also, mein Herr von Metternich?!" sagte
er. „Sie kommen sehr spät. Es scheint, daß es Ihnen nicht mehr
zusagt, die Unantastbarkeit des französischen Gebietes zu gewähr-
leisten. Warum haben Sie das nicht früher geoffenbart? Durch
Bubna oder durch Schwarzenberg? Vielleicht hätte ich darnach
meine Pläne geändert." Er ging sogleich auf den Verlauf der
letzten Monate ein, schob auf Oesterreich die Schuld, daß vier

Wochen des abgeschlossenen Waffenstillstandes nutzlos ver-
strichen seien, und verlor, indem er sprach, allmälig die
Zügel, mit denen er bisher seine innere Heftigkeit bemeistert
hatte. Er ging so weit zu behaupten, nur das österreichische Bündniß sei Schuld, daß er den Krieg mit Rußland begonnen; wäre
Oesterreich neutral geblieben, würde er sich in jenes Unternehmen
nicht eingelassen haben. Er wurde immer unbesonnener und
gröber. „Ich habe Ihrem Kaiser dreimal seinen Thron zurück-
gegeben; ich habe sogar die Thorheit begangen, seine Tochter
zur Frau zu nehmen; aber nichts vermochte ihn zu besseren
Gesinnungen zu bringen. Anstatt dem Bündnisse mit mir treu
zu bleiben, hat er sich bis an die Zähne bewaffnet, unter dem
Vorwande den Frieden herbeiführen zu wollen. Jetzt stehen
Ihre 200.000 Mann bereit, Schwarzenberg an ihrer Spitze,
hier in der Nähe, hinter dem Vorhang der böhmischen Gebirge.
Und weil Ihr glaubt, nun in der Lage zu sein Gesetze vorzu-
schreiben, kommt Ihr mich aufzusuchen? So sind denn die Menschen unverbesserlich? Wollt Ihr eine neue Lehre zu den vielen
früheren?“ Metternich kam jetzt zum erstenmale dazu, das Wort
zu ergreifen. „„Sire,““ sprach er, „„wir wollen nicht den
Krieg. Wir wollen nur einem Zustande der Dinge ein Ende
machen, der unerträglich für Europa geworden ist, der uns Alle
und jeden Augenblick, mit allgemeiner Vernichtung bedroht.
Wir wollen einen Frieden, der uns Allen nothwendig ist, dessen
Sie so bedürftig sind als wir, und der Ihre und unsere Lage
dauernd sicherstellt.““ Metternich entwickelte mit Vorsicht und
Feinheit die Bedingungen des Friedens, die von Oesterreich
gestellt und die Napoleon schon bekannt waren, die ihn aber,
da er sie aus Metternich's Munde hörte, in eine Aufregung
versetzten, als vernehme er sie zum erstenmale. „Wie?!“ rief er
aus. „Also nicht nur Illyrien, sondern die Hälfte von Italien?

Rückkehr des Papstes nach Rom? Spanien, Warschau, den Rheinbund? Das ist die Mäßigung, von der Sie sich beseelt erklären? Bereitet Euch vor, eine Million Menschen auszuheben, das Blut mehrerer Generationen zu vergießen und erst am Fuße des Montmartre mit mir zu verhandeln!" Ueber Metternich's Einwendung, „„es handle sich um keine Demüthigung Frankreichs, das noch immer größer und mächtiger bleibe, als es je in den glanzvollsten Tagen seiner früheren Geschichte gewesen"", wurde Napoleon etwas ruhiger und gab zu erkennen, daß es nicht sowohl die Bedingungen des Friedens seien, was ihn verletze; aber daß man sie ihm aufdringen, ihm als Gesetz vorschreiben wolle, wie einem Besiegten! „Wie viel hat Ihnen England gegeben, Metternich," rief er aus, „damit Sie eine solche Rolle mir gegenüber spielen?" Der Graf antwortete nicht auf diesen tactlosen Ausfall; er machte eine Bewegung gegen die Thüre, die aber mit dem Schlüssel abgesperrt war. Napoleon mäßigte wieder seine Sprache. „Was ist", sagte er, „Euren auf Thronen gebornen Souverainen eine erlittene Niederlage? Geschlagen kehren Sie in Ihre Residenzen zurück und ihnen liegt wenig daran! Ich aber bin Soldat, ich kann meinen Ruhm nicht verkleinern lassen, ich kann nicht gedemüthigt in die Mitte meines Volkes zurückkehren, ich muß groß, berühmt und bewundert bleiben. Ich gehöre nicht mir", sagte er weiter, „sondern der braven Nation, die auf meinen Ruf kommt, ihr edelstes Blut für mich zu verspritzen" „„Doch Sire"", fiel ihm hier Metternich in's Wort, „„diese brave Nation, hat sie nicht selbst Ruhe nöthig? Sie haben die letzten Recruten, fast Knaben, ausheben müssen; was dann, wenn auch diese dahin sind?"" Nichts gleicht der Leidenschaft, welche diese, nur zu wahren Worte in Napoleon entflammten. Er wurde bleich, bis in die Lippen, eine Züge verzerrten sich und sein Hut fiel, oder er warf ihn, zu

Boden, ohne daß Metternich dergleichen that, als bemerke er
es. „Herr", sagte Napoleon auf den Grafen zutretend und seine
Stimme zitterte vor innerer Aufregung, „Herr, Sie waren nie
Soldat! Sie haben nie gelernt, sein Leben und das Leben
Anderer zu verachten! Was sind mir 200.000 Menschen?"
„„Oeffnen wir Thüren und Fenster" rief Metternich jetzt aus,
„„damit Europa diese Worte höre!"" Betroffen stutzte Napoleon
einen Augenblick. Es seien allerdings 100.000 Franzosen in
Rußland zu Grunde gegangen, meinte er dann, um die sei ihm
aufrichtig leid; „aber die übrigen waren Italiener, Polen,
Deutsche", und dazu machte er eine wegwerfende Handbewegung.
Er verwendete jetzt vielleicht eine Stunde darauf, dem österreichischen Minister von dem Feldzug in Rußland zu sprechen
wobei er Wahres und Falsches untereinander mengte; er sei
durch die Elemente besiegt worden; seine Truppen seien überall,
wo sie mit den Russen an einander geriethen, Sieger geblieben ꝛc.
Er durchmaß dabei mit heftigen Schritten das Zimmer; der
unglückselige Hut lag noch immer auf dem Boden, den er zuletzt voll Ingrimm mit dem Fuß in eine Ecke schleuderte. Er
kam dann wieder auf die gegenwärtige Lage zurück und zog
Metternich in ein Nebenzimmer, um ihm auf Karten und
Plänen klar zu machen, daß ihn die Aufstellung der österreichischen Streitkräfte nicht beunruhigen könne. Er versuchte es
zuletzt im Guten. „Ihr wollt Illyrien, gut, Ihr sollt es
zurückhaben. Aber bleibt neutral, und ich schlage mich an Eurer
Seite ohne Euch!" „„O, Sire"", rief Metternich, „„warum
wollen Sie in diesem Kampfe allein stehen? Warum sollten Sie
Ihre Macht durch die unsere nicht verdoppeln? Nehmen Sie
die Bedingungen an, die wir Ihnen bieten! Wir können nicht
neutral bleiben, wir müssen für Sie oder gegen Sie sein.""
„Also, Sie bestehen darauf? Sie wollen mir Gesetze vor-

schreiben? So sei Krieg! Auf Wiedersehen denn, im October in Wien!"

Der späte Abend war hereingebrochen; es dunkelte bereits, und die Sprechenden sahen ihre Gesichtszüge nur in verschwommenen Umrissen. Noch immer harrte die Umgebung des Kaisers im Vorsaale in banger Ungewißheit, als sich die Thüre des Audienzzimmers aufthat und Metternich aufgeregt heraustrat. Wieder kam Berthier auf ihn zu: „Nun, sind Sie mit dem Kaiser zufrieden?" „„Vollkommen"", erwiederte Metternich; „„denn er hat mich klar sehen lassen, und nehmen Sie es auf mein Wort, Ihr Gebieter hat den Verstand verloren!""

Metternich war kaum fort, so reute Napoleon seine Heftigkeit, die ihn nur bloßgestellt hatte, anstatt daß er seinen Zweck, hinter die wahren Absichten des österreichischen Cabinets zu kommen, erreicht hätte. Es verging keine Stunde, als Maret im Auftrage seines Gebieters bei Metternich mit der Erklärung erschien, daß der Kaiser die österreichische Vermittlung annehme und eine darauf bezügliche Convention abschließen wolle. Darüber wurden am 29. zwischen den beiden Ministern schriftliche und mündliche Verhandlungen gepflogen. Metternich erklärte, die Stellung eines Vermittlers lasse sich ohne die vollständigste Unabhängigkeit nicht denken; sein Kaiser wolle nicht eine Lösung des Bündnisses mit Frankreich; allein die Thatsache der Vermittlung bedinge eine zeitweise Außerkraftsetzung der Stipulationen vom März vorigen Jahres. Der Herzog von Bassano, der von einer gewissen hochfahrenden Gereiztheit nicht lassen konnte, entgegnete: „Sein Kaiser könne hierin nur eine Verzichtleistung auf das Bündniß erblicken; Se. Majestät wolle Ihre Allianz Ihren Freunden nicht lästig machen und erhebe daher keine Schwierigkeit, den Vertrag, den Sie mit Oesterreich geknüpft, zu lösen, wenn Se. Majestät der Kaiser Franz diesen Wunsch hege"

Am 30. Morgens erschienen beide vor Napoleon. Er war wie umgewandelt. Er empfing Metternich auf das Freundlichste und entfaltete eine geschmeidige Liebenswürdigkeit, die unwiderstehlich war. Er redigirte selbst die Bedingungen der Uebereinkunft wegen des Waffenstillstandes und der in Prag zu eröffnenden Unterhandlungen. „Ist's so recht?" fragte er Metternich. „„Durchaus, bis auf einige Ausdrücke!"" „Welche?" Metternich bezeichnete sie, und Napoleon tauschte sie auf der Stelle gegen die von Metternich gewünschten um. Er war so· zuvorkommend, so heiter und witzig, daß Metternich, ohne unhöflich zu sein, seinerseits nicht längere Schwierigkeiten machen konnte und dem Kaiser zuletzt das Versprechen gab, auf eine Verlängerung des Waffenstillstandes bis zum 10. August, mit der Aufkündigungsfrist von weiteren sechs Tagen, also in Wahrheit bis zum 16., hinwirken zu wollen. Napoleon hatte dadurch die Frist bis zum 1. September bis auf wenige Tage erreicht, und dann stand er, wie er hoffte, so da, daß nach Niederwerfung seiner vereinten Gegner e r den Frieden dictiren werde. Daß man in Prag zu keinem Ziele käme, dafür wollte er sorgen.

Napoleon übersah dabei, daß die verlängerte Waffenruhe auch von seinen Gegnern nicht werde unbenützt gelassen werden, und er ahnte nicht, daß bereits zwischen Oesterreich, Rußland und Preußen, zu Reichenbach am 27. Juni, ein geheimer Vertrag für den Fall abgeschlossen war, daß der Friede nicht zu Stande käme.

7.

Die Conferenz von Trachenberg und der Congreß zu Prag, Anfang Juli bis Mitte August 1813.

Die Abreise des Kaisers Franz und des Grafen Metternich nach Böhmen hatte man in Wien wie in Prag als das lang ersehnte Zeichen begrüßt, daß es nun Ernst werde, und jene, die seit Monaten alles mögliche ausgesonnen und versucht hatten, wie sie das österreichische Cabinet „ehrlich machen" könnten, hatten sich nichts geringeres eingebildet, als ihr Werk allein sei es, daß es endlich so weit gekommen. „Gottlob, es gibt Krieg", schrieb Laval Graf Nugent, einer der Verschwornen jener vielbewegten Tage, noch am 31. Mai aus Wien, „und zwar nur deshalb, weil Oesterreich sich zu schwer compromittirt hat, durch seine Anwürfe bei Preußen und Rußland, und durch jene beim König von Sachsen. Es ist dafür gesorgt worden, daß Napoleon alles bei Zeiten erfuhr." Als nun etwa acht Tage später der Abschluß des Waffenstillstandes von Poischwitz verlautete, war die Enttäuschung keine geringe. Eine dumpfe Schwüle lagerte über den Gemüthern. Man sah die Hoffnungen, die man gehegt, Napoleon aus Deutschland und Italien vertrieben zu sehen, in ihrer schönsten Blüthe erstickt. „Alle Welt ist darüber in Verzweiflung" schrieb man jetzt, „und ergießt sich in Verwünschungen." Man war erbittert über das unerklärliche Zaudern des kaiserlichen Cabinets, über die vermeintliche Lauigkeit der kriegerischen Vorbereitungen, über das „ewige Hin- und Herreisen" des Grafen Bubna, des Grafen Metternich u. dgl., während drüben im französischen Lager kein geringerer Ingrimm über Oesterreich losbrach, das

man als den Hemmschuh ansah, der Napoleon in seinem
Siegeslaufe aufhalte. „Der Herr Schwiegervater wird uns die
Rechnung bezahlen — le beaupère nous le payera", riefen
die französischen Officiere und Soldaten.

Den Höhepunkt jener fieberhaften Ungeduld, jener leidenschaftlichen Erwartung der Dinge, die man zu sehen wünschte,
erreichte die damalige Stimmung in Prag, wo die Gemüther
nicht blos durch die Nähe des Kriegsschauplatzes, sondern auch
durch das unaufhörliche Ab- und Zugehen der bedeutendsten
Persönlichkeiten in immer neue Aufregung versetzt wurden.
Schwarzenberg, Radetzky, Koller, Langenau weilten seit Wochen
inner den Mauern der Stadt, auf das Eifrigste beschäftigt mit
der Organisirung der Streitkräfte, denen nur das Losungswort
zum Aufbruche fehlte. Ende Mai und Anfangs Juni weilte der
Freiherr von Stein, in russischen Diensten, aber von deutschem
Stamme und Sinne — und unerbittlicher Gegner Napoleon's,
in Prag, wo sich seit länger seine Gemalin ihrer Gesundheit
wegen aufhielt. Am 6. Juni kam Graf Kolovrat, Oberst-
burggraf von Böhmen, aus Wien in die Hauptstadt zurück,
und was er diesmal brachte, konnte erfreuen: den kaiserlichen Befehl, auf das Schleunigste für Böhmen und Mähren
65.000 Mann Landwehr zu organisiren. Prag bot im Sommer 1813 einen völlig kriegerischen Anblick. Thorverram-
melungen, Schanzen ringsum. Vom Dache des Generalcom-
mando-Gebäudes streckte der Telegraph seine Arme aus. Von
allen Seiten rollten Extraposten heran. Im nahen Lieben,
wohin Fürst Schwarzenberg, vielleicht weil Prag als Festung
minder bequem erschien oder des bevorstehenden Congresses
wegen, sein Hauptquartier verlegte, war kein Zimmer, kein
Winkel frei; wer da etwas zu thun hatte, mochte zusehen, wo
er Unterkunft fände.

Kaiser Franz saß noch immer in Jičin *). Dorthin kam Metternich von Dresden zurück, um sich alsogleich in das Haupt-quartier der beiden andern Monarchen zu begeben und sie von den mit dem Kaiser der Franzosen getroffenen Verabredungen in Kenntniß zu setzen. Am 6. Juli war er in Jičin zurück. Die am besten unterrichtet sein wollten, meinten wieder, nun werde es mit nächsten losgehen. „Gottlob", schrieb Nugent, „Bonaparte weiß alles, dürstet Rache und äußert sich höchst unbesonnen. Der Rückweg ist abgeschnitten. Des Kaisers und Metternich's sind wir jetzt endlich sicher." Nugent und seine Gesinnungs-genossen, denen er solche Nachrichten in Chiffernschrift zusandte, hatten keine Ahnung, daß ihre Geduld noch lange Wochen hin-durch eine harte Probe zu bestehen haben sollte.

Das kaiserliche Hoflager wurde jetzt von Jičin nach Brandeis an der Elbe, drei Stunden von Prag, verlegt. Der Congreß hatte, wie in Dresden ausgemacht worden, am 5. Juli eröffnet werden sollen. Die Besprechung mit Kaiser Alexander und König Friedrich Wilhelm aber hatte eine kleine Verzögerung herbeigeführt und der Beginn der Unterhandlungen mußte auf den 12. verlegt werden. Einen Tag früher fanden sich Met-ternich, dann Wilhelm von Humboldt und Herr von Anstett in Prag ein. Es waren von Rußlands und Preußens Seite nicht Minister ersten Ranges gewählt worden; Anstett war übrigens von Geburt französischer Unterthan, und seither grund-

*) Noch heute zeigt man im Trautmannsdorff'schen Schlosse zu Jičin das sogenannte „Conferenz-Zimmer", worin sich ein wohlgetroffenes Bild niß des Kaisers Franz als Erinnerung an die ereignißvollen Tage des Jahres 1813 befindet. Die ganze Einrichtung ist genau in dem damaligen Zustande gelassen, und der ausdrückliche Wunsch der beiden letzten Fürsten Trautmannsdorff legt es ihren Nachkommen als heilige Verpflichtung an's Herz, nichts daran zu ändern.

säßlicher Feind der Revolution und von allem, was aus ihr hervorgegangen; sprechende Beweise, wie wenig Ernst es beiden
Mächten mit einem Congresse war, in den sie einzig Oesterreich
zu gefallen gewilligt hatten. Noch auffallender war das
Benehmen Frankreichs. Narbonne befand sich in Prag, doch
vorläufig nicht als Congreß-Bevollmächtigter, sondern in seiner
Eigenschaft als französischer Gesandter am österreichischen Hofe,
in dessen Nähe er zu weilen hatte. Anstett und Humboldt
zögerten nicht ihre Vollmachten in die Hände Metternich's zu
legen und warteten vergebens, daß das gleiche von französischer
Seite geschehe. Doch damit hatte es seine weiten Wege. Napoleon
hatte den Congreß von Anfang an für nichts anderes genommen,
als für ein Mittel die Dinge in die Länge zu ziehen. Erst
schützte er vor, die Annahme der österreichischen Vermittlung
von Seite Rußlands und Preußens sei ihm nicht förmlich
bekannt gegeben worden. Dann unternahm er, 10. Juli, eine
mehrtägige Besichtigungsreise nach Torgau, Wittenberg, Magdeburg, Leipzig. Als er am 15. in Dresden wieder eintraf, bot
ihm ein unbedeutendes Mißverständniß, das im Schoße der mit
der Ausführung der Waffenstillstandsbedingnisse betrauten Commission entsprungen war, willkommenen Anlaß zu Beschwerden
und Verwahrungen, worüber abermals mehrere Tage vergingen. Inzwischen hatte er wohl Narbonne und Caulaincourt
zu seinen Bevollmächtigten ernannt; aber der letztere wurde von
ihm unter nichtigen Vorwänden noch immer in Dresden zurückgehalten und Narbonne hatte keine andern Weisungen als
die geheime, „formelle Schwierigkeiten jeder Art zu erheben,
um es zum eigentlichen Gegenstande der Verhandlung nicht
kommen zu lassen. Das that er denn redlich. Er stellte die
Forderung, daß die Mitglieder des Congresses ihre Voll
machten in voller Sitzung gegen einander austauschen. Met

ternich suchte es ihm erst auszureden; als das nicht gelang, wollte er Anstett und Humboldt bestimmen, dem Verlangen ihres französischen Collegen nachzugeben. Allein diese waren dazu nicht zu bewegen: „sie kennten nur eine österreichische Vermittlung" sagten sie, „und der österreichische Bevollmächtigte sei es darum allein, dem sie ihre Papiere vorzuweisen hätten."

Metternich wollte, im Sinne seines Gebieters, noch immer den Frieden, und obgleich er von der Unaufrichtigkeit und Doppelzüngigkeit Napoleon's überzeugt war, mochte er die Hoffnung doch nicht aufgeben, daß sich der Kaiser der Franzosen Angesichts der Gefahr, es mit dem gesammten Europa aufzunehmen zu müssen, eines Besseren besinnen werde. Was ihn in dieser Hoffnung bestärken konnte, waren die neuesten Nachrichten, die um dieselbe Zeit von jenseits der Pyrenäen herüberkamen. Am 21. Juni hatte der britische Held Wellington das französische Heer unter Jourdan in einer großen Schlacht bei Vittoria bis zur Vernichtung geschlagen; König Joseph, Napoleon's Bruder, mit Noth der Gefangenschaft entronnen, hatte dem spanischen Boden Lebewohl gesagt. Im Heere Napoleon's erregte diese Kunde große Bestürzung. Der Kaiser war wüthend; „wenn sein Bruder sich unterfange nach Paris zu kommen, solle man ihn festnehmen", so ließ er in seine Hauptstadt schreiben. Aber ganz Europa jubelte und frohlockte. Beethoven, der kaum zehn Jahre früher, voll Bewunderung für den corsischen Helden, eines seiner größten Werke, seine „Symphonia eroica" componirt hatte, schrieb jetzt eine große „Schlacht-Symphonie", die unter dem Titel „die Schlacht von Vittoria" bald die Runde durch ganz Europa machen sollte.

Napoleon lag um diese Zeit sehr wenig mehr an Spanien. Zwar sandte er, um die Dinge jenseits der Pyrenäen wieder auf bessern Fuß zu setzen, den Marschall Soult mit einem neuen

Heere gegen Wellington; allein in seinen Gedanken hatte er das
Land, das ihm so wenig Freude und so viel Verdruß bereitete,
halb aufgegeben. Mit dem übrigen Europa hatte er es jetzt zu
thun, und mit dem hoffte er es aufnehmen zu können. Friedensunterhandlungen können nur dann zum Ziele führen, wenn alle
Theile guten Willen mitbringen; der war aber diesmal nur auf
Oesterreichs Seite. Wiederholt drang Metternich in Narbonne:
„Wir können warten bis zum 10. August Mitternacht; dann
aber nicht eine Stunde, nicht einen Augenblick länger; dann
haben Sie den Krieg mit ganz Europa, den Krieg mit uns.
Narbonne, müde der zweideutigen Rolle, die er zu spielen hatte,
schrieb dringend nach Dresden: „man möge die Dinge doch
nicht zum äußersten kommen lassen; Metternich's Sprache sei
wohlmeinend, aber ernst und bestimmt." Er erhielt auf seine
ernsten Mahnungen nur leichtfertige Antworten. „Ich sende
Ihnen Vollmachten aber keine Macht", schrieb ihm der Herzog
von Bassano; „Sie werden die Hände gebunden haben, aber
die Beine und den Mund frei, um zu spazieren und zu diniren."
Doch selbst mit diesen Dingen sah es in Prag schlecht aus. Bei
der gegenseitigen Spannung fehlte es an häufigen Berührungs-
punkten. Der russische und preußische Bevollmächtigte trafen mit
dem französischen nur in geselligen Kreisen zusammen, und diese
beschränkten sich auf einige Diners bei dem Grafen Metternich
und kurze Soiréen bei der Fürstin Esterházy.

Während sich die Dinge in Prag in so flauer Weise hin-
schleppten, war man an einem Punkte Niederschlesiens in anderer
Richtung desto thätiger. Im österreichischen Hauptquartier verhehlte man es sich keinen Augenblick, welcher schwierigen Aufgabe man im bevorstehenden Kampfe gegen Napoleon entgegen-
gehe. Zwar was die Zahl der Streiter betraf, durfte man hoffen,

im Vereine mit Rußland, Preußen, Schweden und England den Armeen Napoleon's um ein bedeutendes überlegen zu sein. Aber wenn kein Einzelner da war, der sich vermessen konnte, es an Genius, Erfahrung und Kriegsruhm mit dem größten Feldherrn der christlichen Zeitrechnung aufzunehmen, so brachte eben der Umstand, daß dort Einer, hier Mehrere waren, einen großen Vortheil auf jene Seite. Darum hatte Radetzky schon am 10. Mai für den Fall, daß es zum gemeinschaftlichen Kriege wider Napoleon käme, den Grundsatz einer vorläufigen Theilung der Streitkräfte ausgesprochen; „keine der verschiedenen Armeen dürfe sich einzeln gegen eine ihr überlegene Macht in eine Hauptaction einlassen, vielmehr blos vertheidigungsweise, und nur, wo sie eine Minderzahl gegen sich hätte, angriffsweise vorgehen." In gleichem Sinne hatte im Juni Schwarzenberg an den Kaiser Franz geschrieben: „Napoleon müsse durch Bewegungen auf seine Verbindungslinien zum Rückzuge genöthigt werden; man müsse jedem entscheidenden Schlage so lange ausweichen, bis die Vereinigung der sämmtlichen Streitkräfte gegen Napoleon's Hauptmacht möglich und an der Zeit sei"

In den Tagen vom 9. bis 13. Juli kamen die beiden Monarchen von Rußland und Preußen, der Kronprinz von Schweden, die Feldherrn und Generalstabschefs Rußlands, Preußens und Oesterreichs zu Trachenberg zusammen, um die Hauptpunkte des gemeinschaftlichen Feldzuges zu berathen. Der von Radetzky ausgesprochene Grundsatz einer Theilung der Heeres-kräfte wurde angenommen. Eine andere wichtige Maßregel, an der gleichfalls Radetzky großen Antheil hatte, war die Zusammensetzung jeder einzelnen Armee aus Truppen der verschiedenen Staaten. Es sollten drei große Armeen gebildet werden: die erste und bedeutendste, sogenannte „böhmische", aus 125.000 Oester-reichern, 61.000 Russen und 38.000 Preußen, unter dem Fürsten

Schwarzenberg; die zweite, „schlesische", Preußen und Russen an
100.000 Mann unter Blücher; die dritte, 150.000 Schweden,
Russen, Preußen, Engländer, Hannoveraner und Mecklenbur-
ger, unter dem Kronprinzen von Schweden, welcher die Havel
und Spree zum Stützpunkte seiner Bewegungen zu nehmen
hatte. Jede der drei Armeen sollte, so wie sich Napoleon mit
seiner Hauptmacht gegen sie wende, zurückweichen, jede hingegen,
von der er sich entfernte, in dessen Rücken auf seine Verbindungslinien losgehen, das Unternehmen aber sogleich wieder aufgeben,
sobald Napoleon gegen sie einen Hauptschlag zu führen gedachte,
während nun wieder die früher von ihm bedrängte Armee her-
vorbräche. Dieses großartige Schachspiel sollte so lange fortgesetzt werden, bis der Kreis, den man vom nördlichen Böhmen,
von Schlesien, von der Mark Brandenburg aus um die französische Hauptmacht schloß, allmälig enger würde und man zuletzt
durch ineinandergreifende nahe Bewegungen die Entscheidung
herbeiführen könnte. Dieser treffliche, auf den Charakter Napoleon's und seiner Kriegskunst berechnete Feldzugsplan forderte zu
seinem Gelingen unverbrüchliche Einmüthigkeit, aber auch große
Selbstverleugnung der einzelnen Feldherrn, daß keiner von ihnen
sich verleiten lasse, durch eigenmächtiges, ihm besser scheinendes
Handeln das Gelingen des Ganzen auf's Spiel zu setzen. „Nur
Einheit im Geiste der Bewegungen kann zum Siege führen.
Dieser Satz, den Fürst Schwarzenberg schon in seiner Juni-Denk-
schrift an den Kaiser Franz ausgesprochen hatte, war nicht neu; aber
sicher gab es keine Lage der Dinge, wo es nöthiger gewesen wäre, ihn
auf das nachdrücklichste zu betonen. „Wer der Lockung ausschließen-
der Ruhmsucht nicht widerstehen konnte", sagt der Biograph Schwarzenberg's, „den verglich er mit jener mythischen Atalante die,
schwach genug, die goldenen Aepfel, die man ihr in die Bahn warf,
während ihres Wettlaufes aufzuheben, besiegt sich selbst verlor."

An die Spitze des Ganzen sollte Feldmarschall Schwarzenberg treten. Es geschah dies nicht blos, um Oesterreich zu
schmeicheln, das man auf alle Wege bei guter Laune zu erhalten
bestrebt war, sondern weil in der That seit Kutusov's Tode niemand da war, dem man nach Kriegserfahrung, glänzenden
Waffenthaten und erfolgreicher Führung eines selbständigen
Commandos den Vorzug vor ihm geben konnte, man hätte
denn auf den Kronprinzen von Schweden, den ehemaligen
kriegstüchtigen Marschall Bernadotte, greifen wollen, wogegen
aber gewichtige politische Bedenken sprachen. Zudem war unter
den nicht dem Throne angehörigen Häuptern Fürst Schwarzenberg ohne Frage derjenige, der nach seinen persönlichen Eigen-
schaften und Verhältnissen das meiste Ansehen mitbrachte. Endlich
lag unter den obwaltenden Verhältnissen sehr viel daran, an die
Spitze einer aus so vielstaatlichen Elementen zusammengesetzten
Streitmacht einen Oberfeldherrn zu stellen, dem es zugleich an
diplomatischer Erfahrung und Gewandtheit nicht fehlte. Das
größte Opfer brachte hierbei der gemeinsamen Sache offenbar
Rußland, nicht blos weil sein geistvoller, liebenswürdiger und
gefallsüchtiger Kaiser am liebsten selbst die Rolle eines „Aga-
memnon der verbündeten Heere" gespielt hätte, sondern auch
darum, weil der österreichische Oberfeldherr den Russen von
Podubnie und Isabelin her in noch frischer und nichts weniger
als angenehmer Erinnerung stand. In den Tagen, wo „der dicke
Schwarzenberg" in den Sümpfen von Volhynien Tormasov
gegenüberstand, hatte man seinen Namen in Petersburger Kreisen
nicht nennen dürfen, ohne Hohn und Verwünschungen zur Antwort zu bekommen. Zur Stunde noch war die Erbitterung der
Russen so groß, daß Schwarzenberg seine Befehle in der ersten
Zeit dem russischen Feldherrn ganz insgeheim zuschmuggeln und
sie von diesem, als wären es dessen eigene, den Russen kundthun

laffen mußte. Dazu kam, daß Barclay de Tolly selbst Ansprüche
auf den Oberbefehl machen zu dürfen glaubte und daß es den
Stolz der Russen schwer verletzte, daß der unmittelbare Befehl
selbst der beiden kleineren Armeen in preußischen und schwedischen,
keiner in russischen Händen lag.

Außer seiner Armee in Böhmen mußte aber Oesterreich,
wenn es zum Kriege mit Napoleon kam, noch zwei andere aufstellen. Von Süden her drohte der Vicekönig von Italien. Er
sollte, nach Napoleon's Ueberschlag, ein Heer von 80.000 Mann
zusammenbringen; in Wahrheit zählte er im Juli nur 55.000
Mann Fußvolk, 1800 Reiter und 130 Geschütze, deren vorge-
schobene Abtheilungen im Görzischen, in Friaul, in Triest und
Laibach standen. Ihm gegenüber wurde Feldzeugmeister Baron
Hiller an die Spitze von kaum 40.000 Mann mit 120 Geschützen, der sogenannten „inner-österreichischen Armee", aufgestellt,
welche die lange Linie von Agram über Cilli und Klagenfurt
bis Ischl festzuhalten und vorläufig vertheidigungsweise zu ver-
fahren hatte, so lange ihr rechter Flügel noch von anderer Seite
bedroht war. Denn noch standen die Bayern auf Napoleon's
Seite und hatten im Juli, nach den großen Verlusten, die sie im
russischen Feldzuge erlitten, frische 36 Bataillons und 22 Schwadronen im Lager bei München vereinigt, die Besatzungen von
Salzburg, Kufstein, Rattenberg u. a. verstärkt und warteten nur
des Zeichens, um an den Inn vorzurücken und so das Herz der
österreichischen Monarchie zu bedrohen. Um dieser Gefahr vorzubeugen, zog Oesterreich bei 25.000 Mann mit 42 Geschützen in
Oberösterreich an den Ufern der Traun zusammen, über welche
Feldzeugmeister Heinrich XV Fürst Reuß von Planen gesetzt
wurde, der neben seinem militärischen Auftrage den diplomatischen hatte, die wiederholt versuchten Unterhandlungen von
neuem anzuknüpfen, um Bayern vom Bündnisse mit Napoleon

ab, und auf die österreichische Seite zu ziehen. Den Oberbefehl über die bayerischen Truppen, wie die ihnen gegen-
überstehenden österreichischen 25.000 Mann stark, führte der
General der Cavallerie und französische Reichsgraf Wrede.

Was begab sich in der Zwischenzeit in Prag? Am 27. Juli
endlich traf der Herzog von Vicenza daselbst ein, nicht ohne
die geheime Weisung seines kaiserlichen Herrn, die ersten zwei
Tage damit zu verlieren, die Bekanntschaft der anderen Mitglieder des Congresses zu machen, und sodann das Spiel mit
den Formfragen noch weiter hinauszuspinnen. Um wenigstens der
Sache eine andere Wendung zu geben und das hinterlistige Ver-
fahren seines Cabinets nicht ganz bloßzustellen, erbot sich Caulaincourt in seinem und Narbonne's Namen, sie wollten dem Grafen
Metternich „beglaubigte Abschriften" ihrer Vollmachten ein-
händigen, die Originale selbst könnten aber jedenfalls nur in
vollständiger Sitzung ausgewechselt werden. Es waren das
wahrhaft erbärmliche Winkelzüge, zu denen sich der würdige und
ehrenhafte Caulaincourt hergeben mußte. Selbst dem Herzog
von Bassano, der keinen andern Willen, keine andere Meinung
hatte, als die seines Gebieters, wurde die Sache etwas zu unverantwortlich und er nahm sich den Muth, dem Kaiser, der um
diese Zeit eine Zusammenkunft mit seiner Gemalin in Mainz
veranstaltet hatte, zu schreiben: „mit dem kleinlichen Bestehen auf
bloßen Formpunkten gehe es denn doch nicht länger, wenn nicht die
eigentliche Absicht, blos Zeit zu gewinnen, geradezu offenbar werden
solle. Auf der gegnerischen Seite wußte man übrigens schon
längst, woran man war. „Der Krieg ist schon so gewiß" schrieb
Gentz am 1. August, „daß er nicht mehr gewisser werden kann."
Am   August war Napoleon in Dresden zurück. Der
Herzog von Vicenza hatte von Prag aus keinen Anlaß unbenützt

gelassen, seinen Kaiser zu beschwören, die ihm dargebotene Hand
zum Frieden zu ergreifen. Napoleon, in seinen Siegesträumen
zuversichtlicher als je, hörte darauf nicht. Die Zeit, die er zu
seinen Rüstungen bedurfte, hatte er so ziemlich gewonnen, und
wenn es ihm noch um etwas zu thun sein konnte, so war es,
Oesterreich von den andern Verbündeten zu trennen. Am 6. August,
vier Tage vor Ablauf der Frist, die Metternich wiederholt als
unwiderruflich bezeichnet hatte, empfing Caulaincourt den geheimen Auftrag — wovon selbst sein Genosse Narbonne nichts
wissen durfte —, Metternich unter vier Augen zu fassen und
ihm zu erklären, daß sein Gebieter den ernstlichen Willen habe,
mit Oesterreich über die Bedingungen des Friedens in Unterhandlung zu treten. Metternich eilte mit dieser unerwarteten
Botschaft nach Brandeis. Kaiser Franz und sein Minister
waren darüber im Unklaren, ob sich Napoleon in der That, durch
die Macht der Umstände gedrängt, im letzten Augenblicke eines
Besseren besonnen habe, oder ob dies nur eine neue Falle sei;
in beiden Fällen müsse man auf den Vorschlag eingehen, um
dem Gegner jede Ausflucht abzuschneiden, als habe man seinen
friedfertigen Gesinnungen nicht entsprechen wollen. Metternich
empfing daher den Auftrag, dem Herzog von Vicenza die Bedingungen, die schon Bubna, dann Metternich in Dresden gestellt
hatte, als Ultimatum bekannt zu geben, mit dem Bemerken, daß
man vor Ablauf des Waffenstillstandes eine unzweideutige Antwort, ja oder nein, darauf erwarte. Am 9. August hatte Napoleon den Bericht Caulaincourt's in Händen. Entschied er sich
gleich, so konnte seine Antwort am 10. noch in Prag eintreffen.
Doch er ließ die Nacht darüber hingehen und dictirte dann dem
Herzog von Bassano seinen Entschluß: „Auflassung des Herzogthums Warschau, aus welchem man Preußen die gewünschte
Vergrößerung zutheil werden lassen könne. Andererseits müßte

aber Preußen das linke Ufer der Oder (folglich selbst seine
Hauptstadt Berlin) räumen, das zur Vergrößerung Sachsens
verwendet werden solle. Rückerstattung von Illyrien an Oesterreich, jedoch mit Ausnahme von Istrien und namentlich Triest."
Von der Bedingung des linken Oderufers dürfte Caulaincourt
im äußersten Falle ablassen, jedoch keinesfalls von Triest; „denn
Triest verlangen heiße Venedig verlangen." (Gerade an Triest
aber war begreiflicherweise Oesterreich am meisten gelegen. Von
einer Auflösung des Rheinbundes und von einer Hinausgabe
der Hansestädte wollte Napoleon nichts wissen.

Den Abend des 10. August verbrachte Metternich bei der
Herzogin von Sagan. Vergebens hatte Caulaincourt den ganzen
Tag über mit peinlicher Ungeduld auf einen Courier von Dresden gewartet. Um Mitternacht empfing Metternich die Erklärung
des russischen und preußischen Bevollmächtigten, daß sie ihre
Vollmachten als erloschen ansähen. In derselben Stunde setzte
Metternich im Salon der Herzogin seinen Namen unter die
schon in Bereitschaft gehaltene Note an den Herzog von Vicenza,
worin er diesem mittheilte, „daß Oesterreich dem russisch-
preußischen Bündnisse beitrete und mit ihnen am
Wiederbeginne der Feindseligkeiten theilnehmen
werde. Am andern Morgen sah man die Arme des Telegraphen am Dache des Prager Generalcommando - Gebäudes in
lebhafter Bewegung; bald erfuhr man, was das zu bedeuten
habe, und ein kaiserliches Manifest, mit Meisterhand von Metternich entworfen, verkündete den Völkern Oesterreichs zu ihrem
unbeschreiblichen Jubel, daß Oesterreich im Bunde mit Rußland
und Preußen, im Bunde hoffentlich bald mit ganz Deutschland,
nicht länger „des Dranges nach Unabhängigkeit unter eigenen
Gesetzen, des Gefühls gekränkter Nationalehre, der Erbitterung
gegen schwer gemißbrauchte Obergewalt" sich erwehrend, „unter

dem Beistande des Himmels die gerechten Erwartungen
aller Freunde des Friedens und der Ordnung" zu erfüllen
bereit sei.

Am 11. August traf der am Tage zuvor sehnlichst erwartete
Dresdner Courier in Prag ein. Caulaincourt eilte zu Metternich, ihm Mittheilung davon zu machen und ihm die Förderung
der Friedensangelegenheit an's Herz zu legen. „Sie kommen zu
spät," sagte Metternich; „Oesterreich ist jetzt kein Vermittler
mehr zwischen den beiden Streittheilen, es ist Verbündeter des
einen derselben. Unser Fehler ist es nicht, wenn Ihr nicht spracht,
da wir darum baten." Er erklärte, jetzt nicht mehr für sich handeln zu können; „was er vermöge, sei, die Vorschläge des französischen Kaisers den Monarchen vorzulegen und ihre Entschließung zu vernehmen." Um einer Begegnung mit dem
russischen Kaiser auszuweichen, begab sich Caulaincourt in das
einige Stunden oberhalb Prag gelegene Königssaal, wo er die
Botschaft Metternich's abwarten wollte.

Schon zeigten sich russische und preußische Uniformen in
den Straßen von Prag. Die Officiere der neuen Verbündeten
fielen den österreichischen in die Arme, drückten und küßten sie.
Schon marschirten, vom Telegraphen gerufen, russische und
preußische Truppen in langen Zügen über die Grenze in das
böhmische Land, um sich mit den hinter den schützenden Wällen
des Erzgebirges aufgestellten österreichischen Heeresmassen zu vereinigen. Schon sah Prag mit gespannter Theilnahme dem Augenblicke entgegen, wo es dem gefeierten Kaiser von Rußland einen
jubelnden Empfang bereiten werde. Am 15. August traf Alexander, nicht lange darnach Friedrich Wilhelm in Prag ein. Am 16.
empfing Caulaincourt den Bescheid: „die verbündeten Souveraine, nachdem sie unter einander Berathung gepflogen, müßten
in der Erwägung, daß die gegenwärtig von Kaiser Napoleon

vorgelegten Artikel nicht jene Anhaltspunkte böten, um das
große Ziel, das sie im Auge hätten, die Herstellung eines allgemeinen europäischen Friedens, zu erreichen, diese Bedingungen
für unannehmbar erklären." Tief betrübt und im Herzen
bekümmert, verließ Caulaincourt noch am selben Tage Königssaal, um sich in die Nähe seines Kaisers zu begeben.

Die Nachricht von der Kriegserklärung Oesterreichs wirkte
betäubend in den Kreisen aller Besonneneren der französischen
Armee, aber froh elektrisirend und begeisternd in allen österreichischen Ländern, in den fernsten Gauen Deutschlands. Als
Humboldt von der Prager Monarchen-Zusammenkunft nach
Wien zurückkehrte, mit dem „eisernen Kreuz" geschmückt, das
ihm sein König verliehen hatte, drängte man sich, wo er in den
Salons erschien, um ihn, und manche vornehme Dame konnte in
der Ueberschwänglichkeit ihrer Gefühle sich nicht versagen, das
bedeutsame Kreuz, das man den „Erlöserorden" nannte, mit
ihren Lippen zu berühren.

II.

Vom Beitritt Oesterreichs zum Bündnisse gegen Napoleon I. bis zur Einnahme von Paris; Mitte August 1813 bis Ende März 1814.

8.

Beginn der Feindseligkeiten — Schlachten bei Dresden, bei Kulm, bei Kninitz — Napoleon verläßt die Stellung von Dresden.

Am 10. August 1813 war der Waffenstillstand abgelaufen, am 16. ging die nach Aufkündigung desselben bedungene sechstägige Frist zu Ende. Die beiderseitigen Streitkräfte waren so vertheilt:

Napoleon mit seiner Hauptmacht stand nördlich der böhmischen Gränze in Sachsen. Jenseits des Erzgebirges stießen die Russen unter Barclay de Tolly und die Preußen unter Kleist zu den Oesterreichern und hielten sich unter Schwarzenberg's unmittelbarer Führung im Egerthale zum Einmarsch in Sachsen bereit.

In Schlesien standen Blücher, Gneisenau und York mit ihren Preußen und den russischen Corps von Sacken und Langeron den Franzosen unter Ney, Macdonald, Lauriston und Marmont gegenüber. Durch den Waffenstillstand von Poischwitz

war ein Landstrich zwischen dem oberen Bober und der Katzbach
französischerseits, und einer Linie, die von der böhmischen Gränze
in der Nähe des Boberursprungs bis an die Oder oberhalb
Breslau ging, auf Seite der Verbündeten ausbedungen, der frei
bleiben, weder von Truppen noch vom Landsturm besetzt werden sollte.

In und um Berlin in der Mark Brandenburg befand sich
Bernadotte mit seinen Schweden und Engländern, den preußischen Generalen Bülow und Tauenzien, dann einer Abtheilung
Russen unter Černišev, welchen Oudinot an der mittleren Elbe
und Davoust in Hamburg gegenüberstanden.

Die Feindseligkeiten begannen in Schlesien noch vor Ablauf des Waffenstillstandes. Denn als die Franzosen am
13. August auf dem als neutral bestimmten Gebiete Contribu-
tionen eintrieben, rückte auch Blücher vor, besetzte Breslau, drückte
die Franzosen am 17. von Liegnitz, und dann weiter über den
Bober zurück. Kaum hatte Napoleon dies vernommen, als er
mit seinen Garden von Dresden aufbrach, indem er den Marschall Gouvion St. Cyr auf dem linken, den General Vandamme
auf dem rechten Elbeufer zur Beobachtung Schwarzenberg's
zurückließ. Zur selben Zeit setzte sich auch der Herzog von Reggio
gegen Berlin in Bewegung, und Napoleon glaubte seiner Sache
so gewiß zu sein, daß er seinem Ordonnanzofficier, welcher
Oudinot den Befehl zur Vorrückung überbrachte, den Auftrag
ertheilte die weiteren Weisungen in Berlin abzuwarten. Den
Feldherren der Verbündeten war jetzt der erste Anlaß geboten,
den in Trachenberg verabredeten Grundsätzen gemäß zu handeln.
Das geschah denn auch. Am 21. August traf Napoleon in
Löwenberg ein, und wie Blücher das erfuhr, wich er mit seinem
Heere nicht ohne einige Verluste hinter die Katzbach zurück, treu
der ihm gestellten Aufgabe, sich gegen die Uebermacht Napoleon's

in keine Hauptschlacht einzulassen. Der Kronprinz von Schweden dagegen ging dem an Truppenzahl schwächeren Oudinot entgegen und brachte diesem am 23. bei Großbeeren eine so empfindliche Niederlage bei, daß Napoleon ihm den Oberbefehl abnahm und den Marschall Ney an seine Stelle setzte. Gleichzeitig war aber auch für die böhmische Armee der Augenblick gekommen, durch die Schluchten des Erzgebirges hervorzubrechen und Napoleon, während er in Schlesien beschäftigt war, in seinem Rücken zu bedrohen. Am 17. August zu Melnik wurde die Vorrückung der böhmischen Armee beschlossen, die in vier großen Heeressäulen über das Erzgebirge in Sachsen einfallen sollte. „Der wichtige Augenblick des heiligen Kampfes ist erschienen" so redete Schwarzenberg seine Krieger an; „die entscheidende Stunde schlägt, bereitet euch zum Streite. Russen! Preußen! Oesterreicher! Ihr kämpft für eine Sache, für die Freiheit Europas, für die Unabhängigkeit eurer Staaten, für die Unsterblichkeit eurer Namen! Alle für Einen und Einer für Alle! Mit diesem Rufe eröffnet den Kampf! Bleibt ihm treu in der entscheidenden Stunde, und euer ist der Sieg!"

Allein Schwarzenberg sollte gleich dieses erstemal einen Vorgeschmack der Schwierigkeiten seiner Stellung bekommen. In Melnik war ausgemacht worden, Leipzig zum Ziele zu nehmen; Radetzky und Langenau hatten darauf gedrungen. Doch Kaiser Alexander hatte seinen kleinen Kriegsrath für sich. Namentlich waren es zwei Männer, auf deren Rath er hörte: Jomini, ein Schweizer, der, von Napoleon beleidigt, nach dem Prager Congresse den Verbündeten seine Dienste angeboten hatte und einer der berühmtesten früheren französischen Heerführer, der edle Moreau, seit 1804 aus Frankreich verbannt, dann nach Amerika übersiedelt, von wo er während der Augusttage in Prag erschienen und von Alexander zu seinem Generaladjutanten er-

nannt worden war. Diese beiden lagen dem ruffischen Kaiser in den
Ohren, statt Leipzig Dresden zum Angriffspunkte zu wählen,
und so wurde am 23. August die Richtung des Marsches plötzlich
geändert, wodurch nicht blos viel Zeit und die beste Kraft des Soldaten verloren ging, sondern auch eine folgenschwere Stockung
in den Operationen des am weitesten entfernten linken Flügels
eintrat. Die Unfügsamkeit der Russen zeigte sich noch in anderen
Stücken. Schwarzenberg hatte vor dem Ausmarsche aus Böhmen
dem ruffischen Oberfeldherrn Barclay de Tolly, welcher den rechten Flügel der böhmischen Armee auf der Straße von Peterswalde nach Dresden führte, den Auftrag gegeben, vor dem
Königstein eine ausreichende Truppenzahl zurückzulassen, um ein
Hervorbrechen des Feindes vom anderen Elbeufer herüber zu
verhüten. Barclay vollzog aber den Befehl ungenügend, indem
er dem Prinzen Eugen von Württemberg mit blos
13.000 Mann und 26 Geschützen vor den Königstein beorderte.
Am 25. August stand der größte Theil der böhmischen Armee
vor Dresden, das sie im gewaltigen Bogen von Westen und
von Süden her umspannte. Nach dem Plane des Generalissimus
sollte an diesem Tage von allen Seiten der Angriff unternommen
werden. Abermals war es Barclay, der Schwarzenberg's Absichten kreuzte; er wollte nicht in den Kampf gehen, so lange er
nicht alle seine Abtheilungen beisammen hatte. Der Angriff
mußte auf den nächsten Tag verschoben werden, und vom Abend
zum Morgen geschahen Dinge, welche die Lage der Verbündeten,
die am 25. Dresden ohne Zweifel genommen haben würden,
völlig zu ihren Ungunsten änderten. Napoleon hatte nicht sobald
vom Aufbruche Schwarzenberg's vernommen, als er von der
Verfolgung Blücher's, den inzwischen Macdonald beobachten
und beschäftigen sollte, abließ und mit seinen Garden in Eilmärschen nach der sächsischen Hauptstadt zurückmarschirte. In der

Nacht vom 25. auf den 26. konnten die Verbündeten hinter Dresden zahllose Wachtfeuer wahrnehmen, welche auf die Annäherung starker feindlicher Massen schließen ließen.

Zeitlich morgens am 26. begannen die Verbündeten ihren Angriff auf Dresden, entrissen in hartnäckigem Kampfe den Franzosen die wichtigsten Vertheidigungspunkte, drangen von mehreren Seiten siegreich in die Vorstädte und rückten bis unter die Mauern der Stadt. Allein schon befand sich Napoleon, schon befanden sich seine Garden in den Mauern derselben und lange Colonnen kamen fortwährend über die Dresdner Brücke anmarschirt, die Kräfte der Belagerten zu verstärken. Diese brachen jetzt mit Gewalt hervor, eroberten die früher verlorenen Punkte zurück, und beide Armeen, obgleich hier wie dort mit großen Verlusten, standen am Abend des 26. ungefähr da, wo sie am Morgen begonnen hatten.

Um dieselbe Zeit war aber vor dem Königstein eingetreten, was man im Hauptquartier Schwarzenberg's verhütet haben wollte. Die ersten Colonnen Vandamme's hatten unter dem Schutze der Kanonen des Königsteins die Elbe übersetzt und der Prinz von Württemberg hatte alle Kraft und Tapferkeit aufbieten müssen, um ein Hervorbrechen der Franzosen in den Rücken der Stellung vor Dresden zu verhüten. Den Oberbefehl über das Corps vor dem Königstein übernahm jetzt, vom russischen Kaiser gesandt, Generallieutenant Graf Ostermann-Tolstoi, der auf eigene Verantwortung in der Nacht vom 26. zum 27. die nahestehende Gardedivision des Generallieutenants Yermolov, das tüchtigste Corps der ganzen russischen Armee, an sich zog und dadurch seine Stärke auf 20.000 Mann mit 62 Geschützen brachte. Aber auch Vandamme benützte die Nacht, fortwährend neue Truppen und Geschütze vom rechten Elbeufer auf das linke zu schaffen, und hatte bald

eine Streitmacht von ungefähr 40.000 Mann unter seinem
Befehle, die von Ostermann's um die Hälfte schwächeren
Truppen kaum aufgehalten werden konnte. Unter so mißlichen
Umständen begann am Morgen des 27. August die Schlacht
vor Dresden von neuem. Napoleon dirigirte Murat mit überlegener Macht gegen den linken Flügel der Verbündeten, den
schwächsten Punkt ihrer Aufstellung, da F. M. L. Graf Klenau
wegen der am 23. plötzlich von Leipzig nach Dresden geänderten Marschrichtung nicht rechtzeitig hatte eintreffen können. Der
Kampf nahm hier bald eine ungünstige Wendung; die Unsern
wurden überflügelt und zurückgedrängt, General Mezko mit
seiner Abtheilung abgeschnitten und gefangen, während man
im Centrum und gegen die Elbe hin mit großer Tapferkeit auf
beiden Seiten kämpfte. Da fiel auch Moreau; eine Kanonen-
kugel riß ihm beide Füße hinweg, österreichische Grenadiere
trugen ihn auf einer aus ihren Gewehren gebildeten Tragbahre
auf den Verbandplatz, von wo er dann über das Gebirge
nach Böhmen überbracht wurde; in Laun hauchte er wenige
Tage später, 2. September, seine Heldenseele aus. Seine abge-
lösten Beine wurden ein Jahr darnach unter dem Denkmale
beigesetzt, das ihm Fürst Repnin auf der Höhe von Dresden,
wo ihn das Unglück getroffen hatte, setzen ließ.

Die Schlacht war bereits verloren, mehr als 15.000 Mann
von der Seite der Verbündeten waren verwundet oder getödtet,
mehr als 20.000 gefangen, 30 Geschütze hatten sie verloren *)
als der Feldmarschall Nachmittags den Befehl zum Rückzuge
gab, der in drei Richtungen, über Sayda nach Dur, über Dip-
poldiswalde und Altenberg nach Teplitz, über Peterswalde

---

*) Die Unsern insbesondere verloren an Todten 91 Officiere, 1114 Mann,
an Verwundeten 141 Officiere, 5218 Mann; an Gefangenen und
Vermißten 78 Officiere, 9595 Mann, außerdem 1373 Pferde,

in das Thal von Kulm, geleitet wurde. Die letztere Linie wurde
dem der Elbe zunächst stehenden rechten, beim Rückzuge
linken Flügel der böhmischen Armee, den Russen, vorgezeichnet, wie denn auch Ostermann von Radetzky die Weisung
empfing: „Die Verbindung mit Böhmen sei Ihnen heilig!"
Allein im russischen Hauptquartier herrschte ein entschiedener
Widerwille, sich den Anordnungen des Oberfeldherrn zu fügen.
Nicht nur, daß Barclay gegen die ausdrückliche ihm gege-
bene Weisung für seinen Rückmarsch die Straße über Altenberg, die schon von den Truppen des Centrums besetzt war,
wählte; auch Ostermann erhielt von ihm den Befehl dieselbe Richtung einzuschlagen, wodurch die Straße über Peterswalde und somit der Einmarsch der Franzosen in Böhmen völlig
preisgegeben worden wäre. Glücklicherweise folgte Ostermann
nach gepflogenem Kriegsrath nicht dem Befehle seines unmittelbaren Vorgesetzten, sondern der ihm zugekommenen Weisung
Radetzky's und beeilte sich, sobald er den Rückzug der böhmischen Armee erfahren, die Straße über Peterswalde so schnell
als möglich zu erreichen und noch vor Vandamme den Thalkessel von Kulm zu erreichen, was ihm auch, nicht ohne harte
Kämpfe und sehr empfindliche Verluste, am 28. bis Morgens
den 29. gelang.

Schon in der Nacht vor dem zweiten Dresdner Schlachttage hatte der Himmel seine Schleußen geöffnet. Den ganzen
27. und 28. regnete es ohne Unterlaß, und die an sich beschwerlichen Wege durch das Gebirge waren dadurch doppelt schlecht

---

7 Fahnen, 22 Geschütze, 243 Munitionswagen; von den Regimentern
Rainer (Nr. 11, Mähr. Neustadt), Lusignan (Nr. 16, Jungbunzlau),
Vacquant (Nr. 62, wallonisch) und Beaulieu (Nr. 58, Linz) wurde
alles, was nicht fiel, gefangen genommen.

und gefährlich geworden. Alle Parteien hatten darunter zu leiden. Einzelne Abtheilungen Vandamme's wurden in ihrem Marsche aufgehalten und konnten nur zum geringeren Theile den Rückzug Ostermann's nach Böhmen erschweren. Der Haupttheil der böhmischen Armee mußte sich auf den grundlosen Straßen und Pfaden durch das Gebirge ab, manche Strecken weit mußten die Geschütze von der Mannschaft mühselig vorwärts gezogen werden. Dabei gab es Mangel an Verpflegung, der bis auf die Haut durchnäßte Soldat litt Hunger. Viele hatten schon durch die Strapazen in den Tagen zuvor ihre Fußbekleidung, die Pferde ihren Hufbeschlag abgenützt. Die Triebe des Schlachtviehs, die endlosen Züge des Fuhrwerks verursachten bedenklichen Aufschub. Dazu die vermehrte Verwirrung, die durch Barclay's eigenmächtige Aenderung der ihm vorgeschriebenen Rückzugslinie hervorgerufen wurde. Hätten nicht die französischen Heeresabtheilungen, die Napoleon zur Verfolgung seines Gegners aussandte, mit gleichen Schwierigkeiten zu kämpfen gehabt und wäre nicht Napoleon, der Vandamme nach Böhmen nachfolgen wollte, in Pirna von einem plötzlichen Unwohlsein befallen worden, das ihn nach Dresden zurücktrieb, so würde das Schicksal des Feldzuges vielleicht nur zu schnell entschieden worden sein.

Endlich hörte der Regen auf und eine schöne Augustsonne sah am 29. Morgens in den Thalkessel von Kulm hinab. Yermolov hatte die russischen Garden glücklich hinab gebracht, während der Prinz von Württemberg den übrigen Theil des Ostermann'schen Corps in fortwährendem Kampfe mit den nachdrängenden Franzosen die Straße von Peterswalde herab führte und hinter Kulm mit den Garden vereinigte. Ihnen gegenüber ordnete Vandamme seine auf demselben Weg eintreffenden Bataillone und führte sie, kaum daß er einige derselben beisammen hatte, zum Angriffe vor. Ein erbitterter Kampf erfolgte. Dreimal im Laufe des heißen

Tages wurde der Mittelpunkt der russischen Aufstellung von den Franzosen durchbrochen, dreimal wurden die letzteren zurück- geworfen; dem General Ostermann wurde der linke Arm zer- schmettert, so daß er von der Wahlstatt nach Teplitz gebracht werden mußte; der Abend sank bereits herab, als Vandamme, fortwährend durch neu anlangende Bataillone verstärkt, einen letzten gewaltigen Angriff versuchte. Aber nun brach der Prinz Karl von Hessen-Philippsthal an der Spitze der Garde-Uhlanen auf die Franzosen vor; Diebić mit den Dragonern der Garden fiel ihnen in die Flanke, ritt ein französisches Infanterieregiment über den Haufen; die Franzosen wichen gegen Kulm zurück. Das Schicksal des Tages war entschieden. Die tapfern Russen hatten ihre Stellung gegen feindliche Uebermacht behauptet und dadurch die böhmische Armee gerettet, deren Colonnen jetzt eine nach der andern vom Gebirge herunter im Thale einlangten.

Fürst Schwarzenberg hatte noch von Altenberg aus, wo er im Laufe des 29. die Vorgänge im Kulmer Thale erfahren, seine Anordnungen getroffen. Am 30. Morgens rückten Graf Hieronymus Colloredo und F. M. L. Bianchi mit ihren Infanteriedivisionen, Graf Sorbenburg mit einer Division Kaiser-Kürassiere und dem galizischen Dragonerregiment Erz- herzog Johann in die Gefechtslinie ein, und da jetzt auch Van- damme sein vollständiges Corps beisammen hatte, so nahm die Schlacht des zweiten Tages größere Dimensionen an. Wieder drehte sich der erbittertste Kampf um die Stellung vor Kulm gegen Teplitz hin, wo Vandamme mit Aufbietung aller Kräfte durchbrechen wollte. Doch bereits hatte Colloredo eine Blöße des feindlichen linken Flügels entdeckt, die er rasch benützte; er warf die Franzosen von der Strisowitzer-Höhe hinab und rückte weiter zur Umgehung ihrer Aufstellung vor, während Schwarzenberg den F. M. L. Bianchi vorgehen hieß, der, unterstützt von Sorbenburg's tapfern Dragonern und der russischen Reiterei des Prinzen Leopold von Sachsen-Coburg, den linken französischen Flügel immer weiter auf Kulm zurückdrängte. Schon traf Vandamme die ersten An= ordnungen zum Rückzug auf der Straße nach Peterswalde, als mit einemmale von dort herab Kanonenschüsse ertönten. Es war der preußische General Kleist, der, auf seinem Dresdener Rück= zuge von den Truppen St. Cyr's verfolgt, den Entschluß gefaßt hatte, im Rücken von Vandamme die Verbindung mit der böh= mischen Hauptarmee zu gewinnen, und der sich nun wider sein Vermuthen mit in die Entscheidung des Kulmer Kampfes hinein gezogen sah. Jetzt drangen Bianchi, Colloredo, die russischen Grenadiere Rajevski's im Thale von allen Seiten gegen Kulm vor, während hinter dem Orte zwischen den Rettung suchenden Franzosen und den herabdrängenden Preußen ein furchtbares Durcheinander entstand. Letzteren machte endlich Sorbenburg mit seinen Johann-Dragonern Luft, Vandamme wurde gefangen, massenweise streckten französische Abtheilungen das Gewehr. Ein Städtchen (Karbitz) und sieben Dörfer standen in Brand, die Wahlstatt bedeckten Tausende von Leichen und Verwundeten von Freund und Feind; aber eine entscheidende Schlacht war gewonnen, die Scharte von Dresden ausgewetzt. Die Verbün= deten hatten 3319 Mann an Kampfunfähigen verloren*), die Fran= zosen an beiden Schlachttagen vielleicht das doppelte, außerdem bei 10.000 Mann an Gefangenen, darunter außer Vandamme die Generale Haxo, Quiot und Heimrodt; Fürst Reuß und Dunesme waren auf dem Schlachtfelde geblieben. 82 Kanonen, gegen 200 Bagagewagen, 2 Adler und 3 Fahnen fielen in die Hände der Sieger. Viele Franzosen gingen außerdem auf der

---

*) Der österreichische Verlust betrug an Todten, Verwundeten und Ver= mißten 21 Officiere und 1571 Mann, an Pferden 137. Gefangen wurden nur 14 Mann.

Flucht zu Grunde. Bei weitem nicht die Hälfte von denen, die Vandamme in den Kulmer Thalkessel hinabgeführt hatte, kamen mit dem, was sie am Leibe trugen, in kleinern und größern Trupps, zum Theil einzeln, über das Gebirge zurück.

In Teplitz und Dux wurden kirchliche und militärische Feierlichkeiten aller Art begangen und durch die ganze Monarchie hallte ein Freudenruf über die frohe Botschaft. Es kamen dazu bald andere. Kaum daß Napoleon am 24. August den größten Theil seines Heeres nach Dresden zurückgeführt hatte, war Blücher über das Corps Macdonald's hergefallen und hatte es am 26., am ersten Schlachttage von Dresden, an der Katzbach bis zur Vernichtung geschlagen. Am 27. war auf dem nördlichen Kriegsschauplatze General Girard bei Belzig geschlagen, sein Corps großentheils aufgerieben worden. Am 6. September erfuhr Ney, der jetzt an Oudinot's Stelle den Oberbefehl in der Mark führte, bei Dennewitz eine Niederlage, die ihn um 15.000 Mann, 80 Kanonen und 400 Wagen ärmer machte.

Am 9. September knüpfte Kaiser Franz durch den Vertrag von Teplitz seine Sache unzertrennlich an die seiner Verbündeten. Es verbürgten sich darin die drei Mächte Oesterreich, Rußland und Preußen, jede wenigstens 150.000 Mann vollzählig in's Feld zu stellen. Es wurde die Wiederherstellung der österreichischen Monarchie auf den Stand von 1805, jene der preußischen auf den von 1806 ausgesprochen. Das künftige Schicksal des Herzogthums Warschau sollte durch eine Uebereinkunft der drei Mächte geordnet werden.

In der Umgebung des französischen Kaisers herrschte vollständige Entmuthigung. Napoleon selbst schien nicht mehr der alte; seine Entschlüsse waren schwankend, seinen Befehlen mangelte die gewohnte Klarheit. Die Bewegungen seiner Marschälle, deren Unlust zur Fortführung des Krieges immer größer wurde, waren unzusammenhängend; einer ließ den andern im Stich. Die Verbündeten dagegen hielten sich genau an ihren Feldzugs= plan, der Napoleon's Hauptmacht ermüden, seine abgesonderten Corps schwächen und entmuthigen mußte.

Am 4. September brach Napoleon mit seiner Hauptmacht nach Schlesien auf, um Blücher die Schuld vom Tage an der Katzbach heimzuzahlen. Der aber wich, wie sich der französische Kaiser näherte, hinter die Queis zurück, während in Napoleon's Rücken Wittgenstein über Peterswalde gegen Pirna hervorbrach und Schwarzenberg an der Spitze von 60.000 Oesterreichern über Leitmeritz gegen Rumburg abmarschirte, um Napoleon's Flanke zu bedrohen. Napoleon machte Kehrt und ging wieder nach Dresden zurück, wo ihn die Nachricht von dem Unglück bei Dennewitz traf. Er warf sich jetzt, 8. September, auf Wittgen= stein, der nach einem wenig bedeutenden und entscheidungslosen Gefechte auf Peterswalde zurückging. Napoleon versuchte über das Erzgebirge in das Teplitzer Thal einzudringen; allein er ging wieder von seinem Vorhaben ab, als er erfuhr, daß Schwarzen= berg sich schon wieder in der Nähe befinde; am 12. war er in Dresden zurück. Er ist im Begriffe, sich abermals gegen Blücher zu wenden, als er erfährt, daß die Verbündeten neuerdings Peterswalde besetzt haben. Er zieht zum drittenmale von Dresden aus, 15. September, drängt an der Spitze seiner besten Truppen die Russen und Preußen in den Kulmer Thalkessel zurück und trifft am 17 alle Vorbereitungen zu einer Schlacht.

Doch Schwarzenberg war darauf vorbereitet ihn zu empfangen. Die Franzosen wurden von den vortheilhaft aufge= stellten Russen und Preußen kräftig empfangen und konnten nur langsam, nach mehr als dreistündigem Kampfe, bis in die Nähe

von Kulm vordringen, von wo sie sich einerseits im Thale aus-
zubreiten anfingen, andererseits längs des Gebirgsrandes über
Kulm hinaus vorrückten. Nun aber wurden sie von Colloredo in
der Flanke gefaßt; von denselben Anhöhen, von denen am
30. August Vandamme's Verderben vollendet wurde, schleuder-
ten unsere Batterien Kugeln und Granaten in die Reihen der
Franzosen, während rechts davon Mervelt in der Richtung
gegen Kninitz vordrang und nun auch Ziethen mit seinen
Preußen von der Vertheidigung zum Angriffe überging. Napoleon, der den Tag über in der Nähe des Kampfes geweilt hatte,
ritt jetzt in Eile zurück und traf Anordnungen, den bedrohten
Punkt von Kninitz zu besetzen. Ein heftiger Regen, der gegen
5 Uhr Nachmittags eintrat, begünstigte den Rückzug der Franzosen aus dem Thale, wo sie an 2000 Todte und Verwundete
und eben so viele Gefangene zurückließen; der Verlust der Verbündeten belief sich auf 1000 Kampfunfähige. Unter den feindlichen Gefangenen befand sich General Creutzer, von dem man
erfuhr, daß Napoleon den Schlüssel in das Kulmer Thal um
jeden Preis erzwingen wolle. Schwarzenberg machte sich darum
auf eine Fortsetzung des Kampfes am folgenden Tage, 18. September, gefaßt. In der That erneuerten die Franzosen ihre Angriffe gegen die Mündung des Thalkessels, wo ihnen Ziethen
tapfern Widerstand entgegensetzte, während ihre Hauptmacht die
Umgebung von Kninitz deckte, wohin Schwarzenberg seinen Angriff richtete. Zeitlich Nachmittags wurde das Dorf von den
Oesterreichern genommen, als die Franzosen, unter den Augen
ihres Kaisers, überlegene Kräfte entwickelten, vor denen die
Unsern langsam zurückwichen. Hüben und drüben von Kninitz
auf zwei Erhöhungen standen sich der französische Kaiser und
der Generalissimus der Verbündeten gegenüber und konnten
auf einander hinübersehen. Als nun aber Colloredo   von

Schwarzenberg herbeigezogen, seine Kräfte entwickelte, um dem erwarteten Angriffe der Franzosen zu begegnen, da verließ Napoleon seinen Standpunkt, den Oberbefehl dem Marschall Mouton übergebend. „Nun hat er den Entschluß, in Böhmen einzufallen, für immer aufgegeben", sprach Schwarzenberg, der Napoleon's Abgehen beobachtet hatte, mit Lächeln zu seiner Umgebung. So war es auch. Die Franzosen blieben in Kninitz, wagten aber nicht, zu einem Angriffe herauszubrechen. Am andern Morgen waren sie von allen Punkten verschwunden. Am 21 war Napoleon wieder in Dresden. Er wollte seinem Unternehmen den Charakter einer bloßen Auskundung des Feindes geben. Noch am 17. hatte er dem Könige von Sachsen mittheilen lassen: „er habe sich nun überzeugt, daß das große verbündete Heer in der Gegend von Teplitz stehe." Allein lange Züge von Verwundeten, die in den folgenden Tagen in Dresden eintrafen, verriethen der ungläubigen Bevölkerung, daß ein neuer Angriff auf die Stellung seines Gegners mißlungen war*).

Während Napoleon in Böhmen operirte, war Blücher über Bauzen hinaus, der Kronprinz von Schweden an die Mittelelbe vorgerückt. Kaum hatte der französische Kaiser am 21. einige Stunden in Dresden geruht, als er aufbrach, um es noch einmal mit Blücher zu versuchen; allein abermals wich ihm dieser aus und abermals kehrte Napoleon unverrichteter Dinge in die sächsische Hauptstadt zurück, 24. September, während Blücher sich gleich wieder vorwärts in Marsch setzte. Immer enger zog sich jetzt der Kreis um die Stellung der Franzosen, und ihr Kaiser begann einzusehen, daß er sich einen andern Stützpunkt wählen müsse. In der Lausitz erschien Benningsen mit einem

---

*) Die Unsern verloren in der Schlacht bei Kninitz an Todten, Verwundeten, Gefangenen und Vermißten 19 Officiere und 1099 Mann, außerdem 23 Pferde

neuen russischen Heere, während Bubna von der böhmischen
Hauptarmee ostwärts zog, um die Verbindung mit der schlesischen Armee und der Benningsen's herzustellen. Schon wurde
Napoleon in seinem Rücken bedroht, als von der Armee Bernadotte's die Streifcorps Dörenberg's und Tettenborn's durch
das Hannover'sche bis Bremen hin, Černišev bis nach Westphalen und Cassel, Thielmann bis Merseburg, von der böhmischen Armee Scheiter und Mensdorff mit 3-400 österreichischen
Reitern, der Hetman Platov mit neun Kozakenregimentern und
einigen Schwadronen leichter österreichischer Reiterei bis Altenburg und Colditz streiften und in mehreren siegreichen Gefechten
und glücklichen Handstreichen einen Vortheil nach dem andern
errangen. Als jetzt Blücher in der Gegend von Jessen, 3. October, der Kronprinz von Schweden bei Afen und Roslau über
die Elbe ging, 4. und 5., und nun auch von dieser Seite der
Halbkreis um ihn geschlossen war, da ließ Napoleon am 6. seine
Armee   bis auf 30.000 Mann, die unter St. Cyr und Monton
in Dresden zurückblieben — aufbrechen, räumte am 7. mit der
königlichen Familie die sächsische Hauptstadt und zog nach Wur-
zen, als hätte er es auf einen Kampf mit Bernadotte und
Blücher abgesehen. Als ihm diese abermals auswichen, ohne daß
er die Richtung ihres Marsches kannte, verlor er vier Tage, 10.
bis 14., erfolglos in Düben und entschloß sich zuletzt, nach
Leipzig zu gehen, um der böhmischen Armee, die sich bereits
in mehreren gewaltigen Heeressäulen über das Erzgebirge her-
anbewegte, die Spitze zu bieten.

9.

Fortschritte der österreichischen Waffen im Süden — Rückeroberung der illyrischen Provinzen und Süd-Tyrols — Vertrag mit Bayern zu Ried.

Vor Ausgang der Waffenstillstandsfrist stand der Vice-könig von Italien mit seinem Hauptquartiere in Görz, während seine Truppen den langen Bogen von Triest über Laibach bis Villach besetzt hielten. Ihm gegenüber stand F. Z. M. Hiller mit dem Hauptquartiere zu Klagenfurt an der Spitze der inneröster-reichischen Armee, die in noch weiterem, weil äußeren Bogen die ausgedehnte Linie von Agram über Südsteier und Ostkärnten bis zu den Radstadter Tauern zu decken hatte. Zudem war Hiller um mehr als 10.000 Mann schwächer; allein es waren kriegs-begeisterte Truppen und er stand auf treuem sicheren Boden. Prinz Eugen im Gegentheile befand sich inmitten einer Bevöl-kerung, die darnach lechzte, unter ihre altangestammte Herrschaft zurückzukehren, und an der Spitze von Truppen, von denen ein großer Theil, eben aus diesen Gegenden ausgehoben, nur auf die Gelegenheit lauerte, den ihnen verhaßten Kriegsdienst zu verlassen und unter ihre liebgewordenen Fahnen zu eilen.

Am 17 August, dem Tage, wo der Waffenstillstand ab-gelaufen war, überschritt der äußerste linke Flügel der inner-österreichischen Armee unter F. M. L. Paul v. Radivojević von Agram aus die Save und rückte in das Gebiet der Banal-grenzer ein, die mit jubelnder Begeisterung das Wiedererscheinen der österreichischen Truppen begrüßten. Der französische General Jeanin, mitten in diesem allgemeinen Abfall von der Sache seines Gebieters, verließ vom 18. zum 19. bei Nacht und Nebel Karlstadt und ging nach Fiume, wo General Garnier stand.

Allein auch dieser hatte zum großen Theile Croaten unter seinem
Befehle, die, sobald sie die Annäherung eines österreichischen
Corps erfuhren, nicht mehr zu halten waren. Mit einem einzigen italienischen Bataillon zog Garnier aus Fiume aus,
20. August, kehrte zwar am folgenden Tage, da von den Oesterreichern noch nichts zu sehen war, wieder dahin zurück, verließ es
aber, als sich General Nugent näherte, am 26. zum zweitenmale, worauf Nugent am 27. mit wehenden Fahnen und klingendem Spiel einzog. Die Wiedereroberung des croatischen
Küstenlandes war vollendet. General Baron Franz Tomašić
wurde gegen Dalmatien entsendet.

Inzwischen war auch an der obern Drau der Kampf losgebrochen. Am 23. August wurde Villach von den Oesterreichern
besetzt, am 24. von den Franzosen nach hartem Kampfe wieder
genommen, allein noch am selben Tage, als österreichische Verstärkung herbeikam, ein zweitesmal geräumt. Am 28. gab es
einen Kampf um den Besitz dieser Stadt, wobei die Franzosen
mit empfindlichem Verluste zurückgeschlagen wurden, bis am 29.
die Unsern freiwillig ihre Stellung preisgaben, um gegen Krain-
burg vorzudringen, 30., das jedoch am 2. September von den
Franzosen zurückerobert wurde. Am 6. wurde die Stellung der
Oesterreicher bei Feistritz angegriffen. Eine geringe Abtheilung
der Unsern vertheidigte das Schloß Ober-Feistritz hartnäckig gegen
zwei französische Regimenter, bis es diesen gelang, Feuer an
das Gebäude zu legen, worauf sich die Besatzung, 112 Mann
mit 4 Offizieren, ergeben mußte. Auch auf andern Punkten zogen
die Unsern den kürzeren und mußten wieder auf das linke Drau-
ufer zurückgehen. Während dieß im Centrum der Hiller'schen
Aufstellung geschah, drang F. M. L. Franz Fenner von
Fenneberg westwärts gegen Lienz im Pusterthale vor. Hiller
hätte gern Hormayr für die Unternehmung in Tyrol verwendet;

doch der saß noch immer in Munkács. Jenner richtete einen
Aufruf an die Bewohner des treuen Alpenlandes, der zündend
einschlug. Von den benachbarten Bergen, aus allen Thälern
eilte der kampflustige Landsturm herbei und drang vereint mit
dem kaiserlichen Militär unaufhaltsam gegen Brixen vor, kleinere
Abtheilungen der Franzosen theils gefangen nehmend, theils
vor sich hertreibend. Auch in Nordtyrol wurde eine Erhebung
versucht. Die Freiheitshelden vom Jahre 1809 zeigten sich wieder
Sicherer erschien in der Nähe von Kufstein, Aschbacher im
Achenthal, Haspinger im Burggrafenamt und Passeyer,
Frischmann im Vintschgau, der „Mann von Rinn" in der
Umgegend von Innsbruck. Allein die Masse des Volkes regte
sich nicht. Das Land war durch die Nachwehen des Jahres 1809
seiner kräftigsten Leute beraubt; viele waren ausgewandert,
andere von Franzosen und Bayern aus dem Lande geschafft;
überdieß mahnte ein Hirtenbrief des Bischofs von Brixen zur
Ruhe. Auch ließen es die Bayern an energischen Gegenmaß-
regeln nicht fehlen. Sie schrieben hohe Preise zur Einbringung
der Anstwiegler aus, 4000 fl. auf Aschbacher's, eben so viel
Ducaten auf Speckbacher's Kopf. Der erstere entging seinen
Verfolgern einmal nur dadurch, daß er schwimmend den Inn
übersetzte; der Mann von Rinn brachte acht Tage versteckt auf dem
Boden des Kirchengewölbes von Judenstein, vierzehn Tage in
einem Heuschober zu. Viele trotzige Männer, den Bayern von
1809 her verdächtig, wurden aufgegriffen und nach München
oder Landshut abgeführt. Graf Wrede erließ von Braunau aus
am 8. September einen Aufruf gegen „die verruchten Böse-
wichte, die schon 1809 so viel Unheil über das Land gebracht."

Bedeutsameres hatte sich mittlerweile am linken Flügel der
inner-österreichischen Armee zugetragen. Es war, was wir jetzt

erzählen wollen, nur ein kleines, der Zahl der einander gegen-
überstehenden Kräfte nach ganz unbedeutendes Zwischenspiel in
dem großartigen Drama, das sich zur selben Zeit auf den
Schlachtfeldern von halb Europa abspielte. Allein der Erfolg
war ein so außerordentlicher, in der neueren Kriegsgeschichte
Oesterreichs so unerhörter, und zugleich zeigte sich dabei so
überraschend, wie locker die Bande waren, die eine zahlreiche
Bevölkerung mit einer durch Waffengewalt aufgedrungenen,
ihren Gefühlen und Erinnerungen fremden Herrschaft ver-
knüpften, daß es wohl der Mühe lohnt, etwas eingehender dabei
zu verweilen.

Die Bevölkerung von Istrien war zum geringeren
Theile, etwa 24.000 Seelen mit dem Hauptorte Mitterburg
(Pisino), alt-österreichisch; der größere, 95.000 Seelen, durch
Jahrhunderte venetianisch, war erst 1797 durch den Vertrag
von Campoformio unter die österreichische Herrschaft gekommen,
der sie nach kaum neun Jahren der Preßburger Friede wieder
entrissen hatte. Dieses Gebiet nun, mit den Inseln beiläufig
85 österreichische Geviertmeilen, wieder zurückzuerobern, zog
Hauptmann Joseph Lazarić mit einem Officier und 47 Mann
Croaten zu Fuß, einem Corporal und 6 Mann Hußaren und
ohne ein Stück Geschütz, am 2. September 1813 von Fiume
aus, in dessen Gewässern der englische Admiral Freemantle
kreuzte, um den kaiserlichen Unternehmungen, wo er konnte,
behilflich zu sein. Noch am Abend des 2. befand sich Lazarić in
Vagna am Fuße des Monte Maggiore, wo ihm ein Bote,
gesandt von einem Geistlichen aus Callignana, einem treuen Anhänger Oesterreichs, die Warnung brachte, daß sich eine bedeutende feindliche Truppenmacht von Mitterburg her im Anzuge
befinde. Ohne sich dadurch beirren zu lassen, brach Lazarić am
3. morgens gegen Mitterburg auf, dem mehr als zwanzigfach

überlegenen Feinde entgegen. Auf was er gerechnet hatte, trat alsbald ein. Lazarić war der Landessprache mächtig, mit den Verhältnissen von Land und Leuten wohl vertraut und bei den Einwohnern von 1809 her in guter Erinnerung. Die Kunde von seinem Erscheinen an der Spitze einer österreichischen Truppe, ihrer alten Freunde und Landesgenossen, wirkte elektrisch. Als er sich dem Dorfe Voljun näherte, kamen ihm die Einwohner mit wehenden Fahnen und unter dem Geläute der Kirchenglocken entgegen. In der Nacht vom 3. auf den 4., wo er auf dem Dreifaltigkeitsberge bei Cerovlje Halt machte, stellten sich mehrere hundert Bauern aus den rückwärts gelegenen Ortschaften unter sein Gebot; die meisten waren bloß mit Ackergeräthen, nur wenige mit schlechten Flinten bewaffnet. Auch 150 Otočaner kamen aus dem feindlichen Lager herüber, die aber leider, weil sie mit ihren französischen Uniformen leicht Verwirrung bringen konnten, für den Augenblick nicht zu verwenden waren. Die Nacht hindurch ertönte in allen benachbarten Orten die Sturmglocke, zur großen Bestürzung des Feindes, der schon das ganze Land wider sich in Waffen zu sehen meinte. Morgens am 4. kamen die französisch-italienischen Truppen, etwa 1000 Mann stark, in Sicht. Lazarić warf den größten Theil der Bauern, unter die er einige seiner erfahrensten Leute vertheilt hatte, auf seine beiden Flügel; sein Lieutenant an der Spitze der übrigen und einer kleineren Abtheilung Bauern entwickelte sich aus dem Dorfe Cerovlje, während Lazarić selbst mit der Masse seiner gesammten Reiterei, sieben Mann stark, gerade auf den Feind losstürzte.

Die Ueberraschung gelang. Die vorgesandten Neulinge eines italienischen leichten Bataillons hielten nicht Stand, Lazarić's Bauern, durch den Erfolg ermuthigt, drangen mit Ungestüm nach und setzten dem Feinde, der sich auf der ersten

Höhe des Lindaro-Berges sammelte, durch stundenlanges Geplänkel so lange zu, bis er sich gegen Mitterburg zurückzog. Jetzt eilten Schaaren von Landleuten, die bisher mit erwar-tungsvoller Neugierde dem Ausgange des Gefechtes zugesehen hatten, dem Kampfplatze zu, drangen den Feinden mit betäu-bendem Geschrei nach), so daß diese in der Verwirrung zwei ihrer Geschütze im Stiche ließen, während ihnen das dritte, das sie eben auf einem vortheilhaften Punkte aufstellen wollten, von den heransprengenden Hußaren abgejagt wurde. Da es Lazarić überdies gelungen war, einen Theil der Bauern auf einem kürzeren Wege vorauszuschicken, so sah sich der Feind, nachdem er 40 Mann an Todten und Verwundeten verloren — die Kaiserlichen hatten nur 6 Verwundete —, auf einmal umrungen und gab sich auf Gnade und Ungnade gefangen.

Lazarić hielt jetzt seinen Einzug in Mitterburg, das er im Namen des Kaisers von Oesterreich in Besitz nahm, setzte die französisch-italienischen Behörden ab und eine einstweilige kaiserliche Verwaltung an ihre Stelle. Nachdem er am 5. und 6. September seine Gefangenen — 3 Stabs-, 26 Oberofficiere mit 900 Mann — glücklich nach Fiume gebracht und dort eine kleine Verstärkung erhalten hatte, setzte er sich von neuem in Marsch, rückte am 11. in Pola ein, dessen Besatzung sich bereits vor seinem Eintreffen zu Schiffe nach Triest geflüchtet und 57 Kanonen zurückgelassen hatte, erhielt am selben Tage das feste Pinguente durch Uebergabe, stand am 12. vor Capo-distria, das er, durch ein Linienschiff und eine Fregatte Free-mantle's unterstützt, zur Capitulation zwang und besetzte noch am selben Abend die Höhen um Triest, nachdem er im Zeitraume von zehn Tagen und an der Spitze von erst 55, dann 120 Mann eine feindliche Colonne von 1000 Mann geschlagen und gefangen, drei feste Plätze genommen, 67 Kanonen und reiche Munitions-

9

vorräthe erbeutet und ganz Istrien, mit Ausnahme von Triest, vom Feinde gesäubert hatte. Lazarić erhielt für diese entschlossene, muthvolle That das Theresienkreuz und wählte sich, in den Freiherrnstand erhoben, sein Prädicat vom Berge Lindaro, der ihm zu dieser Auszeichnung verholfen hatte. Die Bauern der Umgegend aber ließen einige Jahre später aus den auf dem Schauplatze des Kampfes gesammelten Kugeln ein Denkmal zu seinem Gedächtnisse gießen und auf dem Franciscanerplatze von Mitterburg aufstellen.

Um dieselbe Zeit, da Lazarić seinen Eroberungszug nach Istrien unternahm, waren die Generale Fölseis von Cilli, Rebrović von Neustadtl und Nugent von Fiume aus vorgerückt, um die Stellungen des Feindes bei Laibach und Adelsberg zu bedrohen. Die Brigade des französischen Generals Bellotti wurde von Fölseis am 8. September bei Ravreg und Uttich vernichtet, der Führer selbst verwundet und gefangen. Am 13. bestand der tapfere Oberst Theodor Milutinović bei St. Marein ein glänzendes Gefecht gegen den Vicekönig Eugen, der sich, obgleich in bedeutender Ueberzahl — 5 Bataillons und eine reitende Batterie gegen 8 Compagnien und einige Dreipfünder — nach empfindlichem Verluste an Todten, Verwundeten und Gefangenen nach Laibach zurückziehen mußte. Am 16. nahm Milutinović mit seinen tapfern Grenzern Weichselburg, machte 900 Gefangene, eroberte 2 Kanonen und 3 Feldzeichen. Es focht hier überall die Begeisterung, die Vaterlandsliebe das Selbstvertrauen gegen Entmuthigung und Mangel an Zuversicht auf Seite der Italo-Franken, bis der Vicekönig bedeutende Verstärkungen auf die bedrohten Punkte führte. Jetzt wurden drei österreichische Compagnien am 19. bei Weißkirchen überfallen und zersprengt; Rebrović ward am 20. bei St. Marein von überlegener Macht angegriffen und zog seine Truppen unter dem Schutze eines starken Nebels aus ihrer gefährdeten Stellung, während Nugent, der auf der Straße nach Adelsberg bereits bis Jelsann vorgedrungen war, sich unter hartnäckigen Kämpfen zurückziehen und in das bereits eroberte Istrien werfen mußte, wo er dem Hauptmann Lazarić die Hand reichte.

In Oberösterreich standen sich noch immer der bayerische General Wrede und der österreichische Fürst Reuß gegenüber. Es war ihnen nicht rechter Ernst mit ihrer Feindschaft. Oesterreich hatte seine Versuche, Bayern von dem napoleonischen Bündnisse abzuziehen, nie aufgegeben. Von Teplitz aus richtete Kaiser Franz am 23. September ein Schreiben an den König Maximilian Joseph I.: „Nach Jahren von Mißgeschick und Unglück nähere man sich dem Zeitpunkte ihres Abschlusses; Bayern möge sich dem Bunde der Monarchen anschließen; es scheine von der Vorsehung auserlesen, das große Werk der Völkerbefreiung durch einen Entschluß zu krönen, den sowohl sein Ruhm als das Interesse seines Volkes zu fordern scheine." Dem Briefe des österreichischen Kaisers war einer Alexander's angeschlossen, worin sich letzterer dem Könige als Gewährsmann für den mit Oesterreich abzuschließenden Vertrag anbot. „Die Rückkehr einer Ordnung der Dinge" schrieb der russische Kaiser, „die Europa eine lange Dauer von Frieden und Wohlsein verbürgt, ist das Ziel, wohin unsere Bemühungen streben." Kaiser Franz gab dem Könige zugleich bekannt, daß Fürst Reuß die nöthigen Vollmachten erhalten habe, um wegen der Vertragsbedingnisse in Unterhandlung zu treten.

König Maximilian schuldete Napoleon seinen Königstitel und eine bedeutende Vergrößerung seines Landes; er war nicht undankbar von Gemüth und es traf ihn hart, sich von

seinem bisherigen Gönner lossagen zu sollen. Aber sein Volk
theilte die Begeisterung, von der ganz Deutschland ergriffen
war, und verlangte mit lauter Stimme den Bruch mit Frankreich. Dazu kam für den König noch eine ernste Erwägung.
Im Rathe der Verbündeten war man nicht durchweg damit einverstanden, daß mit den deutschen Rheinbundfürsten in Unterhandlungen getreten wurde. Schon griffen Ländergier und Hab-
sucht, aus denen man einen der schwersten Anklagepunkte gegen
Napoleon gemacht, im eigenen Lager der Verbündeten um sich.
Der Freiherr von Stein, die preußischen Heerführer und nicht
wenige österreichische Patrioten verfochten die Meinung, daß
man die Rheinbundfürsten, die ihr Interesse so lang und so
innig mit jenem des französischen Weltbedrückers verflochten
hatten, nicht durch Verträge an sich ziehen, sondern vielmehr sich
die Hand frei lassen solle, ihre Länder in die große „Entschä-
digungsmasse", wie man es nannte, einzubeziehen. König Max,
dem diese Stimmung nicht unbekannt bleiben konnte, lief also
bei längerem Zaudern Gefahr, sich von den Verbündeten als
Feind behandelt und sein Land als gute Beute für Oesterreich
erklärt zu sehen. Es war noch ein Trost für ihn, daß Kaiser
Franz und Graf Metternich bis nun den Verlockungen jener
Sirenenstimmen kein Gehör gaben. „Der seit mehr als einem
Jahrhundert bald offen, bald heimlich mit abwechselndem Erfolge
zwischen den Höfen von Wien und München andauernde
Kampf", schrieb Metternich, „müsse endlich einmal aufrichtig
und gründlich beschwichtigt, Süddeutschlands Verhältnisse müßten
so geregelt werden, daß Bayern als ein wahrer Mittelstaat
nimmer nöthig haben sollte, gegen Oesterreich den Schutz Frankreichs zu suchen. Wie Reuß von österreichischer, so bekam
nun auch Wrede von bayerischer Seite den Auftrag, in
gegenseitige Unterhandlungen über die Bedingnisse zu treten,

unter denen sich Bayern der Sache der Verbündeten anschließen
sollte.

Die erste Frucht dieser lang ersehnten Wendung der Dinge
war die, daß Hiller, von Norden her nicht mehr bedroht,
seine Kräfte ungefährdet entfalten und von der Vertheidigung
zum Angriff übergehen konnte. Am rechten, am linken Flügel,
im Centrum, überall drang jetzt die innerösterreichische Armee
mit Macht vor.

Um seine Stellung bei Laibach und Adelsberg zu behaupten, hatte der Vicekönig von Italien seinen linken Flügel
geschwächt, was Hiller schnell zu benützen wußte. Am 18. September wurde der Feind bei St. Hermagor angegriffen und nach
Tarvis zurückgedrängt. Am folgenden Tage erzwangen Hiller
bei Hohlenburg und Frimont bei Rosseck den Uebergang über die
Drau. Eine österreichische Streifpartie überrumpelte den schwachen feindlichen Posten bei Pontafel, im Rücken von Tarvis,
und nahm ihn gefangen. Am 23. griff Frimont den General
Campi bei Aßling an und warf ihn zurück.

Am 25. September überfielen die Oberste Milutinovich
und Graf Starhemberg den General Perreymond, da er eben
tafelte, in Groß-Lasitz und nahmen ihm 8 Officiere und
300 Soldaten gefangen; sie selbst hatten einen Verwundeten.
Am 27. siegten beide und General Rebrovič bei Oblak und
Zirknitz, vernichteten ein italienisches Bataillon und machten
3 Stabs-, 10 Ober-Officiere und 400 Mann zu Gefangenen.
Am 29. besetzte General Fölseis die Hauptstadt von Krain.

Im Pusterthale waren die Vortruppen Fenner's, wie wir
wissen, bis gegen Brixen vorgedrungen. Nun aber kam General
Gifflenga von Trient herangezogen. Er hatte 3000 Mann
unter seinem Befehle, die Vortruppen Fenner's, mit den Tyroler
Schützen kaum 400 Mann stark, mußten der Uebermacht weichen

und sich über Brunnecken gegen Lienz zurückziehen. Von hier setzte
sich Fenner am 2. October mit 1600 Mann von Neuem in Bewegung und griff den Feind bei Percha an; den Ausschlag
gaben die begeisterten Tyroler Schützen durch einen unwider-
stehlichen Ausfall im Rücken des Feindes, der gegen Abend seine
Stellung verließ und sich in der Mühlbacher Clause festsetzte. Fenner theilte seine Kräfte, und während er selbst am
7 October von vorn auf den Feind losging, ließ er von einer
andern Abtheilung dessen Stellung umgehen. Die Ersteigung
der vom Feinde besetzten Höhe war an einzelnen Stellen so ge-
fahrvoll, daß der Jägerhauptmann Baron Taxis und mehrere
Leute den Boden unter ihren Füßen verloren und in den Ab-
grund stürzend ein schnelles Ende fanden. Einmal die Höhe
erklommen, wurde die Clause gestürmt und war in wenigen
Minuten in den Händen der Unsern; ein Theil der Besatzung
fiel durch Kolben und Bajonnet, 7 Officiere und 450 Mann
wurden gefangen. Gislenga versuchte sich noch vor Mühlbach,
vor Brixen zu halten, wurde aber in raschem Ansturm geworfen. Viele seiner kleineren Abtheilungen, die ins Gebirge
entsendet waren, fielen den Tyroler Bauern in die Hände, ehe-
malige österreichische Soldaten kehrten mit Freuden unter
ihre alten Fahnen zurück. Gislenga zog sich nach Bozen und
von da weiter nach Trient, Fenner folgte ihm auf dem
Fuße nach.

Die Stellung des Prinzen Eugen in Illyrien war nicht
länger haltbar. Am   October fiel nach fünftägiger Beschießung
die Citadelle von Laibach; 213 Mann streckten am Fuße des
Berges das Gewehr. Am selben Tage ging der Vicekönig
hinter den Isonzo zurück. Am 8. räumten seine Truppen das
verschanzte Lager von Tarvis und zogen sich in das Thal des
Tagliamento hinab. Mit der französischen Herrschaft jenseits

des Isonzo und der Drau hatte es ein Ende. Am 10. October traf der General-Gouverneur der illyrischen Provinzen, Fonché, Herzog von Otranto, flüchtig in Venedig ein. Ein einziger Punkt am östlichen Gestade der Adria befand sich noch in französischer Macht, das vom Hauptmann Lazarić beobachtete Castell von Triest, zu dessen Bezwingung jetzt Nugent Verstärkungen herbeiführte.

Einen Tag nach der ruhmvollen Erstürmung der Mühlbacher Clause und am Tage der Räumung des Lagers von Tarvis gedieh jenseits der Alpen zu Ried eine folgenschwere Verhandlung zum Abschlusse. „Bayern", hieß es in dem am 8. October zwischen Reuß und Wrede abgeschlossenen Vertrage, „sagt sich vom Rheinbunde los und vereinigt seine Streitkräfte mit denen der verbündeten Mächte. Die bayerischen Truppen als besonderes Corps und unter einem eigenen bayerischen Anführer bilden einen Theil der großen österreichischen Armee und stehen unter dem Oberbefehle des kaiserlichen Generalissimus. Bayern erklärt sich zu allen Gebietsabtretungen bereit, die nothwendig erscheinen werden, um zwischen ihm und Oesterreich eine entsprechende militärische Gränze herzustellen; Oesterreich verpflichtet sich dagegen, im Einverständnisse mit seinen Verbündeten, Bayern eine volle Entschädigung für die ihm zugehenden Verluste zu verschaffen."

Die Verhandlungen zwischen Oesterreich und Bayern waren dem französischen Gesandten in München, Marquis de Saint-Agnan, fast bis zum letzten Augenblicke geheim geblieben. Napoleon selbst hatte an einen möglichen Abfall Bayerns nie glauben wollen, nicht deswegen, weil dessen Fürst ihm so viel schuldete — Dankbarkeit ist eine Privat-Tugend, die im öffentlichen Recht keinen Platz findet —, sondern darum, weil er sehr wohl wußte, Oesterreich werde auf der Herausgabe der ihm ent-

riſſenen Gebietstheile beſtehen. Für die Sache der Verbündeten
war der Abſchluß des Rieder Vertrages von ungeheurer Wichtigkeit. Wo früher Oeſterreich ſeine Kräfte theilen mußte, um
von Bayern her nicht angegriffen zu werden, da war es jetzt
nach dieſer Seite hin frei, und ſtatt 25.000 Mann in Ober-
Oeſterreich auf dem Beobachtungspoſten zu halten, kamen ihm
jetzt 25.000 Mann neuer Bundesgenoſſen als Verſtärkung zu.
Noch am Tage des Vertragsabſchluſſes vollzogen die öſterreichiſchen und die bayeriſchen Truppen jubelnd ihre Vereinigung;
Reuß erhielt eine andere Beſtimmung und Wrede übernahm den
Oberbefehl über die öſterreichiſch-bayeriſche Armee, die er ſofort
an den Main zu führen hatte, um dort, im Zuſammenhange
mit den Bewegungen der verbündeten Heere, in Napoleon's
Rücken zu manoevriren.

Als die Nachricht von dem Ereigniſſe des 8. October auf
dem ſächſiſchen Kriegsſchauplatze bekannt wurde, erweckte ſie im
franzöſiſchen Lager eben ſo große Beſtürzung, als Freude in
jenem der Verbündeten. Mit Recht ſagte jemand im Hauptquartiere der letzteren zu Metternich: „Sie haben mit einem
Federzuge zwanzig Schlachten gewonnen und mehr wie jeder
Andere das Großkreuz des Thereſien-Ordens verdient.“ Oeſterreich aber wandelte mit klarem Blick und feſtem Schritt die
Bahn zur Wiedererringung ſeiner früheren Größe. Schon
hatte es durch Waffengewalt die illyriſchen Provinzen den Händen der Franzoſen entriſſen und zogen ſeine ſiegreichen Truppen
der Rückeroberung von Südtyrol entgegen; durch den Rieder
Vertrag hatte es ſich die Ausſicht eröffnet, die 1805 und 1809
an Bayern verlorenen Landesgebiete wieder zu gewinnen. Die
Nordtyroler hatten mit bangen Gefühlen den Ausgang der Verhandlungen zwiſchen Reuß und Wrede verfolgt. Als jetzt der
Inhalt des Rieder Vertrages im Lande bekannt wurde, da kam

Schmerz und schwere Bekümmerniß über sie; denn sie legten
es so aus, als ob Tyrol nun für immer bei Bayern bleibe.
Als aber, dem Rieder Vertrage gemäß, die ersten österreichischen
Truppen im Durchmarsche die Landesgränze überschritten, um
über Innsbruck nach Italien zu ziehen, da brach die Sehnsucht
nach ihrer alten Herrschaft mit aller Kraft durch. Einem Triumph-
zuge glich der Marsch des dritten Bataillons vom Linien-Infan-
terie-Regimente Erzherzog Karl. Festliches Glockengeläute ertönte
aus allen Ortschaften zu beiden Seiten des Inn. Auf Stunden
weit zogen Musikbanden dem Bataillon entgegen. Beim Einzuge in Innsbruck, 22. October, wurden den Officieren von
festlich geschmückten Knaben und Mädchen sinnige Blumensträuße
überreicht, Jauchzen und Jubeln, stürmische Vivatrufe für den
Kaiser Franz übertönten die Klänge der Musik; Bauersleute,
außer sich vor Freude, tanzten vor den einmarschirenden Soldaten
einher.

10.

Die Völkerschlacht bei Leipzig am 14., 16. und 18. October 1813.

Noch vor der Schlacht bei Kulm, am 13. September,
hatte der Oberfeldherr der verbündeten Heere den Gedanken
wieder aufgegriffen, Leipzig zum Ziel der nächsten Unternehmungen zu wählen. Er dachte anfangs dabei nicht sowohl an
eine Hauptschlacht, die zu liefern wäre. Im Gegentheil, es lag in
seinem Wesen, daß er nichts gern auf's Spiel setzte, und er hatte
eine zu hohe Meinung vor dem militärischen Genie Napoleon's,

um so leichthin mit ihm in die Schranken treten zu wollen. Er meinte vielmehr, eine von allen verbündeten Armeen auf jenen wichtigen Punkt gerichtete Bewegung werde den Kaiser der Franzosen ohne viel Blutvergießen nöthigen, seine Stellung an der Elbe zu verlassen und auf einen zeitlichen Rückzug zu denken.

Was aber Schwarzenberg und sein Generalstab meinten und wollten, war nicht so schnell gethan, wie drüben im Lager der Franzosen, wo es nur Einen Herrn und Ein Gebot gab. Schwarzenberg mußte vor allen großen Unternehmungen seine Ansichten erst den Monarchen vorlegen, von denen der eine, Alexander von Rußland, am liebsten selbst den Oberfeldherrn gespielt hätte. Dann waren Rücksichten gegen die hervorragenden militärischen Persönlichkeiten der Bundesgenossen zu beobachten. Namentlich Jomini und Fürst Peter Volkonskij standen seit Moreau's Hingang im besonderen Vertrauen des russischen Kaisers. Außerdem wollten Barclay de Tolly, Diebić, Toll, Wittgenstein, Knesebeck gehört werden; ihre oft weit auseinandergehenden Meinungen unter einen Hut zu bringen, war nichts geringes und forderte manche Selbstverläugnung. Dazu kamen endlose Eifersüchteleien. „Jede vom Oberfeldherrn ausgehende Verfügung, die den Oesterreichern nicht das schwerste zuwies, stieß bei den Andern auf zahllose Wenn und Aber," sagt der Biograph Radetzky's. Aber nicht einmal im eigenen Lager hatten Schwarzenberg und Radetzky freies Spiel, da Baron Duca, der militärische Rathgeber des Kaisers Franz, mit ihren Ansichten fortwährend im Hader lag. Dazu kam nun eine nicht unmächtige Friedenspartei, die, stets geschäftig und jeder energischen Maßregel im Grundsatze abhold, den Weg der Unterhandlung mit Napoleon bei keinem Anlasse unversucht ließ. Schwarzenberg hatte die dornenvollste Aufgabe, die vielleicht je einem Oberfeldherrn zufiel. Er hatte in seinem Kriegsgezelt drei gekrönte Häupter, deren oft widersprechender Meinung nur mit Ehrfurcht entgegengetreten werden konnte. Er hatte um sich sechs bis sieben fremdländische Feldherren, eifersüchtig auf die Stellung, die er einnahm, und auf den Ruhm, den sie ihm bringen konnte. Er hatte endlich einen kleinen Senat von Diplomaten aller bundesgenössischen Mächte in seiner Nähe, von denen manche selbst in militärischen Dingen, wovon sie doch nichts verstanden, ihre Stimme nicht überhört wissen wollten. Wenn Schwarzenberg unter solchen Umständen die große Sache, die auf seine Schultern gelegt war, zuletzt dennoch glücklich ausführte, durch das wohlberechnete Ineinandergreifen der widerhaarigsten Elemente ausführte, so war dies der höchsten Anerkennung würdig, und maßloser Dünkel oder erbärmlicher Neid gehören dazu, ihn um jener so überaus schwierigen Stellung willen, wie dies selbst von sonst achtbaren preußischen und russischen Schriftstellern geschieht, herabsetzen oder gar verhöhnen zu wollen, als eine Persönlichkeit von wenig Bedeutung, als eine bloße Puppe, deren Glieder von andern in Bewegung gesetzt wurden. Schwarzenberg war sich der Unannehmlichkeit der Aufgabe, die er zu lösen hatte, nur zu wohl bewußt, und es kamen wohl Augenblicke über ihn, wo er sprach: „Wenn ich die Fäden des ganzen Gewebes, wie sie jetzt in meiner Hand liegen, hinübertragen könnte in eine fremde, ich thäte es und ginge!" Aber zuletzt blieb er doch und hielt tapfer aus, zum Heile des Ganzen.

Am 27. September begann die große böhmische Armee ihren entscheidenden Aufbruch aus dem Teplitzer Kessel nach Komotau und von da, 3. October, über das Erzgebirge nach Sachsen. Der König von Neapel, der hier mit etwa 40.000 Mann entgegenstand, wich langsam gegen die Leipziger Ebene

zurück. Bei Borna gab es am 10. October einen kleinen
Strauß mit den Russen, die etwas zurückgedrückt wurden. An
demselben Tage warf sich bei Wetau Moriz Liechtenstein's österreichische und Thielmann's russische Reiterei dem Marschall
Augerau entgegen, der dem Kaiser Napoleon von Würzburg her
20.000 Mann zuführte; er überwand seine Gegner und bahnte
sich den Weg nach Leipzig. Am 12. October war das Hauptquartier Schwarzenberg's in Chemnitz, am 13. in Altenburg.
Die Weisung, die er von hier aus erließ, sprach es klar aus, daß
das „Ziel jetzt sein müsse, den Feind in seiner Stellung immer
mehr einzuengen und daß man jetzt an eine Vernichtung der
feindlichen Heere denken könne. Jede Uebereilung wäre straf-
fällig und es muß daher mit der größten Ruhe und Vorsicht zu
Werke gegangen werden."

Napoleon saß um diese Zeit noch in Düben. Seine Stimmung war gedrückt, sein Wesen mürrisch. Was hatte er seit
dem Beitritt Oesterreichs zu dem großen Bunde wider ihn
erreicht? Er hatte die feindlichen Heere einzeln schlagen wollen;
statt dessen waren, mit Ausnahme des Dresdener Sieges, seine
vereinzelten Heere geschlagen worden! Er, auf seiner ruhmvollen
Laufbahn gewohnt, die Unternehmungen seiner Feinde zu
kreuzen und nach seinem Plane zu leiten, war jetzt zum Spiel-
ball seiner Gegner geworden! Die Heere der Verbündeten, ob
vordringend oder vor ihm weichend, hatten ihn dorthin geführt,
wohin es in ihrem Plane lag! Dabei konnte ihm die Verstimmung seiner Marschälle kaum unbekannt sein, und noch schlimmer stand es in den untersten Regionen seines Heeres. Seit
den ersten Septembertagen konnte man Tag für Tag Trupps
von Ausreißern durch Leipzig ziehen sehen. Deutsche, die den
französischen Fahnen hatten folgen müssen, namentlich Westphalen, liefen haufenweise fort, nicht selten zu den Verbündeten

hinüber. Am 15. September gingen zwei spanische Bataillone zu
den Preußen über. Die Haltung der Württemberger, die im Corps
Marmont's standen, wurde immer bedenklicher. Als Napoleon
am 9. October bei Eilenburg die Truppen Ney's musterte,
schauten die eingereihten Sachsen finster drein; von allen andern
Truppenkörpern scholl ihm das gewohnte „Es lebe der Kaiser!"
entgegen, die Sachsen empfingen ihn lautlos.

Am 14. Mittags traf Napoleon in Leipzig ein, zwei
Stunden später wußte Schwarzenberg davon. An diesem Tage
wurde um den Besitz von Liebertwolkwitz gekämpft. König
Joachim, vor den Verbündeten zurückweichend, hatte sich zuletzt in Wachau festgesetzt. Als die ersten Schaaren der Verbündeten herankamen, warf er sich ihnen an der Spitze seiner Reiterei entgegen und ein mehrstündiges Cavalleriegefecht entspann
sich. Murat in seinem phantastischen Anzuge auf der einen
Seite und Peter Petrovič Graf Pahlen auf der andern tum-
melten sich mitten im hin- und herwogenden Gedränge. Murat
selbst war einen Augenblick in Gefahr, von preußischen Dragonern gefangen zu werden. Jetzt kam auch Klenau mit seinen
Oesterreichern auf die Wahlstatt und ließ das Regiment Erzherzog Karl auf Liebertwolkwitz vorrücken. Um 2 Uhr Nachmittags hatte es den Ort größtentheils in Besitz. Bald aber erhielten
die Franzosen Verstärkungen und warfen die Unsern trotz der
heftigsten Gegenwehr hinaus. Mit frischen Kräften machte
Klenau einen neuen Versuch und wieder kam der Ort in seine
Gewalt. Allein auch die Franzosen gaben nicht nach und abermals mußten die Oesterreicher weichen, 5 Uhr Abends. Aber
schon hatte Schwarzenberg, der auf dem Kampfplatz erschien
und seine Kräfte nicht vorzeitig vergeuden wollte, den Befehl
gegeben das Gefecht abzubrechen. Der Kampf hatte verhältnißmäßig viel Blut gekostet, die Franzosen zählten 600 Todte und

Verwundete, die Oesterreicher allein 14 Officiere, 679 Mann, 151 Pferde; dagegen hatten die Franzosen 1000 Mann durch Gefangenschaft verloren, die Verbündeten nur wenige. Die Truppen beider Seiten lagerten sich im Gesicht, ihre Vorposten waren kaum auf Büchsenschußweite auseinander. Gegen Abend stellte sich ein heftiger Regen ein, der alle Wachtfeuer auslöschte. Die Hartnäckigkeit des Kampfes um Liebertwolkwitz machte Napoleon stutzig. Er wollte herausbringen, ob der gegnerische Oberfeldherr an Ort und Stelle sei. Andern Tages saudte er zu den Vorposten der Verbündeten eine Botschaft: „Fürst Berthier wünsche den Fürsten Schwarzenberg zu sprechen"; allein es kam die Antwort zurück: „Der Oberfeldherr sei nicht da; auch sei jetzt keine Zeit zu Unterhandlungen."

Schwarzenberg hatte am 15. sein Hauptquartier in Pegau.*) Seine Ordonnanz-Officiere eilten zu Blücher und Bernadotte, sie für den morgigen Tag zur Mitwirkung aufzufordern die böhmische Armee sei bereit den Kampf aufzunehmen. Von allen Richtungen näherten sich Heeressäulen dem verhängnißvollen Felde. Napoleon beritt die Gegend von Leipzig aus; dasselbe that Schwarzenberg bis über Gautzsch hinaus, bis französische Kugeln an ihn herangepfiffen kamen. Blücher saudte freudige Zusage; ob der Kronprinz von Schweden mit eingreifen werde, wußte man nicht. Gegen acht Uhr Abends stiegen in der Nähe von Pegau drei weiß glänzende Raketen hoch in die Luft; bald darauf schwirrten drei rothe aus der Gegend von Schkeuditz in die Höhe: es war der gegenseitige Gruß, den die böhmische Armee und das Heer Blücher's einander zusandten.

---

*) Pegau befindet sich außerhalb des Rahmens unseres Kärtchens, südwärts; eben so das später zu nennende Röltha. Alle andern hier erwähnten Orte wird man verzeichnet finden.

Alle Anordnungen waren getroffen: die Befehlshaber der Abtheilungen, die vor dem Feinde standen, hatten dem Ober-feldherrn täglich zweimal Bericht zu erstatten; sobald sie in ein Gefecht verwickelt wurden, stündlich. Bevor Schwarzenberg die Ruhe suchte, deren er zur Stärkung für den morgigen Tag so sehr bedurfte, sandte er an seine geliebte Nani nach dem romantischen Worlik ein paar Zeilen, die mehr, als jede Schil-derung vermöchte, den ruhigen, liebenswürdigen, von Selbstsucht und eitler Ruhmgierde freien Charakter des edlen Fürsten kenn-zeichnen. „Wenn ich zu meinem Fenster hinaussehe", schrieb er, „und die zahllosen Wachtfeuer zähle, die sich vor mir ausbrei-ten; wenn ich bedenke, daß mir gegenüber der größte Feldherr unserer Zeit, einer der größten aller Zeiten, ein wahrer Schlach-tenkaiser, steht, dann ist es mir, als wären meine Schultern zu schwach und müßten unterliegen unter der Riesenaufgabe, die auf ihnen lastet. Blicke ich aber empor zu den Sternen, so denke ich, daß Der, welcher sie leitet, auch meine Bahn vorgezeichnet hat. Ist es sein Wille, daß die gerechte Sache siege, und dafür halte ich die unsrige, so wird seine Weisheit mich erleuchten und meine Kraft stärken Ist es der Wille der Vorsehung, daß sie unterliege, so ist mein persönliches Mißgeschick die geringste der traurigen Folgen. Im Falle des Gelingens wie in jenem des Mißlingens, habe ich im voraus meine Eigenliebe bekämpft, und nicht das Urtheil der Welt wird mich lohnen oder strafen!"

Der 16. October, ein Samstag, brach an, trüb, regnerisch, kalt; bis zum halben Vormittag lag ein dichter Nebel über der Gegend, der sich erst gegen 10 Uhr etwas lichtete.

Die Aufstellung der beiderseitigen Streitkräfte war diese: Napoleon's Hauptmacht stand südlich von Leipzig, mit dem rechten Flügel an die Pleiße gelehnt; den Mittelpunkt seiner Stellung bildete die Gegend um Wachau. Westlich von

Leipzig hatte er bei Lindenau und Plagwitz Schanzen aufwerfen lassen, es waren am Morgen nur geringe Streitkräfte zur Vertheidigung da; als aber der Angriff der Verbündeten erfolgte, führte General Bertrand 10.000 Mann im Doppelschritt als Verstärkung herbei. Nordwärts von Leipzig bei Möckern und Lindenthal standen Marmont und Ney mit etwa 50.000 Mann.

Gegen diese letzteren brachen von Schkeuditz aus Blücher und York auf, während F. Z. M. Graf Ignaz Gyulai mit einer geringeren Heeresabtheilung Leipzig von der Westseite zu fassen hatte. Die Hauptmacht Schwarzenberg's befand sich, wie die seines großen Gegners, im Süden von Leipzig. Die Mitte seiner Aufstellung bildeten Russen unter dem Prinzen Eugen von Württemberg und Preußen unter Kleist; ihre Richtung war gegen Wachau und Markkleeberg. Auf dem rechten Flügel gegen Liebertwolkwitz stand Graf Klenau. Den linken Flügel befehligte F. Z. M. Graf Merveldt, der zwischen der Elster und Pleiße vorzurücken und bei Connewitz und Dölitz den Uebergang über den letzteren Fluß zu erzwingen hatte. Hinter Merveldt rückte das Reserve-Corps des Prinzen Friedrich von Hessen-Homburg von Zwenkau gegen Gautzsch vor.

Die Stärke der beiderseitigen Streitkräfte war nahezu gleich. Napoleon hatte gegen 190.000 Mann mit 700 Geschützen beisammen; die Verbündeten zählten, da der Kronprinz von Schweden, Benningsen, Colloredo und Bubna noch fern waren, bei 200.000 Mann. Nach 9 Uhr ertönte der erste Kanonenschuß von französischer Seite; der tapfere General Maison sprach zu seinen Soldaten: „Kinder, heute ist der letzte Tag Frankreichs; heute Abend müssen wir alle todt sein." Drei Schüsse aus den Kanonen der Verbündeten gaben gleich darauf das Zeichen zum Angriff. Kleist drang in Markkleeberg ein und behauptete sich da trotz wiederholter Angriffe der Franzosen;

die Russen erstürmten Wachau, die Oesterreicher Liebertwolkwitz. Gegen 10 Uhr war die ganze französische Aufstellung im Weichen. Nur Merveldt bemühte sich vergebens, seine Truppen auf die andere Seite der Pleiße zu bringen. Die Gegend am linken Ufer ist dort von Flußarmen, Bächen, Sumpfstellen, Büschen so durchschnitten, daß das Vordringen nur äußerst schwierig und langsam von statten ging; als man endlich an den

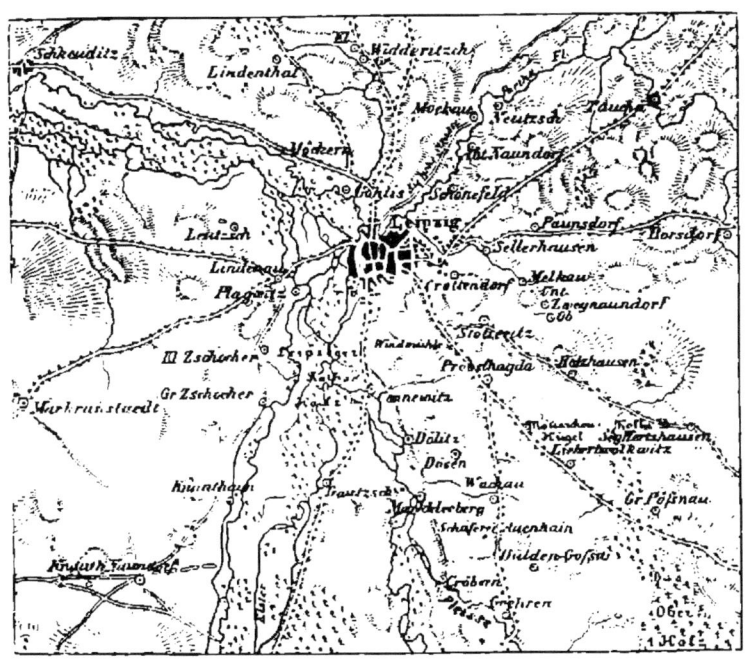

Fluß kam, boten die Truppen Merveldt's alle Kräfte auf, den Uebergang zu erzwingen. Das am linken Ufer des Flusses gelegene Herrenhaus von Dölitz wurde erstürmt. Vielleicht fünfmal im Laufe des Tages drangen die Franzosen mit neuen Kräften vor und warfen die Oesterreicher hinaus, immer gewannen es diese wieder zurück; allein den Uebergang über die Brücke in das jenseits gelegene Dorf konnten sie nicht erzwingen. Eben

10

so hitzig ging es westwärts von Leipzig her. Etwa um ½ 11 Uhr erstürmten die Oesterreicher Lindenau, besetzten Leutzsch und Klein-Zschocher; allein Lindenau wurde ihnen gleich darauf wieder entrissen. Von Neuem ließ Gyulai eine halbe Stunde später den Ort stürmen; trotz der heftigsten Gegenwehr der Franzosen drangen die Unsern hinein, konnten sich aber nicht festsetzen. Eben so wenig gelang es Plagwitz dem Feinde zu entreißen. Im Norden hatte der Kampf noch nicht begonnen. Gegen seine Gewohnheit hatte sich Blücher ziemlich spät, erst nach 10 Uhr, von Schkeuditz in Bewegung gesetzt und befand sich erst im Anmarsch, während auf allen anderen Punkten des weitgedehnten Schlachtfeldes die Kriegsfurie schon alle ihre Schrecknisse losgelassen hatte.

Napoleon hatte dem Vordringen der Verbündeten anfangs nur geringe Streitkräfte entgegengesetzt; jetzt erst, gegen Mittag, begann er seine ganze Macht zu entfalten. Er ließ 300 Geschütze vorfahren und eine furchtbare Kanonade nahm die Mitte der verbündeten Aufstellung zum Ziele. Die ältesten Krieger versicherten, einen solchen erschütternden Lärm nie gehört zu haben. Es waren nicht mehr einzelne Schüsse zu vernehmen, es war ein ununterbrochen rollender Donner. Ein österreichischer Officier, der mit einem Auftrage über das Schlachtfeld ritt, erzählte später: „Es war gerade, als wenn die Kugeln sich gegenseitig beim Schopf nehmen wollten!“ 23 Geschütze des Prinzen von Württemberg waren in wenig Minuten zerschmettert, Pulverwagen flogen auf; neue Kanonen wurden herbeigeschafft, auch diese waren bald zerschossen. Fürst Sachovskoj sagte mehrmals zum Prinzen: „Wir gehen hier alle zu Grunde!“ Doch jener hielt tapfer Stand. Er erkannte mit richtigem Blick: drang Napoleon an dieser Stelle durch, so war die Kampflinie der Verbündeten gesprengt.

Auf den Kirchthurm von Gautzsch, von wo man den größten Theil des Schlachtfeldes übersah, hatte Schwarzenberg einige seiner Officiere zur Beobachtung beordert. Diese gewahrten nun, wie sich unter dem Schutze der donnernden Kanonen gewaltige feindliche Infanteriemassen im Vierecke formirten und gegen die Aufstellung der Verbündeten von allen Seiten losrückten; und dann, wie sich zwei ungeheure Klumpen Reiterei zusammenballten, die der Franzosenkaiser offenbar für den entscheidenden Schlag bereit halten wollte. Schwarzenberg erkannte, daß der Augenblick herannahe, wo seine Reserve in den Kampf werde eingreifen müssen; er gab daher dem Erbprinzen von Hessen den Befehl, gegen die Pleiße vorzurücken und auf das andere Ufer zu setzen. Prinz Friedrich hatte die Infanterie-Divisionen Bianchi und Weißenwolf und die Küraffier-Division Graf Nostitz unter seinem Befehle. Die Pleiße war durch die letzten Regengüsse bedeutend angeschwollen und die Franzosen hatten alle Brücken abgebrochen. Graf Nostitz besann sich keinen Augenblick, mit seinen Panzerreitern durch den Fluß zu reiten. Bianchi entdeckte eine Furt, wo aber die Tiefe immer noch drei Fuß und darüber maß, und ließ seine Grenadiere, Gewehre und Patrontaschen emporhaltend, durchwaten. Es ging darüber viel Zeit verloren, glücklicherweise keine uneinbringliche.

Während der stundenlangen Kanonade waren französische Infanteriemassen gegen Wachau und Liebertwolkwitz im Anmarsch; die stark gelichteten Reihen des Prinzen von Württemberg waren nicht mehr im Stande, ihren Stoß auszuhalten. Wachau ging verloren, wurde mit gewaltiger Anstrengung von den Russen wieder genommen, und so vielleicht fünfmal, mit immer größeren Verlusten auf beiden Seiten, binnen zwei Stunden. Auch Klenau konnte sich nicht halten; er stellte sich an die Spitze eines Regiments, um den verlorenen Kolmberg

wieder zu nehmen; allein die Uebermacht der Franzosen war
zu groß. Klenau wich gegen Groß-Pößnau und Seiffertshain zurück, wo er sich vor der Hand darauf beschränkte, den
Feind aus der Entfernung zu beschießen. Ebenso hielt sich
Kleist am südlichen Ende von Markkleeberg, den größeren Theil
des Ortes hatten ihm die Franzosen im heißen Kampfe entrissen.

In der ersten Nachmittagsstunde waren Kaiser Franz und
der preußische König auf dem Schlachtfelde eingetroffen und
begaben sich, in Begleitung Schwarzenberg's, auf den Wachtberg, eine kleine Anhöhe zwischen Göhren und Gülden-Gossa.
Der Himmel hatte sich aufgeklärt und die herbstliche Sonne
beleuchtete in vollem Glanze die Gefilde des Würgens und
Mordens. Auch Kaiser Alexander kam jetzt auf den Wachtberg
und überhäufte den Oberfeldherrn mit Vorwürfen über seine
Anordnungen. Schwarzenberg blieb ruhig; er wußte, daß die
Kräfte bereits in der Nähe waren, die den Stoß des Feindes
brechen sollten.

Um 2 Uhr Nachmittags schwiegen mit einem Male die
feindlichen Geschütze; erst eine unheimliche Pause, dann viel-
töniges Trompetengeschmetter, und 12.000 Reiter, in zwei
gewaltigen Massen, brachen rechts und links von Wachau
zwischen den Vierecken der französischen Infanterie hervor; der
jüngere Kellermann führte die eine, Murat die andere. Ihr
erster Anprall war unwiderstehlich. An Markkleeberg vorüber
brauste Kellermann bis gegen Gröbern vor. Murat jagte über
Sturz- und Stoppelfelder mit losem Zügel gegen Gülden-Gossa
und warf die leichte russische Garde, die sich ihm entgegenstellte;
ein Regiment russischen Fußvolks wurde in vollem Laufe nieder-
geritten, 300 Mann blieben auf dem Flecke todt. Das war der
Augenblick der höchsten Gefahr. Schwarzenberg hatte alle Bewegungen des Feindes genau verfolgt. „Sie sind athemlos, wenn

sie da sein werden", sagte er zu seiner Umgebung über Murat's
Eile; „ihre beste Kraft geht verloren" Er ersuchte jetzt die
Monarchen, ihren gefährdeten Standpunkt zu verlassen, zog den
Degen, führte die donischen Leibgarde-Kozaken, welche die
Bedeckung der Monarchen bildeten, persönlich vor und brachte
den Kampf dadurch zum Stehen, so daß sich die früher gewor-
fene russische Reiterei wieder sammelte und auch preußische
Kürassiere und Dragoner zur Stelle kamen. Von der andern
Seite ordnete Nostitz, der bereits glücklich die Pleiße übersetzt
hatte, seine Kürassierregimenter, während Bianchi zwischen
Dölitz und Connewitz Stellung faßte und seine Geschütze vorfahren ließ. Von beiden Seiten brach jetzt die Cavallerie der
Verbündeten los. Murat's Reiter waren erschöpft, sie geriethen
in Unordnung; sie sammelten sich wieder etwas, wurden aber
von Neuem geworfen, bis sie ganz auf ihr Fußvolk zurückwichen.
Nicht besser erging es Kellermann. Nostitz mit seinen Panzer-
männern kam angeritten, die Erde erdröhnte unter den Hufen der
gewaltigen Reitermasse, die Küraße und Schwerter erklirrten
im raschen Ritte, und einer der glänzendsten und siegreichsten
Angriffe erfolgte, den die Geschichte der Reitertaktik in ihren
Annalen verzeichnet hat. Die feindliche Cavallerie sucht versprengt
hinter den Wällen ihres Fußvolkes Schutz. Die in dichten
Massen vorrückenden Garden, die Elite des französischen Heeres,
stellen sich den österreichischen Reitern entgegen; diese sprengen
muthig auf die Garde los, hauen ein und bringen sie nach
furchtbarem Gemetzel zum Weichen. Jetzt läßt Bianchi seine
Geschütze in die Flanke des Feindes spielen und dringt persönlich an der Spitze der Regimenter Hiller, Colloredo und Ester-
hazy vor, während sich gleichzeitig Generalmajor Graf Haugwitz
mit Hessen-Homburg-Infanterie auf Markkleeberg wirft. Im Nu
hat Haugwitz den Franzosen sechs Kanonen abgenommen, das

Gehölze zwischen Dölitz und Connewitz wird vom Feinde gesäubert. Der rechte Flügel der Franzosen ist zurückgedrängt, auf allen andern Punkten die Schlacht wiederhergestellt. Zu derselben Zeit tönte in Leipzig Siegesgeläute. Napoleon hatte die Sache mit dem Angriffe seiner beiden gewaltigen Reitermassen für gewonnen angesehen. „Noch dreht sich die Welt um uns!" hatte er ausgerufen und der königlichen Familie von Sachsen frohe Botschaft gesandt, daß der Sieg errungen sei; alle Glocken der Stadt sollten es lauttönend verkünden. Ehe noch sein Befehl vollzogen, war aus dem voreiligen Triumph eine Niederlage geworden!

Nordwärts von Leipzig stand es für die Franzosen nicht besser. Gegen 1 Uhr Nachmittags hatte der russische General Langeron Lindenthal angegriffen und genommen; er ging auf die beiden Widderitzsch los, und nahm sie zuletzt den Franzosen weg. Der wüthendste Kampf aber entbrannte um den Besitz von Möckern. Fünfmal drangen die Preußen mit gefälltem Bajonnete ein, fünfmal wurden sie hinausgedrängt. Um ein neues Vordringen zu hindern, steckten die Franzosen mehrere Gebäude in der Mitte des Ortes in Flammen. Dennoch läßt York von Neuem stürmen, mörderischer als je wüthet der Kampf, trotz aller Anstrengungen müssen die Preußen wieder weichen. Da fliegt im Orte ein Pulverwagen in die Luft und erschüttert die Reihen der Franzosen; abermals dringen die Preußen vor, die Kraft des Feindes ist gebrochen, er flieht in vollem Lauf. Es war 5 Uhr vorbei. Der wackere Blücher war nicht von den feinsten Manieren und im Fluchen that es ihm nicht bald ein Wachtmeister gleich. Als er in Möckern einzog, war er finster und mürrisch. „Das himmelkreuztausendsacramentische Nest hat mir mehr Leute gekostet als je keines", sagte er. Im Westen der Stadt hatte der Kampf den ganzen Tag über gewährt. Noch um 5 Uhr Nachmittags machte Bertrand einen Versuch, Klein-

Zschocher den Oesterreichern zu entreißen. Das gelang aber
nicht; Klein-Zschocher und Leutzsch blieben in den Händen der
Unsern, Lindenau und Plagwitz in denen der Franzosen. Bis
nach 6 Uhr, bei schon hereingebrochenem Dunkel, feuerten noch
beide Theile gegen einander.

Auch auf dem Wachauer Felde war der Kampf noch nicht
zu Ende. Noch einmal versuchten die Franzosen Gülden-Gossa
zu erobern. Zweimal drang Maison vor, frische Truppen der
Verbündeten trafen ein, Maison erhielt einen Bajonnetstich und
mußte vom Kampfe ablassen. Seiffertshain wurde von den
Franzosen erstürmt, doch Klenau warf sie wieder hinaus. Einen
blutigen Kampf kostete der Besitz der Schäferei Auenhain, gegen
welche Bianchi zwei Bataillone vom Regiment Simbschen ent-
sandte. 10 Officiere und 425 Mann der Unsern stürzten todt
oder verwundet hin, darunter der tapfere Major Rubendunst,
der den Angriff geleitet; aber die Franzosen wurden geworfen, der
wichtige Punkt war erobert und wurde behauptet. Bis 10 Uhr
knatterte noch das Gewehrfeuer von Bianchi's Leuten. Fürst
Schwarzenberg verlegte sein Hauptquartier nach Rötha, mehr
in die Nähe des Schlachtfeldes.

Gegen Abend war General Merveldt, der sich bei einer Auskundung des Feindes zu weit vorgewagt, in Gefangenschaft gerathen. Um 2 Uhr Nachts ließ ihn Napoleon rufen; er kannte
ihn von früheren Tagen her, vom Leobner Waffenstillstande
und von jenem nach der Schlacht bei Austerlitz. Er empfing ihn
ohne üble Laune und kam mit ihm sogleich auf den Stand der
Dinge zu sprechen, frug ihn, wie hoch man drüben die Stärke
seiner Truppen schätze, wie hoch jene der Verbündeten sei u. dgl.
„Ich war es", sagte er dann, „der Ihren Kaiser auf Schwarzenberg aufmerksam machte. Meint er etwa mich zu schlagen?"
„„Sire, Niemand bewundert mehr Ihren Geist als er; er aner-

kennt sehr wohl Ihre Ueberlegenheit; aber er wird thun, was er vermag."" „Nun, er läßt sich nicht übel dazu an — Allez, il ne s'y prend pas mal! — Aber", meinte Napoleon weiter, „soll denn dieser Krieg ewig dauern? An Oesterreich ist es, das Wort des Friedens zu sprechen" Er kündigte Merveldt an, er sei auf Ehrenwort entlassen, er habe aber seinem Kaiser die Vorschläge Frankreichs zu überbringen: Die Oesterreicher sollen sich nach Böhmen, die Preußen und Russen über die Oder, die Franzosen hinter die Saale zurückziehen, Sachsen solle neutral zwischen Allen bleiben; dann wolle man über die Bedingungen des Friedens unterhandeln. Napoleon ließ dabei durchblicken, daß er auf der Fortdauer des Rheinbundes, auf dem Besitze der Hansestädte nicht weiter bestehe. Merveldt erwiederte, mit diesem Verzichte werde man jetzt wohl nicht mehr zufrieden sein.

Der 17. October, es war ein Sonntag, verfloß in Ruhe. Nur im Westen machte Gyulai einige Scheinangriffe auf Lindenau und im Norden kämpfte Blücher eine Zeit lang um den Besitz von Gohlis; als er jedoch erfuhr, daß man im Süden sich nicht rühre, brach auch er das Gefecht ab. Napoleon unternahm keinen Angriff, noch traf er Anstalten zum Rückzug; der Tag ging in beider Hinsicht für ihn verloren. Er schien sich von der Sendung Merveldt's einen Erfolg zu versprechen. Der aber wurde bei seinem Kaiser, so erfreut man war ihn wieder zu sehen — man hatte ihn todt geglaubt —, nicht vorgelassen; „er könne ihn nur im Beisein der beiden anderen Monarchen sprechen", ließ ihm Kaiser Franz sagen; diese aber waren entschieden für die Fortsetzung des Kampfes.

Nachmittags berief Schwarzenberg alle Armee- und Corps-Commandanten, aber auch Bianchi, obgleich dieser nur Divisionär war, nach Gülden-Gossa, wo sich eben Alexander und Friedrich Wilhelm befanden. Als die Generale eintraten, sagte der erstere: „Meine Herren, ich bin kein Mann vom Fache; hier ist ihr Marschall; berathen Sie mit ihm", und verließ mit dem Könige das Zimmer. Schwarzenberg legte die Frage vor: ob man noch heute angreifen oder bis morgen warten solle. Die Meinung Aller ging dahin, den Angriff auf den nächsten Tag zu verschieben. Bereits war Colloredo mit 20.000 Mann eingetroffen; Benningsen war mit einem Theile seiner Truppen schon da, die übrigen, zusammen 26.000 Mann, mußten in wenigen Stunden eintreffen; der Kronprinz von Schweden, der 48.000 Mann unter seinem Befehle hatte, konnte nicht mehr weit sein; Bubna mit 7500 Mann wurde jeden Augenblick erwartet; also mehr als 100.000 Mann mit fast 300 Geschützen standen am morgigen Tage zu Gebote. Es kam jetzt nur darauf an, Blücher zu benachrichtigen, und das war keine leichte Sache: auf Umwegen konnte die Botschaft unmöglich zur rechten Zeit ankommen, der gerade Weg aber führte über feindlich besetztes Land. Ein junger Rittmeister von Merveldt-Uhlanen, Graf Stephan Szécsényi, der nachmalige „größte Ungar", erbot sich zu dem Wagstück. Glücklich durchflog er, von seinem trefflichen Pferde getragen, mehr als einmal französische Reihen und erreichte gegen Abend Blücher. Der wollte auch den Kronprinzen von Schweden benachrichtigt wissen. Mit einem frischen Pferde vollführte der feurige Maghyar auch diesen Auftrag, durchritt dann bei anbrechendem Morgen noch einmal die französische Aufstellung und meldete am Morgen des 18. dem Oberfeldherrn den Erfolg seiner Sendung.

Den Beginn des Angriffes am 18. October hatte Fürst Schwarzenberg auf 8 Uhr Morgens angesetzt. Als aber zeitlich Früh von allen Vorposten auf der Südseite von Leipzig die Meldung einlief, daß der Feind zurückgegangen sei, und Langenau, der Generalquartiermeister, durch einen Ritt über das Schlachtfeld sich hievon überzeugte, eilte er selbst zu den nächsten Befehlshabern und hieß diese, mit dem Angriffe nicht säumen, der denn auch darum etwas früher erfolgte, als beabsichtigt war. Der linke Flügel unter dem Erbprinzen von Hessen-Homburg, dem jetzt auch das erste Armee-Corps Colloredo's zugetheilt war, etwa 40.000 Oesterreicher, nahm Dösen und Dölitz zu seinem Ziele. Die Mitte unter Barclay de Tolly, 60.000 Russen und Preußen, marschirte mit klingendem Spiele auf Wachau los, das man bereits verlassen fand, und drang gegen Probsthayda vor; auf einer kleinen Anhöhe nordöstlich von Wachau, seither der „Monarchen hügel" genannt, nahmen bald darauf die drei Verbündeten ihren Stand. Der rechte Flügel, von Benningsen befehligt, 65.000 Mann Russen, Oesterreicher und Preußen, drängte nach kurzem Kampfe die Franzosen aus Liebertwolkwitz heraus; Klenau, der jetzt Benningsen unterstand, besetzte den von den Franzosen bereits geräumten Kolmberg mit Geschütz, und man rückte gegen Holzhausen vor. Weiter nördlich setzten Blücher bei Mockau, Langeron bei Neutzsch über die Parthe; letzterer entriß den Franzosen Abt-Neundorf. Um 10 Uhr war der Feind auf allen Punkten des Schlachtfeldes auf seine Hauptstellung zurückgedrängt.

Napoleon hatte nämlich über Nacht seine Streitkräfte näher an Leipzig herangezogen. Sein rechter Flügel lehnte sich bei Connewitz und Dölitz an die Pleiße, sein Centrum stand in Probsthayda; etwas nordwärts davon, auf einer Anhöhe, die eine Windmühle trug, nahm er selbst den größten Theil des Tages über seinen Standpunkt. Sein linker Flügel, vom Fürsten von der Moskwa befehligt, dehnte sich im weiten Bogen über Holzhausen, Zweinaundorf, Paunsdorf bis an die Parthe aus. Was Napoleon vorhatte, war nur ein Kampf um den Rückzug, wofür er schon Anstalten getroffen. Zeitlich Morgens

wurde Gyulai angegriffen und auf Klein-Zschocher zurückgedrängt;
um 10 Uhr wurde das Dorf mit Uebermacht genommen und
die Straße war freigemacht, auf welcher sich jetzt Truppen-
abtheilungen und lange Wagenzüge gegen Lützen und Weißen-
fels bewegten.

Der erste heftige Kampf des Tages entbrannte am linken
Flügel der Verbündeten. Bald nach 10 Uhr drangen österreichische Hußaren und Dragoner in Dösen ein, wurden aber
wieder herausgetrieben. Bianchi bestand bei Connewitz und
Dölitz einen harten Kampf gegen Poniatovski und Oudinot;
französische Reitermassen kamen zur Unterstützung herbei, es lag
dem Franzosenkaiser alles daran, seinen rechten Flügel frei zu
halten. Die Stellung der Oesterreicher schien hier so gefährdet, daß
Schwarzenberg noch Gyulai von Lindenau herüberziehen wollte.
Allein Bianchi hielt fest; der gewaltige Anprall der französischen
Reiterei konnte seine Reihen nicht erschüttern; bald ging er von
der Vertheidigung wieder zum Angriffe über. Der Erbprinz
von Hessen-Homburg zog zwei Grenadier-Bataillone der Division
Weißenwolf herbei, um Dölitz den Franzosen zu entreißen. Das
eine von seinem tapfern Obersten Call, das andere von dem
jungen Generalstäbler Hauptmann Ramberg geführt, drangen
sie stürmend vor und nahmen das Dorf. Es wurde ihnen wieder
entrissen, neuerdings genommen und abermal verloren, und so
sechsmal im Verlaufe weniger Stunden. Der Erbprinz von
Hessen, mitten im heftigsten Kugelregen, feuerte selbst die Bataillone an, bis eine Kugel ihn schwer verwundet vom Pferde
riß; an seiner Stelle übernahm Colloredo die Führung des linken Flügels der Verbündeten.

Nicht minder hitzig ging es jetzt auch schon am rechten
Flügel her. Im Norden drang Sacken gegen das Halle'sche
Thor von Leipzig vor; allein mit Uebermacht warf sich der

Feind auf ihn und bekam selbst Gohlis wieder in seine Hand; Yorf mußte Unterstützung senden und nach 1 Uhr war das Dorf wieder im Besitze der Verbündeten. Ostwärts davon drangen die Russen gegen Schönefeld vor, während Klenau und Stroganov Holzhausen und Zweinaundorf erstritten und die Franzosen nach Stötteritz zurückwarfen. Gegen diesen Ort führte jetzt Klenau zwei Regimenter vor. Ein äußerst erbitterter Kampf entspann sich. Einen Franzosen und einen Oesterreicher fand man, das Bajonnet des einen im Leibe des andern, als Leichen starr in derselben Stellung, in der sie sich gegenseitig zu gleicher Zeit den Todesstoß gegeben; es war, wie ein Augenzeuge versichert, ein gräßlicher Anblick. Nach großen Verlusten mußten die Unsern doch wieder aus dem Dorfe weichen.

In der Mitte hatten sich die beiden Gegner bis gegen 2 Uhr Nachmittags auf gegenseitiges Kanonenfeuer beschränkt. Alexander verlangte jetzt, daß zum Angriff auf Probsthayda geschritten werde. Barclay zögerte; er schien vorauszusehen, welche Opfer das kosten würde. Zuletzt gab er doch das Zeichen zum Sturme. Preußen drangen in den Ort. Unwiderstehlich war ihr Angriff, verzweifelt die Gegenwehr der Franzosen, von dem wüthenden Geschrei der Kämpfenden wurde fast das Geschützfeuer übertäubt. Die Preußen konnten den Ort allein nicht halten, Russen, vom Prinzen von Württemberg und Fürsten Sachovskoj geführt, kamen ihnen zu Hilfe und ein zweites Mal kam Probsthayda in den Besitz der Verbündeten. Jetzt führte Napoleon seine Garden herbei; der Ort mußte um jeden Preis in seinen Händen bleiben; unter entsetzlichem Morden und Wüthen wurden die Verbündeten abermals hinausgedrängt, die dennoch von ihrem Vorhaben nicht abließen. Das Blutbad war hier so entsetzlich, daß die Kämpfenden an manchen Stellen über die Haufen von Todten nicht hinwegsteigen konnten.

In der Zwischenzeit war auch der Kronprinz von Schweden, der letzte von allen, auf dem Kampfplatze eingetroffen.
Zwischen 1 und 2 Uhr Nachmittags hatte Bubna Paunsdorf
erobert, bald darauf Durutte es ihm wieder entrissen; jetzt,
3 Uhr, kam das Nordheer herbei. Hier wurden Brandraketen,
eine englische Erfindung, zum Erstenmale im Kampfe angewen-
det; ihre Wirkung war so unerwartet und verheerend, daß die
Franzosen den Ort verließen und in hellen Haufen gegen Sellershausen flohen. Bereits Vormittags waren kleinere Abtheilungen von Sachsen und 550 Württemberger unter General
Nordmann zu den Verbündeten übergegangen; jetzt verließ
General Ryssel mit 3000 Sachsen die französischen Reihen und
jagte in Eile über den zwischen beiden Heeren offenen Raum
in's andere Lager hinüber. Die unheilvolle Kunde von diesem
Abfall verbreitete sich schnell bis nach Probsthayda und Connewitz
hin im Heere der Franzosen, die trotzdem bis zum letzten
Augenblicke mit unvergleichlicher Tapferkeit fochten.

Doch immer enger schloß sich der Kreis um die Aufstellung
Napoleon's; immer zusammenhängender, ineinandergreifender
wurden die Unternehmungen seiner Gegner; da gab es keinen
Neid, keine Eifersucht mehr unter den verschiedenen Befehlshabern, die sich, wo es der Augenblick brauchte, gegenseitig
unterstützten und Hilfe sandten. Auf dem linken Flügel waren
nicht blos Dölitz und Dösen, sondern auch die Höhen jenseits dieser Dörfer im Besitze der Oesterreicher, und alle Anstrengungen der Franzosen, die verlorenen Punkte wieder zu
erhalten, waren fruchtlos. Zwischen 4 und 5 Uhr traf hier den
Grafen Colloredo durch Mantel und Rock eine Gewehrkugel
auf derselben Stelle, wo er 17 Jahre früher vor der Bregenzer
Clause schwer verletzt worden war; dießmal war die Verwundung keine bedenkliche. Um den Besitz von Probsthayda tobte

noch immer der Kampf, bis Schwarzenberg, um der erfolglosen
Schlächterei ein Ende zu machen, Befehl gab, das Gefecht abzubrechen. War ja doch der Sieg der Verbündeten auf allen
anderen Punkten des weiten Schlachtfeldes bereits entschieden!
Radetzky befahl an Kanonen herbeizubringen, was in der Nähe
aufzutreiben war, und ließ Probsthayda aus der Ferne beschießen.
Nur matt erwiederten die Franzosen; denn schon mußte Napoleon auf Schonung seines Schießbedarfs bedacht sein. Um dieselbe Zeit warfen Oesterreicher und Preußen den Feind aus
Sellershausen, Oesterreicher und Russen aus Melkau heraus,
während sich Langeron in Schönefeld festsetzte: achtmal im
Laufe des Tages war der Ort abwechselnd im Besitze der Russen
und Franzosen gewesen, die zuletzt sich näher an Leipzig zurück-
zogen. In den letzten Stunden der Schlacht waren alle noch
brauchbaren Geschütze auf beiden Seiten, vielleicht anderthalb-
tausend, gleichzeitig in Thätigkeit. Man konnte im wahrsten
Sinne sein Wort nicht hören. Die Pferde zitterten an allen
Gliedern und der Schaum trat ihnen vor die Nüstern. Allmälig
wurde das Feuer eingestellt. Die Soldaten befanden sich in
einem Zustande von Uebermüdung, von Betäubung wie in
einem Delirium; sie waren stumpf, die Einen für das Gefühl
ihres Sieges, die Anderen für das ihrer Niederlage. Napoleon
sank erschöpft auf einem Sessel unter der Tabaksmühle in Schlaf;
ernst und traurig umstanden ihn die Seinen. Als er nach
kurzer Frist aufwachte, befahl er dem Könige von Sachsen
seine Entschuldigung zu senden, daß er ihn heute nicht habe
besuchen können! —

Als einer der Mitkämpfer bei Leipzig später gefragt wurde,
wer die Waffen der Verbündeten zum Siege geführt habe, gab
er zur Antwort: „Gott der Vater!" Wollte damit gesagt sein,

daß der Lenker der irdischen Geschicke den gewaltigen „Schlach-
tenkaiser" niedergeworfen, so hat das Fürst Schwarzenberg in
seiner bescheidenen Selbstverläugnung, so haben das die drei
Monarchen durch die stillen und lauten Dankgebete, die sie zum
Herrn der Heerschaaren emporsandten, selbst demuthsvoll bekannt.
Meinte aber jener Sprechende, es habe in der großen Völkerschlacht auf Seite der Verbündeten keine Einheit und keine
Führung bestanden, wie er denn auch beigefügt haben soll:
„Es wußte niemand, wer Koch und wer Kellner sei; es war
alles in Unordnung; die Heerführer waren nicht zu finden", so
kann man solch absprechendes Wort dem Einzelnen im Gewühle
verzeihen, dessen Wahrnehmungen nicht weiter als seine äußeren
Sinne reichen; wer aber mit prüfendem Geist den Zusammen-
hang der Dinge überschaut, der wird vernünftiger und gerechter
urtheilen. Selbst Napoleon's gedrängtere Schlachtordnung am
Morgen des 18. maß in ihrer Ausdehnung noch immer an drei
Stunden, die der Verbündeten, deren Heere den äußeren Bogen
beschrieben, wohl das Doppelte, ja Dreifache. Bei einem so großartigen, räumlich so weitgedehnten Unternehmen konnte die
oberste Leitung nur darin bestehen, jedem der eingreifenden
Theile die Hauptaufgabe, die er zu lösen, die Hauptrichtung,
die er zu verfolgen hatte, klar zu bezeichnen; alles übrige mußte
den an Ort und Stelle Handelnden überlassen bleiben. Jenes
nun haben Schwarzenberg und sein Generalstabschef auf das
Beste besorgt. Der Schlag von Leipzig war das siegreiche End-
ergebniß des in Trachenberg beschlossenen Feldzugsplanes. Wie
weit so große, von so vielen Zwischenfällen abhängige Dinge
im Bereiche menschlicher Berechnung liegen, war er berechnet.
Das erkannten die Monarchen. Schwarzenberg wurde noch auf
dem Schlachtfelde mit ihrem Lobe und Danke, aber auch mit
Ehren und Auszeichnungen überhäuft. Sein Kaiser verlieh ihm

die höchste aller militärischen Zierden, das Großkreuz des Maria-
Theresia-Ordens. Der Feldmarschall aber nahm das Comthur-
kreuz, das ihn bereits seit 1805 schmückte, von seinem Halse
und übergab es Radetzky mit den Worten: „Dieses Kreuz hat
der große Loudon getragen; ich kann es keinem Würdigeren
abtreten". Radetzky trug es, bis auch ihm, fünfunddreißig Jahre
später, der unvergleichliche Sieg von Custozza das Großkreuz
brachte. Aber auch des Lenkers der diplomatischen Thätigkeit
im Kampfe wider Napoleon wurde nicht vergessen. Unmittelbar
nach den ewig denkwürdigen Leipziger Tagen, am 20. October
1813, erhob Kaiser Franz den Grafen Metternich und dessen
Nachkommenschaft in den erblichen Fürstenstand, zum Lohne
dafür, daß es seiner Kunst gelungen war, Oesterreich aus tiefem
Verfalle binnen wenigen Jahren durch einsichtsvolle und ge-
wandte Benützung der Verhältnisse zur einflußreichsten Macht
in Europa zu erheben.

Die neuere preußisch-deutsche Geschichtschreibung macht
kaum ein Hehl daraus, daß es ihr darauf ankomme, in allen
Dingen Oesterreich herabzusetzen. Wenn Schwarzenberg ihr ein
Mann von ganz gewöhnlichem Maße ist, der im Grunde weder
als Feldherr noch als Diplomat von einiger Bedeutung gewesen, so weiß sie auch den unter ihm stehenden österreichischen
Generälen alle möglichen Verstöße in die Schuhe zu schieben,
schweigt aber gänzlich von deren ruhmvollen Thaten oder
berührt diese nur obenhin in einer Weise, daß ihre eigentliche
Verdienstlichkeit fast gänzlich verschwindet. Wie sehr aber muß
den österreichischen Patrioten die Wahrnehmung verletzen, daß
selbst vaterländische Schriftsteller, von der mitunter glänzenden
Darstellung jener fremdländischen Geschichtskünstler geblendet
und befangen, blind nachbeten, was ihnen diese vorsagen?! Als
vor einigen Jahren bei uns das fünfzigste Gedächtniß der Leip-

ziger Völkerschlacht begangen wurde, konnte man in dem Feuille-
ton eines der ersten Wiener Blätter eine Beschreibung des kritischen Momentes am Nachmittage des 16. October 1813 lesen,
und dabei hieß es: „da rettete aber russische und preußische
Cavallerie die Ehre des Tages" Das ist, was die e i n e Seite
des Kampfplatzes um Wachau betraf, ganz richtig; nur sollte
nicht vergessen werden beizufügen, daß u n s e r Schwarzenberg
es war, der, im Augenblicke der höchsten Gefahr persönlich ein-
greifend, jene „russische und preußische Cavallerie" sammelte
und in das Gesecht führte; daß aber auf der a n d e r e n Seite
der Wahlstatt das rechtzeitige Erscheinen der gewaltigen Reitermasse u n s e r e s Nostitz den heldenmüthigen Prinzen von Württemberg mit seinen Russen, und das entschiedene Eingreifen
u n s e r e s Bianchi den tapferen Kleist mit seinen Preußen aus
ihrer auf das Aeußerste gefährdeten Lage retteten und dem wo-
genden Kampfe schnell eine andere Wendung gaben. Darum
geschah es, daß Kaiser Alexander noch am Abend des 16. October in Gegenwart Schwarzenberg's dem Fürsten Volkonskij
das St. Georgskreuz vom Halse nahm und es durch seinen
General-Adjutanten dem FML. Bianchi übersandte; daß Kaiser
Franz seinen beiden tapferen Feldherren Nostitz und Bianchi das
Commandeurkreuz des Theresienordens zusprach; daß Graf Haugwitz endlich, sowie a l l e Obersten der Division Bianchi, die
auch in den Kämpfen des 18. October so harte Proben ihrer
Ausdauer und ihres Muthes bestanden, das Ritterkreuz desselben Ordens erhielten, ein Fall, der in den Annalen der österreichischen Kriegsgeschichte weder vorher noch später vorkam.

Es ist von allen militärischen Autoritäten anerkannt, daß
die eigentliche Entscheidung der großen Katastrophe von Leipzig
der 16. October brachte; der 17. verlief ohne bedeutendere
Kämpfe, am 18. hatte Napoleon schon seine Anordnungen für

11

den Rückzug getroffen. Auch war am 18. die Uebermacht der
Verbündeten bereits so groß, daß der Sieg kaum zweifelhaft
sein konnte. Am 16. aber standen sich Napoleon und Schwarzenberg mit nahezu gleichen Kräften gegenüber. Napoleon be-
folgte seine gewohnte Schlachtentaktik: den Feind sich erst ab=
mühen zu lassen, um dann mit großen intact gehaltenen
Reserven den Hauptschlag, die Durchbrechung des geschwächten
Gegners, zu vollführen. Diesen Hauptschlag Napoleon's, nament=
lich den Angriff seiner Reservecavallerie, haben gegen Osten und
gegen Westen von Wachau die österreichische Führung
und der österreichische Soldat, Fürst Schwarzenberg
durch seine Dispositionen und durch sein persönliches Ein·
greifen im Augenblicke der Gefahr, Graf Nostitz mit seinen
böhmisch=österreichischen Panzerreitern und Bianchi mit seinen
österreichischen, böhmischen und ungarischen Regimentern, in
der glänzendsten Weise parirt und dadurch das Schicksal des
Tages, das Schicksal des fünftägigen Völkerkampfes bei
Leipzig entschieden.

11.

Rückzug Napoleon's über den Rhein — Ereignisse im Süden — Unterhandlungen wegen des Friedens, 19. October bis Mitte December 1813.

Hell und friedlich glitzerten die Sterne vom klaren Nacht-
himmel nieder, hunderte von Wachtfeuern loderten im weiten
Doppelrund um die Stadt Leipzig herum und der Schein von
zwölf brennenden Dörfern verbreitete eine Helle, daß man ohne
Anstrengung Geschriebenes lesen konnte. In ununterbrochenen
Reihen zogen französische Truppen, Geschütze und Troß durch

die Straßen von Leipzig dem einzig freien Ausgange über die
Elster zu, während ansehnliche Abtheilungen auf allen wichtigeren Punkten des Schlachtfeldes zur Sicherung des Abmarsches
zurückblieben.

Noch vor Sonnenuntergang am 18. October hatte Schwarzenberg alle Oberbefehlshaber auf den Monarchenhügel beschieden und es war beschlossen worden, falls der Feind in der Nacht
nicht gewichen sein würde, am folgenden Morgen dessen Niederlage zu vollenden. So begann am 19. October gegen 8 Uhr
morgens der Kampf von Neuem. Connewitz war noch im Besitz
der Franzosen; Schritt für Schritt machten sie hier den Oesterreichern den Boden streitig, langsam und fechtend zogen sie sich
gegen die Stadt zurück. Auch um den Besitz von Stötteritz
mußte gekämpft werden. Von Norden her war Langeron schon
hart an der Stadt und wollte den Eingang erzwingen; allein
der Widerstand, den er fand, war so heftig, daß bald an 1000
Russen todt oder verwundet hingestreckt lagen. Auch auf den
anderen Seiten, wo die Verbündeten nahe an die Stadt kamen,
wurden sie mit Kanonenschüssen empfangen und ließen nun
gleichfalls Geschütze auffahren. Schon waren einzelne Kugeln in
die Stadt gefallen, als Napoleon um 9 Uhr Vormittags, nachdem er sich von der sächsischen Königsfamilie verabschiedet hatte,
von Leipzig aufbrach; die Stockungen, das Gedränge und Gewirre bei den immer massenhafter sich anhäufenden Truppenzügen waren aber so groß, daß er erst nach manchem vergeblichen
Versuche zu einem Stadtthore hinauskommen konnte und seine
Umgebung mit der flachen Klinge in die Leute schlagen mußte,
um ihm allmälig und mühsam durchzuhelfen. Schon drangen
die Verbündeten an einzelnen Punkten in die Stadt. Das Peters-
thor wurde von den Russen eingeschossen, an einer andern Stelle
stießen die Preußen eine Oeffnung durch die Mauer. Am längsten

11*

hielt Marmont auf der sogenannten Milchinsel vor dem Hinter-
thor die von allen Seiten herandringenden Preußen auf, bis er
gegen ½1 Uhr die mit jedem Augenblicke bedenklicher werdende
Stellung aufgab und seine tapferen Soldaten um die Stadt
herum der Elster zuführte. Er war kaum über die steinerne Thor-
brücke hinüber, als ein erschütternder Knall ertönte. In Pulver-
dampf, Rauch und Staub lag ein paar Secunden die Gegend
eingehüllt; als sich das verzog, war ein Brückenbogen in die
Luft gesprengt und ein tausendstimmiger Schreckensruf tönte
von der Stadtseite herüber; mehr als 20.000 Franzosen sahen
sich um den letzten Ausweg der Rettung gebracht. Viele stürzten
sich in den Fluß; Hunderte, des Schwimmens unkundig, gingen
unter oder wurden bei dem Geringe in das nasse Grab hinab-
gedrückt. Einzelne Abtheilungen suchten an anderen Stellen einen
Uebergang oder eine Furt zu gewinnen; eine hölzerne Joch-
brücke brach unter der Last der sich Hinüberdrängenden zusammen
und begrub sie in den Fluten. Macdonald setzte auf seinem
Pferde glücklich durch den Fluß; aber der ritterliche Poniatovski
blieb im Schlamme stecken und ertrank; ebenso Dumonstier.
Bissaut, Lauriston und andere Generale geriethen, da sie eben
beschäftigt waren auf zusammengelegten Brettern das jenseitige
Ufer zu gewinnen, in Gefangenschaft. Der Herzog von Arrighi
entkam in Weiberkleidern. Die große Mehrzahl der Abgeschnitte-
nen mußte sich ergeben. Um die erste Nachmittagsstunde hielten
Alexander, Friedrich Wilhelm und Schwarzenberg, von einer
reichen Suite umgeben, ihren Einzug in die Stadt, vom gren-
zenlosen Jubel der Einwohner begrüßt. Gleich nach 2 Uhr kam
Kaiser Franz, doch nur auf kurze Zeit; sein erstes Wort, da er
vernommen, daß Alles entschieden sei, war: „Es will Friede
werden!“ Der König von Sachsen wurde aus der Stadt, welche
die Sieger mit Waffengewalt bezwungen hatten, unter Bedeckung

abgeführt und ihm das Schloß Friedrichsfelde nächst Berlin zum einstweiligen Aufenthalte bestimmt.

Die Verbündeten hatten in den fünftägigen Kämpfen bei Leipzig 47.000 *), die Franzosen gegen 40.000 an Todten und Verwundeten verloren; dagegen büßten letztere wohl mehr als 20.000 Mann an Gefangenen ein. Dreißig ihrer Generale waren todt, verwundet oder gefangen; 370 Geschütze, 900 Pulverwagen, 130.000 Flinten ꝛc. fielen in die Hände der Sieger. Kaum minder verlustbringend als ihre Niederlage war ihr Rückzug, den Napoleon ohne Rücksicht auf Ermüdung und Mangel an Lebensmitteln bei der Mannschaft mit unaufhaltsamer Eile betrieb. Da lockerten sich immer mehr die Bande der Mannszucht. Haufenweise verließen Soldaten Reih und Glied, warfen ihre Waffen fort und griffen zum Stock, um sich abseits von der Heerstraße in den Dörfern Brod zu erbetteln.

Dennoch hatte Napoleon, als sein Vortrab am 29. October in der Nähe von Hanau anlangte, noch bei 60.000 Mann

---

*) Der österreichische Verlust in den Schlachten und Gefechten um Leipzig vom 14. bis 19. October betrug, und zwar an Todten 63 Officiere, 1964 Mann; an Verwundeten 322 Officiere, 10.438 Mann; an Gefangenen 27 Officiere, 830 Mann; an Vermißten 23 Officiere, 2186 Mann; folglich zusammen: 435 Officiere und 15.418 Mann; außerdem 1961 Pferde, 4 Geschütze und 7 Munitionskarren. Unter den einzelnen Truppenkörpern hatten die größten Verluste, und zwar von der Infanterie die Division Bianchi, deren sechs Regimenter 3692 an Officieren und Mannschaft, also beinahe ein Viertheil des Gesammtverlustes der Unsern, einbüßten von der Reiterei die tapferen Küraffiere des Grafen Nostiß, und von diesen namentlich die Regimenter Sommariva (Nr. 5, Wien) 352 Officiere und Mannschaft, 319 Pf. und Lothringen (Nr. 7, Preloné) 192 Officiere und Mannschaft und 191 Pferde.

geordnet beisammen. Mit kaum halb so viel Truppen warf sich hier Wrede den anrückenden Franzosen in den Weg; der bayerische General Delamotte nahm 4000 Mann gefangen. Am 30. war Napoleon mit seiner ganzen Macht am Platze. Trotz der bedeutenden Ueberzahl seiner Truppen gelang es ihm erst nach hartem Kampfe Wrede's Mitte zu erschüttern, worauf sich dieser auf das linke Ufer der Kinzig zurückzog. Allein am nächsten Tage, 31., entbrannte der Kampf von Neuem. Bis 4 Uhr Nachmittags wurde mit gleicher Erbitterung von beiden Seiten gestritten. Da führte Wrede ein österreichisches Grenadier- und ein Jägerbataillon zum Sturm gegen Hanau vor und drang siegreich in die Stadt ein, als den tapfern Feldherrn eine Kugel in den Unterleib traf. Die Wunde wurde anfangs für lebensgefährlich gehalten. „Sagen Sie dem Fürsten", sprach Wrede zu dem österreichischen Militär-Bevollmächtigten, der an seinem Schmerzenslager stand, „wie hoch ich ihn verehre, wie sehr ich der guten Sache mit Leib und Leben ergeben war und wie schwer es mir wird zu sterben, ohne mehr dafür thun zu können." Doch glücklicherweise erfüllten sich die ersten Befürchtungen der Aerzte nicht; Wrede wurde geheilt und nach kaum zwei Monaten war er wieder bei seinen Truppen. Beide Theile schrieben sich den Erfolg bei Hanau als Sieg zu *): Napoleon, weil er seinen Rückzug erstritten, Wrede, weil er ihn seinem

---

*) Die Verluste der Unsern in der Schlacht bei Hanau waren verhältnißmäßig bedeutend: 61 Officiere und 3360 Mann an Todten und Verwundeten, 18 Officiere und 1180 Mann an Gefangenen und Vermißten, 626 an Pferden. — Am 8. und 12. December veranstaltete Beethoven im Universitäts-Saale „zum Besten der in der Schlacht bei Hanau invalid gewordenen österreichischen und bayerischen Krieger" die wiederholte Aufführung seiner „Schlacht bei Vittoria" (s. oben S. 98) und der eben erst von ihm voll-

Gegner so schwer gemacht und zuletzt die Stadt behauptet hatte. War es für Napoleon ein Sieg, so konnte er sich desselben, mit 60,000 Mann gegen 30,000, nicht besonders rühmen; entschieden aber war die moralische Wirkung des bei Hanau gegen ihn geführten Schlages. Das letzte Selbstvertrauen seiner Soldaten war erschüttert; in halber Auflösung erreichten seine Heeressäulen den Rhein. Bayern aber hatte vor der noch zweifelnden Welt durch die That bewiesen, daß es ihm mit seinem Anschlusse an die Sache der Verbündeten Ernst sei.

Inzwischen rückte das Hauptheer der Verbündeten, während sich der Kronprinz von Schweden gegen Dänemark, Bülow und Winzingerode gegen Holland wandten, auf derselben Straße nach, die Napoleon für seinen Rückzug genommen. Der Anblick, der sich da bot, enthüllte die ganze Größe der französischen Verluste. „Die Straße“, schrieb Schwarzenberg am 1. November von Fulda an seine Gemalin, „ist gräßlich anzuschauen; man kann auf 50 Schritte ein todtes Pferd rechnen, auf 100 mehrere Leichen; alle Häuser sind voll von Todten und Sterbenden.“ Von Hunger, Kälte, Ermüdung erschöpft, schleppten sich einzelne Zurückgebliebene an die Straße und flehten mit aufgehobenen Händen, man möge sie „um Gottes Barmherzigkeit willen“ zu Gefangenen machen. Die vorüberziehenden Soldaten gaben ihnen, was sie hatten, den letzten Bissen Brod, den letzten Schluck Branntwein, der ihnen geblieben war.

---

endeten A-dur-Symphonie. Der erhabene Meister war ganz berauscht vor Entzücken über die patriotische Begeisterung, womit sich die ersten musikalischen Kräfte Wiens an der Aufführung betheiligten; Salieri gab den Kanonen und Trommeln den Tact, Spohr und Mayseder wirkten unter den Geigern mit, Hummel schlug die große Trommel ꝛc.

Schon fielen die Rheinbundfürsten, einer nach dem andern, von Napoleon ab. Am 2. November schloß Oesterreich mit dem Könige von Württemberg zu Fulda einen ähnlichen Vertrag, wie vier Wochen früher zu Ried mit Bayern. Am 5. erklärte der Großherzog von Hessen-Darmstadt seinen Beitritt zur Sache der Verbündeten. Immer mächtiger wurden die Gemüther in den westlichen Gebieten Deutschlands ergriffen, je näher die Heersäulen Schwarzenberg's heranzogen. Mehr als alles andere wirkte die persönliche Gegenwart des Kaisers Franz. Am 5. December traf der russische Kaiser in Frankfurt am Main ein, Tags darauf wurde der unsere erwartet. Alexander ritt seinem hohen Verbündeten bis zum Schlage entgegen. Ganz Frankfurt war auf den Beinen, und endloses Hochrufen und Zujauchzen und Hüteschwenken begrüßte die Ankunft „Franz II.", wie man ihn aus früherer Gewohnheit noch immer häufig nannte. Tausendjährige Erinnerungen wurden wach, als die Bevölkerung der alten Krönungsstadt unseres, ihres Kaisers ansichtig wurde. Mehr als zwanzig Jahre früher war ihm hier die Krone Karl's des Großen auf's Haupt gesetzt worden. Sie hatte ihn schwer gedrückt und, müde zuletzt der unfruchtbaren Last, hatte er sie in hart bedrängter Zeit niedergelegt. Waren jetzt die Bedrängnisse nicht vorüber? Waren nicht die Thore weit aufgethan, durch welche die Befreiung von fremdländischer Zwingherrschaft und alle Hoffnungen einer neuen schönen Zukunft ihren Einzug hielten? Schien Franz II. nicht gekommen zu sein, von seiner angestammten Würde wieder Besitz zu nehmen? Der fünfundsiebenzigjährige Herzog Friedrich August von Nassau-Usingen, früher in österreichischen Diensten, eilte nach Frankfurt, um seinem früheren Lehensherrn seine Huldigung darzubringen und sich von den Fesseln des Rheinbundes loszusagen.

Im Gefolge seines Kaisers war auch der ruhmgekrönte
Oberfeldherr der Verbündeten nach Frankfurt gekommen, wo
er jetzt sein Hauptquartier aufschlug. Ein großer Abschnitt
des Feldzuges wider den Franzosenkaiser nahte seinem
Ende. Am 9. November nahm Gyulai das zum Schutze für
Mainz von den Franzosen befestigte Dorf Hochheim mit Sturm,
machte 500 Gefangene und erbeutete vier Geschütze. Jetzt war
Napoleon mit dem letzten Mann über den Rhein zurückgeworfen
und von den Hochheimer Höhen sahen unsere Truppen hinüber
in's französische Land. Trotzdem hatten die Verbündeten, als sie
am Rhein standen, eine nicht unansehnliche feindliche Heeres-
macht in ihrem Rücken. Thiers berechnet die Gesammtsumme
der in den Weichsel-, Oder- und Elbe-Festungen zurückgelassenen
Truppen auf 190.000 Mann; befanden sich auch darunter
etwa 20.000 Deutsche und Illyrier, auf deren Treue nicht mehr
zu bauen war, so blieben immer noch 170.000 Mann, ein
stattliches Heer, wenn man sie auf einen Platz brachte. So aber
gingen sie versplittert zu Grunde. Die bedeutendsten Garnisonen
standen in Dresden und in Torgau, in ersterem St. Cyr mit
30.000 Mann, in letzterem der brillante Narbonne, der seit den
Prager Tagen die Feder gegen das Schwert vertauscht hatte,
mit 26.000 Mann. Nachdem die Dinge bei Leipzig entschieden
waren, hatte Schwarzenberg den Grafen Klenau an die Elbe
zurückgesandt, um St. Cyr im Auge zu behalten. Am 6. November marschirte der Graf von Lobau mit 14.000 Mann aus
Dresden aus, um die Verbindung mit Torgau zu suchen; als
er aber auf Klenau's Truppen stieß, kehrte er wieder nach
Dresden zurück. Klenau ließ sich in keinen Kampf ein; er wußte,
daß sich die Stadt, wo es bald an allem Nöthigen gebrach, nicht
lang halten könne. So kam es auch. Am 11. November gewährte
Klenau der Garnison freien Abzug, jedoch ohne Waffen, und

Rückkehr nach Frankreich, um gegen Gefangene unserer Truppen ausgetauscht zu werden. Schon war Alles im Gang, als der Befehl aus dem Hauptquartiere der Verbündeten eintraf, daß man keine Capitulationen gelten lasse; die Dresdner Garnison, nun schon zu schwach und zu entmuthigt um einen weiteren Widerstand zu versuchen, mußte sich kriegsgefangen ergeben. Es war die Sühne für die Schmach von Ulm! Ein Marschall, 13 Divisions-, 27 Brigade-Generale mit 30.000 Franzosen streckten vor unseren siegreichen Truppen das Gewehr. Zehn Tage später fiel Stettin mit 8000, am 30. November Danzig mit 15.000, am 22. und 25. December Zamość und Modlin mit 4000 und 3000 Mann. Die Garnison von Torgau war bereits stark gelichtet; der Lagertyphus hatte zahlreiche Opfer gefordert, auch Narbonne war demselben erlegen, als sich die Festung endlich am 27. December ergab. Als das Jahr schloß, waren noch Küstrin, Glogau, Wittenberg, Erfurt, Magdeburg und Hamburg in den Händen der Franzosen, die im folgenden Jahre, einige erst beim Schlusse des Krieges, ja selbst nach demselben, in die Hände der Verbündeten fielen.

Auch jenseits der Alpen nahm die Sache der Unsern den günstigsten Verlauf. Während von der einen Seite F.M.L. Fenner, die französisch-italienischen Truppen der Generale Gislenga und Mazzucchelli vor sich hertreibend, in Süd-Tyrol vordrang, Trient besetzte und die Veste daselbst einschloß, 16. October, während General Eckhardt im Thale der Piave abwärts zog, bei Longarone eine feindliche Abtheilung schlug, 18., und in Bassano einrückte, 24., wurde der Vicekönig von Italien aus seiner Stellung bei Gradisca verdrängt, überschritten die Vortruppen des F.M.L. Radivojević theils auf Kähnen theils durch Furten den Isonzo, 24., zogen in Udine ein, 25., berannte General August Baron Esivic Palmannova, 26., und schloß dann dieses und Ospo ein.

Um dieselbe Zeit erließ Hiller von Trient aus einen Auf‐ ruf an die „Völker Italiens" „Die Tyrannei", hieß es darin, „die euch zu Boden drückte, eure Jugend im fernen Norden und in Spanien für eine ungerechte Sache in den Tod führte und die mit allen Segnungen des Himmels beschenkten Gefilde Ita‐ liens in einen Schauplatz des Jammers verwandelte, hat ihre Grenzen erreicht! Der Norden, der Osten, der Westen von Europa haben ihre ganze Kraft, die Blüthe ihrer Jugend für die Unabhängigkeit ihrer Staaten hingegeben und sind frei. Auch der schöne Süden darf von der allgemeinen Freude über die Rückkehr der guten alten Zeit der Ordnung und Gerechtig‐ keit nicht ausgeschlossen sein. Erhebet euch also, um unter den Fahnen des gerechtesten aller Monarchen für die Freiheit der Welt und für die Unabhängigkeit der Völker zu kämpfen!" Im italienischen Theile Tyrols bedurfte es nicht solcher Anstache‐ lung. Mit Jubel und Freude wurden da allenthalben die kaiser‐ lichen Fahnen begrüßt. Gislenga und Mazzucchelli konnten sich nicht länger im Lande halten. Bei Volano machten sie einen letzten Versuch, Roveredo zu decken; allein nach zweitägigem ungün‐ stigen Gefechte, 26. und 27. October, gingen sie hinter Ala und von da weiter bis Rivoli zurück, 28., wo sie eine feste Stellung einnahmen; am 29. capitulirte die Veste von Trient. Ganz Süd-Tyrol von der Lienzer Clause bis zum Passe Tonale war vom Feinde gesäubert und athmete unter dem Schutze unserer Waffen neu auf. Seit Jahren landesflüchtige Väter und Söhne kehrten in den Schoß ihrer Familien zurück und priesen die Wiederkehr ihrer alten Herrschaft.

Die Fortschritte der österreichischen Waffen in Süd-Tyrol gingen mit jenen im Venetianischen gleichen Schritt. Prinz

Eugen, von Trient aus in seinem Rücken bedroht, konnte sich nicht länger halten. Graf Starhemberg, gleich seinem Waffengenossen Milutinović inzwischen zum Generalmajor befördert, überschritt mit der Vorhut Radivojević's am 27 den Tagliamento, am 31. die Livenza, am 2. November die Piave. Der Vicekönig von Italien hatte in diesen Tagen gegen Bassano sich gewandt und den General Eckhart nach dreitägigen Kämpfen, 29. bis 31. October, mit Uebermacht zurückgedrängt, der aber, kaum daß sein Gegner abgezogen war, gleich wieder vorrückte und Bassano von Neuem besetzte, 2. November. Eckhart reichte jetzt den Truppen des F.M.L. Radivojević die Hand, vor denen der Vicekönig allmälig gegen Verona zurückwich. Am 10. überschritt Radivojević den Alpon und stand nun mit dem Heere Hiller's in Verbindung. Vergeblich versuchte Prinz Eugen am 15. die Stellung der Oesterreicher zu erschüttern. Alle seine Bemühungen, den Uebergang über den Alpon zu erzwingen, scheiterten an der ausharrenden Tapferkeit der Unsern. Als diese zuletzt Verstärkungen aus Tyrol erhielten, gab er seine Angriffe auf und nahm bei Caldiero Stellung. Doch auch da war kein Halt für ihn. Nach einem hartnäckigen Kampfe am 19. mußten seine erschöpften Truppen bis S. Michele zurückweichen. Sie hatten in den Tagen vom 11. bis zum 19. November 5000 Mann an Todten, Verwundeten und Gefangenen eingebüßt.

Schon besaß der Feind außer Palmanuova, Osopo und Venedig keinen festen Punkt mehr auf dem linken Ufer der Etsch. Die Lagunenstadt hatte eine Besatzung von 8000 Mann und war mit Lebensmitteln auf das Reichlichste versehen. F.M.L. Chev. Pet. Marschall von Bercolat befand sich seit 4. November zu Mestre, um Venedig von der Landseite einzuschließen; aber noch war die Seeseite theilweise frei, da das Fort von Triest sich in den Händen der Franzosen befand. Diese hielten eine mehrtägige Beschießung, welche der englische Capitän Rowby von der Seeseite unterstützte, muthvoll und tapfer aus, bis sie sich zuletzt genöthigt sahen, die weiße Fahne auszustecken. Am 8. November zog die Besatzung mit allen Kriegsehren aus dem Castell, legte die Waffen nieder und zog nach Italien ab; 182 Geschütze fielen dabei in die Hände der Unsern. Gleich am 9. darauf ging Nugent unter Segel, um jetzt seine Truppen am westlichen Gestade der Adria zu verwenden. Ein Theil wurde in der Bucht von Goro, südwärts vom Po-Delta, an's Land gesetzt; die übrigen Schiffe steuerten gegen Venedig, um es von der Seeseite zu blockiren. Der Vicekönig von Italien machte einen Versuch, sich an der unteren Etsch festzusetzen, wodurch sowohl das Einschließungs-Corps vor Venedig als General Nugent in ihrem Rücken bedroht worden wären. Es gab am 3. und 8. December wiederholte Kämpfe um den Besitz von Rovigo und des Etschüberganges bei Boara; zuletzt mußte der Feind seine Unternehmung aufgeben und nach Verona zurückgehen.

Mittlerweile hatte man in Wien einen Wechsel im Oberbefehle der innerösterreichischen Armee beschlossen. Einige meinen, eine Erkrankung Hiller's, Andere behaupten, von böswilliger Seite angeschürte Unzufriedenheit mit seiner Leitung sei Ursache gewesen, daß Feldmarschall Graf Heinrich Bellegarde an seine Stelle gesetzt wurde. Dieser Wechsel im Commando fiel mit einer Begebenheit zusammen, die einen neuen Beweis lieferte, mit welcher Ungeduld es die Nordtyroler trugen, daß sie noch unter bayerischer Herrschaft standen, während in Südtyrol schon überall die kaiserlichen Fahnen wehten.

Am 8. December hielten Abgeordnete aus den meisten Tyroler Gerichtsbezirken eine geheime Zusammenkunft in Ster-

zing. Alois Kluibenschädel, früher Bedienter des Grafen
Bissingen, und der Krämer Empl aus Kirchdorf, der „Greim-
hansl" genannt, waren die Seele des Ganzen. Es wurde verabredet, am 13. Innsbruck zu überrumpeln. Indessen erfuhr man,
daß der Landrichter von Sterzing der vertraulichen Besprechung
auf der Spur sei; man konnte nicht bis zum 13. warten, man
mußte sogleich losschlagen. Man brach auf, man raffte zusammen, was man aus den nächsten Thälern zusammentreiben
konnte; man verbreitete Aufrufe, in denen das bayerische Militär
aufgefordert wurde, Stadt und Land zu verlassen. Am 11.
Morgens wurde Innsbruck durch Schüsse, die plötzlich in seiner
Nähe fielen, überrascht. Ein Haufe bewaffneter Bauern stürzt
vom Berg Isel herab, auf die Triumphpforte, auf die Hauptwache los. Die bayerische Besatzung muß der Uebermacht
weichen, zieht sich aus der Stadt hinaus, drückt sich über Mühlau
gegen Hall zurück, die Hauptstadt des Landes ist in den Händen
der Verschworenen. Tags darauf traf Vellegarde auf seiner Durch-
reise nach Italien in Innsbruck ein. Die Bauernanführer eilten
sich ihm vorzustellen. In wessen Namen sie die Waffen ergriffen
hätten, frug sie der kaiserliche Feldmarschall. „Im Namen und nach
dem Willen des Volkes!" Vellegarde belehrte sie über das Unzeit-
gemäße ihres Anschlages; Bayern befinde sich jetzt im Bunde mit
Oesterreich; er erließ einen Aufruf, der zur Ruhe mahnte. Das
machte anfangs unter den treuen Gebirgsländlern böses Blut; „es
sei gar nicht der Graf Vellegarde", so suchten sie einander einzu-
reden, „sondern ein bayerischer Officier, der sich in eine kaiserliche
Feldmarschallsuniform gesteckt habe" Doch allmälig besannen sich
die Anführer eines Besseren, wozu das eben so kluge als muthvolle Benehmen des bayerischen General-Landes-Commissärs
Freiherrn v. Lerchenfeld nicht wenig beitrug. Am 13. begannen
die Schaaren sich zu verlaufen; Kluibenschädel ließ unter Trom-

melschlag den Aufruf Bellegarde's verlesen. Darauf zog er nach Hall, um auch dort die Aufständischen zum Auseinandergehen zu bringen. Nur der „Greinhansl" wollte sich nicht fügen; noch einmal rief er das Volk zum Widerstand auf, bis er am 16. bei Hall gefangen und in Ketten nach München abgeführt wird. Am 16. war Alles wieder in Ordnung.

Einen Tag früher, 15. December, traf Bellegarde in Vicenza ein und übernahm den Oberbefehl aus Hiller's Händen, der sich „zur Herstellung seiner Gesundheit" nach Wien begab. Die Lage des neuen Anführers der innerösterreichischen Armee war keine ganz leichte. Der Vicekönig von Italien hatte eine starke, von der einen Seite durch die Etsch, von der andern gegen Tyrol hin durch die Chiusa bei Rivoli gedeckte Stellung inne. Bellegarde's Streitkräfte dagegen, im Ganzen nicht viel über 50.000 Mann, waren durch ausgedehnte Entsendungen zersplittert. Seine Hauptmacht stand dem Vicekönig und den Generalen Gislenga und Mazzucchelli gegenüber. General Csivić hielt Palmanuova und Osopo umschlossen. F.M.L. Marschall mit drei Brigaden blockirte Venedig, das englische Kriegsschiffe von der Seeseite bedrohten; am 10. December setzten einige Schaluppen 500 österreichische und britische Truppen nordöstlich von Venedig an's Land, welche die Forts Cortelazzo und Cavallino, 11. December, einnahmen, während sich General Rebrović im Süden von der Landseite gegenüber von Brondolo festsetzte und den Thurm von Santa Anna nahm. Nugent machte jenseits des Po in den Legationen Fort-schritte, besetzte Ferrara, zog am 10. in Ravenna ein, griff am 25. Forli an und erstürmte es. In Dalmatien hatte General Tomassić am 30. October die Stadt Knin besetzt, am 31. das Fort zur Uebergabe gezwungen, am 1. November Zara einge-schlossen, während am selben Tage Sebenico vom Obersten

Danese beſetzt, am 2. Spalato vom engliſchen Capitän Hoſte genommen, am 10. die Stadt Leſina von einer Abtheilung Oguliner und britiſcher Truppen unterworfen und am 14. die Forts Napoleone und di Spagna, deren Beſetzung größtentheils aus Landesgenoſſen beſtand, zur Uebergabe gezwungen worden waren. Erſt am 22. hatte Tomaſſié die Belagerung von Zara beginnen können. Ein großer Theil der Beſatzung beſtand aus Croaten und Grenzern, die nur auf die Gelegenheit lauerten, die Stadt den kaiſerlichen Waffen zu überliefern. Am 2. De-cember ſuchten ſich drei Compagnien Likaner eines Stadtthores zu bemächtigen. General Roize, der franzöſiſche Befehlshaber von Zara, ließ mit Kartätſchen unter ſie feuern; dennoch gelang es ihnen, nachdem etwa 50 auf dem Platze geblieben waren, das Freie zu gewinnen. Drei andere Fähnlein, die daſſelbe bei einem zweiten Ausgange verſuchten, wurden mit Gewalt in ihre Kaſerne zurückgetrieben; als ſie ſich da weigerten, die Waffen abzulegen, konnte man nichts beſſeres thun, als ſie insgeſammt aus der Stadt hinauszuſchicken. Roize hatte jetzt nur noch 600 Mann, mit denen er am 6. December capitulirte. Die größere Hälfte von Dalmatien war bereits im Beſitze der Un-ſern, als General Milutinovié zur Eroberung der ſüdlichen Küſtenſtriche abgeſandt wurde.

Durch dieſe vielſeitigen, wenngleich erfolgreichen Unter-nehmungen geſchwächt, hielt ſich Feldmarſchall Bellegarde nicht gewachſen, den Vicekönig in deſſen geſammelter Stel-lung hinter der Etſch anzugreifen. Es war aber noch ein zweiter Umſtand, der es gerathen erſcheinen ließ, in der Winterzeit einige Wochen die Waffen ruhen zu laſſen. Von der einen Seite hatte der König von Bayern ſchon im November ſeinen Adju-tanten, einen Prinzen von Thurn und Taxis, an den Prinzen Eugen Beauharnais, des Königs Schwiegerſohn, geſandt und ihm im Namen der Verbündeten die lombardische Krone anbieten lassen, falls er mit ihnen gemeinsame Sache machte. Das gelang nun wohl nicht. Mehr Aussichten boten sich bei König Joachim. Bereits vor der Schlacht bei Leipzig hatte Oesterreich versucht, sowohl durch seinen Bevollmächtigten Grafen von Mier in Neapel, als durch den damals in Wien anwesenden Fürsten Cariati, Adjutanten des Königs von Neapel, mit letzterem Unterhandlungen anzuknüpfen. Nach der Niederlage bei Leipzig hatte König Joachim die Armee seines kaiserlichen Schwagers verlassen und war nach Neapel zurückgekehrt. Hier wurde nun der Faden der früheren Verhandlungen wieder angeknüpft. Auch Lord William Bentinck, britischer Minister am Hofe des Königs Ferdinand von Sicilien, wirkte in gleichem Sinne, und auf der Insel Ponza, in der Nähe des neapolitanischen Festlandes, traten Bevollmächtigte des Königs Joachim und Lord Bentinck's zu diesem Zwecke zusammen. Graf Mier wurde nach Wien berufen, um die näheren Bedingungen des zu treffenden Uebereinkommens zu verabreden. Die Hauptpuncte waren: König Joachim sollte seinen Ansprüchen auf die Insel Sicilien, König Ferdinand jenen auf das neapolitanische Festland entsagen, beiden eine angemessene Entschädigung dafür zutheil werden. Diese Verhandlungen waren im Laufe des December 1813 und Anfangs Jänner 1814 in vollem Gange, und es war für die weiteren Unternehmungen Bellegarde's entscheidend, ob er auf die Mitwirkung des Königs von Neapel zählen könne oder nicht.

Auch am Rhein hatte es eine Zeit lang den Anschein, als ob die Waffen zur Ruhe kommen sollten.

Es war einer der Gedanken Metternich's bei Beginn des Krieges wider Frankreich, daß man denselben nach gewissen

Abschnitten, nicht der Zeit, sondern den Erfolgen nach, abtheilen und nach jedem der letzteren berathen solle, was weiter zu geschehen habe. Als der erste Abschnitt sollte gelten, wenn man am Rhein stünde; als der zweite, wenn man die Vogesen und Ardennen in seiner Hand hätte; der dritte und letzte wäre Paris. Am Ende des ersten Abschnittes war man nun angelangt und bevor man sich anschickte, den Fuß in die Höhle des Löwen zu setzen, den gewaltigen, durch mehr als zwei Jahrzehnte siegreichen „Schlachtenkaiser" in dessen eigenem Lande zum äußersten Widerstande zu reizen, schien es der Erwägung werth, ob sich nicht auf minder gefährlichem Wege das allersehnte Ziel eines allgemeinen, die Bürgschaft seiner Dauer in sich tragenden Friedens erreichen ließe. Metternich wünschte um so weniger die Erniedrigung Frankreichs, je mehr er die drohende Uebermacht Rußlands scheute. „Die Gefahr liegt jetzt weniger an den Ufern der Elbe und des Rheins, als an denen der Weichsel", meinte er. Aber auch jenseits des Canals mochte man es nicht zum äußersten kommen lassen. „Es liegt nicht in der Absicht Englands" sagte der Prinz-Regent bei Eröffnung des Parlaments, 4. November, „von Frankreich irgend ein Opfer zu verlangen, das mit seiner Ehre unvereinbar wäre."

Bei dem Einzuge der Verbündeten in Weimar, 24. October, hatte man den dortigen französischen Gesandten als Gefangenen erklärt und vorläufig nach Teplitz geschickt. Er hieß ursprünglich Rousseau, war von Napoleon zum Baron von Saint-Aignan gemacht worden und konnte durch seine Schwägerschaft mit Caulaincourt als ein Mann von Einfluß gelten. Diesen lud Metternich in einem höflichen Schreiben jetzt ein, nach Frankfurt zu kommen, 9. November. „Noch will niemand an die Dynastie Ihres Gebieters", sagte Metternich zu ihm; „selbst England ist viel gemäßigter, als man dachte. Wenn

es dem Kaiser Napoleon Ernst ist mit einem dauerhaften Frieden, so kann er der Welt und Frankreich viel Unglück ersparen.
Er darf aber die Unterhandlungen um keinen Tag hinausschie-
ben." Auch Nesselrode und Lord Aberdeen, von Metternich
beigezogen, sprachen im gleichen Sinne. „Es bedarf von Seite
Frankreichs einer präcisen Antwort", betonte Metternich, und
damit in dieser Hinsicht kein Zweifel obwalte, dictirte er im
Beisein der beiden Andern Saint-Aignan einen Aufsatz in die
Feder. Allerdings waren jetzt die Bedingungen nicht mehr so
günstig, wie sie Metternich in Dresden Ende Juni formulirt
und wie sie Kaiser Franz anfangs August in Brandeis als
Ultimatum bezeichnet hatte. Kein französisches Holland, kein
Königreich Italien mehr; kein Protectorat über die Schweiz;
alle Staaten sollten ihre frühere Unabhängigkeit zurückerhalten,
Frankreich auf seine natürlichen Grenzen, die Pyrenäen, die
Alpen und den Rhein, angewiesen sein. Am 14. November war
Saint-Aignan mit diesen Vorschlägen in Paris. Napoleon, so
schwer sein Stolz darunter litt, war im Grunde nicht ganz
abgeneigt, die gestellten Bedingungen im Grundsatze anzunehmen. Allein er meinte, ein vorschnelles Eingehen auf den Vorschlag seiner Gegner möchte diesen als ein Zugeständniß seiner
Schwäche gelten. Auch hoffte er vielleicht, wie damals durch
den Waffenstillstand von Poischwitz und die Verhandlungen in
Prag, ein paar Monate zu gewinnen, wo er im Besitze einer
neuen eingeübten Armee seinen Feinden die Spitze bieten
könnte. In der That decretirte sein noch fügsamer Senat eine
abermalige Aushebung von 300.000 Mann und erließ einen
Aufruf, „sich um das Diadem zu schaaren, welches der Glanz
von fünfzig Siegen, ungetrübt durch ein vorübergehendes Ge-
wölke, immerdar umstrahlt. Am Tage darauf ließ Napoleon
durch den Herzog von Bassano ein Schreiben nach Frankfurt

abgehen, worin in allgemeinen Ausdrücken seine Bereitwilligkeit
in Verhandlungen über den Frieden zu treten, erklärt und
Mannheim als der Ort der Zusammenkunft vorgeschlagen
wurde. Metternich antwortete am 25. November, indem er
seiner Verwunderung Ausdruck gab, daß in der Note des
französischen Ministers über die Hauptsache, ob man nämlich
die vorgeschlagenen Bedingungen im Grundsaße annehme, nichts
zu finden sei. Als diese Antwort nach Paris kam, war Maret
nicht mehr am Ruder. Sein Nachfolger, der verständige, redliche, ernstlich für den Frieden gesinnte Herzog von Vicenza
drang in seinen Gebieter, jeden kleinlichen Rückhalt fallen zu
lassen, und am 2. December ging ein Schreiben in diesem Sinne
an Metternich ab. „Die Bedingungen", hieß es darin, „die
als Grundlage der zu eröffnenden Unterhandlungen vorgeschlagen werden, erfordern große Opfer von Frankreich; allein
Frankreich ist bereit, sie um des allgemeinen Friedens willen zu
bringen."

Inzwischen standen aber in Frankfurt die Dinge nicht
mehr auf dem alten Fuße. Seit der ersten Mittheilung Metternich's durch Saint-Aignan waren die Stimmungen und Ansichten im Lager der Verbündeten andere geworden. Vielseitige
Erfolge hatten die Leidenschaft des Krieges von Neuem ange-
facht. Die Stimmen derjenigen, die von nichts wissen wollten
als von einer Demüthigung Frankreichs, von einer Vergeltung
für die durch Jahrzehnte erlittenen Unbilden, hatten an Gewicht gewonnen. Der Rheinbund bestand thatsächlich nicht
mehr. Am 17. November war der Großherzog von Baden
dem Bündnisse wider Frankreich beigetreten. In den Tagen
vom 20. November bis 2. December waren in Frankfurt von
Oesterreich und Preußen mit verschiedenen deutschen Mächten
Uebereinkünfte wegen einer künftigen gemeinsamen Verfassung

getroffen worden. Nicht minder wichtige Dinge waren im
Norden vor sich gegangen. Amsterdam hatte das französische
Joch abgeschüttelt, eine einstweilige Regierung unter van der
Hoop eingesetzt. Anfangs December kehrte Wilhelm von Nassau-
Oranien aus England heim und nahm als „souveräner Fürst
der vereinigten Niederlande" von Holland Besitz. In Spanien
hatte Wellington, der „Siegesherzog", Pampelona, das letzte
Bollwerk der Franzosen bewältigt, 30. October, die Pyrenäen
überschritten, St. Jean de Luz genommen, 10. November, den
Marschall Soult hinter den Adour und die Nive zurückgedrängt.
Zwei von den Bedingungen also, die man Napoleon im Wege
der Unterhandlungen hatte abnöthigen wollen, waren inzwischen
durch Waffengewalt zur That geworden, die Unabhängigkeit
Hollands und die Befreiung Spaniens. Dazu kamen die Nachrichten über den Stand der Gemüther in Frankreich; man sei
Napoleon's müde, unzufrieden mit seinem System, welches das
Land aus einem Kriege in den andern stürze; Frankreich sei erschöpft und ausgesogen, sehne sich nach Ruhe, nach Rückkehr
einer dauernd geordneten Lage der Dinge. Lord Aberdeen
empfing jetzt andere Instructionen von seinem Cabinete: nicht
mehr Frankreichs natürliche Grenzen, sondern die geschichtlichen
von 1790, also mit Ausschluß aller Eroberungen, die es seit
der Revolution gemacht, sollten als Grundlage der Friedensverhandlungen angenommen werden.

Am 5. December kam die Note Caulaincourt's in Frankfurt an; allein schon vier Tage früher war daselbst die Fortsetzung des Krieges beschlossen worden. „Die verbündeten
Mächte", hieß es in einem gleichzeitig veröffentlichten Manifeste,
„führen keinen Krieg gegen Frankreich, sondern nur gegen die
Uebermacht, die der Kaiser Napoleon zum Nachtheile Europas
und Frankreichs zu lange jenseits der Grenzen seines Reiches

ausgeübt hat. In der Antwortsnote vom 10. an den französischen Minister des Aeußern bemerkte Metternich, daß man in Paris sehr lange gebraucht habe, sich die wohlgemeinten Vorschläge der Verbündeten zu überlegen; indessen werde er nicht säumen, den Monarchen das Anerbieten des Kaisers der Franzosen vorzulegen.

12.

Krieg in Frankreich — Eroberung von Ragusa — Verhandlungen zu Chatillon, December 1813 bis Februar 1814.

Wie in politischer, so stand man zu Frankfurt auch in militärischer Hinsicht bei der Frage: Was nun weiter? Die Friedensmänner um jeden Preis meinten, nun Deutschland vom Feinde befreit sei, solle man sich damit begnügen. Anders dachte man im Hauptquartiere des Oberfeldherrn. Radetzky hatte schon während des Marsches an den Rhein zwei Denkschriften ausgearbeitet, um darzuthun, der Krieg müsse auf französischem Boden zu Ende geführt werden. Derselben Ansicht waren Blücher und Gneisenau. Es gab aber auch Generale, die durchaus dagegen waren. Wie könne man sich gegen Paris wagen, meinten sie, eine dreifache Festungslinie in seinem Rücken? „Ganz richtig“, erwiederte Schwarzenberg, „wenn diese Festungen ausreichend besetzt wären, was aber nicht der Fall ist“ Weder Eugen noch Marlborough, fuhren jene fort, die doch auch vor den Thoren Frankreichs standen und große Männer waren, hätten dieß Wagstück unternommen. „Eugen hatte 50 000 Mann, Marlborough etwa 30,000, ich aber habe 300,000. Die Grundlage meines Unternehmens ist

Europa vom Eismeer bis zum Hellespont; da wird doch Paris die Spitze desselben sein dürfen?" Zuletzt in einer Conferenz der Monarchen und Feldherren unter dem Vorsitze des Kaisers Franz wurde der Einmarsch nach Frankreich zum Beschlusse erhoben; auf der Hochebene von Langres angelangt, wolle man das weitere berathen. Eine andere Frage war, von welcher Seite der Einmarsch geschehen solle. Die preußischen Führer meinten: mit vereinter Kraft von den Niederlanden aus gerade auf Paris los. Schwarzenberg und Radetzky hingegen waren für eine Theilung der Kräfte, schon um der Verpflegung willen; aber auch aus kriegswissenschaftlichen Gründen. Am 18. November hatte sich die Schweiz für neutral erklärt, was Napoleon, da es in seinem Vortheile lag, gelten ließ und dabei gar nicht zu bedenken schien, daß sich tausende von Schweizern in den Reihen seiner Armee befanden, mit den Waffen in der Hand wider die Verbündeten! Schwarzenberg war unbedingt gegen die Anerkennung der schweizerischen Neutralität. „Gegen Frankreich" hob er hervor, „ist dieselbe ein Wort ohne Sinn, gegen uns ist sie eine gefährliche Hemmung. Kein Heil für die verbündeten Heere ohne Besetzung der Schweiz. Aus der Schweiz kann man Frankreich empfindlich bedrohen; durch den militärischen Besitz der Schweiz wird Italien im Rücken genommen" Endlich konnte nicht außer Betracht bleiben, daß man sich von der Schweiz aus Wellington näherte, der den Marschall Soult immer mehr bedrängte und nach wiederholten Kämpfen an der Nive und am Adour, 9. bis 13. December, auf Bajonne zurückwarf.

Gegen Mitte December setzten sich die verschiedenen Heeressäulen in Bewegung. Auch Kaiser Franz brach von Frankfurt auf, allerorten vom begeisterten Jubel der Bevölkerung begrüßt, der an Wärme und Innigkeit zunahm, je mehr er sich

dem Breisgau, den früheren österreichischen Vorlanden, näherte.
Carl von Rotteck beschreibt aus seiner Jugenderinnerung den
Empfang, der unserem Kaiser in Freiburg ward. Es war am
15. December 1813. Zuerst eine Abtheilung Grenadiere, dann
die ungarische Nobelgarde zu Pferd, verschiedene andere Truppen, zuletzt die Garde böhmischer Edelleute, die während des
ganzen Feldzuges die unmittelbare Leibwache des Kaisers bildete
— lauter freundlich willkommene Erscheinungen; waren es doch
die Oesterreicher in ihren „weißen Röcklein", deren Andenken in
Stadt und Land lebendig genug war! Um 4 Uhr Nachmittags
erschien der Kaiser, von den Großherzogen Ferdinand von
Würzburg und Carl von Baden begleitet. „So wie der gute
Vater von liebenden Kindern", erzählt Rotteck, „so wurde Kaiser Franz von seinen ehemaligen Unterthanen empfangen. In
den Tausenden, die ihm entgegenströmten, nur eine Empfin-
dung, nur eine Seele. Unaufhörliches Lebehoch erfüllte die
Lüfte und übertönte der Glocke festlichen Klang. Männer und
Weiber, Kinder und Greise weinten, Unbekannte umarmten sich
wie Freunde, Fremde wurden Brüder. Der Kaiser zu Pferde
grüßte mit Huld und sichtbarer Rührung wiederholt die Menge.
Nun ertönte aus reinen Kehlen — vom Herzen kommend und
um Herzen gehend — das erhebende Lied: ‚Gott erhalte
Franz den Kaiser!' Und als er auf dem Balcon erschien, jauchzten
ihm abermals und unaufhörlich die Bürger zu."
　　Am 20. und 21. December überschritten die Heeresabtheilungen Schwarzenberg's an drei Puncten, bei Schaffhausen,
bei Laufenburg und bei Basel*) den Rhein. Der Landamann

*) Die Basler hatten an　　 Stadtthore, das gegen Deutschland
stand, eine Uhr und darunter einen großen bärtigen Mannskopf,
der bei jeder Secunde seine lange Zunge, „der Basler Lecker"
genannt, heraustreckte. „Bei unserem Einmarsch jedoch", erzählt

Wattenwyl, der die Schweizer Neutralitätstruppen befehligte, zog sich zurück, ohne einen Widerstand zu versuchen. Von der einen Seite Neuenburg, 23., von der andern das Walliser Land, 28., wurden besetzt, während Bubna durch das Gebiet von Bern auf Genf losmarschirte und es am 30. nahm, um von da aus Lyon zu bedrohen und Napoleon von seinen Hilfs-quellen „im mittäglichen, ohnehin unzufriedenen Frankreich" wie Schwarzenberg schrieb, abzuschneiden. Am 31. December 1813 setzte der Kronprinz von Württemberg bei Breisach*), Wittgenstein beim Fort St. Louis, an demselben und an dem darauf folgenden Tage, 1. Jänner 1814, die schlesische Armee bei Mannheim, Kaub und Koblenz über den Rhein. Nur die russischen und preußischen Garden mit den Reserven wurden vom Kaiser Alexander zurückgehalten; er hatte am 13. Jänner 1813 den Niemen, die Grenze Rußlands, überschritten, und so fand er es „gar poetisch" am russischen Neujahrstage 1814 über den Rhein, die Grenze Frankreichs, zu gehen, über welches „Marionettenspielen in so wichtigen, das Schicksal Europas entscheidenden Epochen" Fürst Schwarzenberg nicht sehr er-baut war.

---

ein Veteran, der sich damals im Hauptquartiere des Feldmarschalls befand, „hatten die Baseler die Rücksicht, die Uhr entweder stehen zu lassen oder wenigstens dem Lecker Stillstand zu gebieten, indem der steinerne Kopf von da an seine Zunge im Zaume hielt.

*) In den ersten Tagen Jänner ritt ein kecker Reiter vom Uhlanen-regimente Schwarzenberg in Kolmar die steinerne Treppe des Stadthauses hinauf, pochte mit seiner Lanze an die Thüre des Rathsaales, die ihm geöffnet wurde, trabte unter die vor Ueber-raschung und Erstaunen auseinander stiebende Versammlung, ent-ledigte sich seines Auftrages und ritt dann denselben Weg, den er gekommen, wieder zurück.

Ueberhaupt, so nachdrücklich der Oberfeldherr zu Frankfurt auf dem Marsche nach Paris bestanden hatte, so sehr sehnte er sich jetzt den Krieg sobald als möglich ohne Wagestück beendet zu sehen. Die Briefe, die er, wo ihm ein Augenblick gegönnt war, nach Worlik an seine Gemalin schrieb, waren voll bitterer Klagen über die Hindernisse und Schwierigkeiten, die ihm die Zusammensetzung der großartigen Armee aus so verschiedenen Elementen und vorzüglich die Einmischung der Monarchen bereiteten. „Ach über den beneidenswerthen Wellington", seufzte er, „der kann sagt, was er gethan hat, und dann selbst seinem Souverain nicht, was er zu thun willens ist!" „Hier sollten wir Frieden machen" Langres den 26. Jänner, „das ist mein Rath. Unser Kaiser, auch Stadion, Metternich, selbst Castlereagh sind vollkommen dieser Meinung. Aber der Kaiser Alexander!" „Lange hält die künstliche Maschine des großen Bundes nicht mehr zusammen", hieß es in einem Schreiben aus Chaumont vom 29. An diesem letzteren Orte hatte Schwarzenberg noch einen besonderen Grund zur Verstimmung. Bis dahin war alles glücklich abgelaufen. Fast ohne einen Feind zu sehen, ohne ernsten Kampf, ohne die schwer besiegbaren Hindernisse, die der Marsch über die unwirthliche Gebirgskette im tiefen Winter bereiten konnte, hatten in der zweiten Hälfte Jänner die Hauptarmee die Vogesen, die schlesische die Ardennen glücklich hinter sich; vor ihnen breitete sich das Niederland zwischen Rheims, Troyes und Paris aus, wo jetzt Napoleon sein Kriegsglück versuchen mußte. Von Langres drangen der Kronprinz von Württemberg und Graf Gyulai gegen die Aube vor, schlugen den Marschall Mortier am 24. bei Bar-sur-Aube und drängten ihn gegen Troyes, als Fürst Schwarzenberg Nachrichten von der schlesischen Armee empfing, die ihn lebhaft beunruhigten. War durch die Zögerung des russischen Kaisers am Rhein sein Vor-

dringen in das Herz Frankreichs aufgehalten worden, so war
die schlesische Armee in den entgegengesetzten Fehler verfallen.
„Blücher und Gneisenau" klagte der Oberfeldherr, „treiben mit
einer so wahrhaft kindischen Wuth nach Paris, daß sie alle Regeln
des Krieges mit Füßen treten, ohne sich um ihren Rücken
und ihre Flanken zu kümmern."

Als Schwarzenberg am 29. diese Zeilen schrieb, war die
Strafe der von ihm gerügten Voreiligkeit schon eingetreten.
Blücher war mit einem Theile seines Heeres am 28. bereits in
Brienne an der Aube eingetroffen, als sich die übrigen noch
jenseits der Marne, York bei Bar-le-duc und Kleist bei Ligny
befanden. Kaiser Napoleon hatte am 25. Jänner Paris verlassen, war am 26. in Chalons-sur-Marne eingetroffen und
hatte von da seine Armee den Fluß aufwärts geführt, so daß
er mit einemmale in Blücher's Rücken stand und ihn zugleich
von York und Kleist abschnitt. Am 29. warf er sich, ohne daß
Blücher eine Ahnung hatte, daß er es mit dem Kaiser der Franzosen zu thun habe, auf Brienne und gewann durch Ueberfall
das Schloß, aus dem sich Blücher mit genauer Noth auf unge-
bahnten Wegen rettete, während mehrere Persönlichkeiten seines
Hauptquartieres theils gefangen theils niedergemacht wurden.
Zwar gewannen die tapferen Russen noch in derselben Nacht die
Stadt Brienne wieder zurück; allein das Schloß blieb in den
Händen der Franzosen und Blücher dachte ernstlich an seinen
Rückzug auf Bar-sur-Aube. Griff Napoleon — er war seinem
Gegner um mehr als das Doppelte überlegen — am nächsten
Tage an, so war Blücher in eine äußerst gefährliche Lage ver-
setzt. Glücklicherweise geschah das nicht, auch der 31. verging
ohne wichtigeres Ereigniß, und so gewann Schwarzenberg
Zeit, sich zu einem Hauptschlage zu rüsten. Er zog den Kron-
prinzen von Württemberg und Gyulai nach Bar-sur-Aube heran,

während Colloredo gegen Vandoeuvres den Marschall Mortier
in Schach halten und die Corps von Wrede und Wittgenstein rechts
von Brienne gegen die Marne hin Stellung nehmen sollten. Die
Leitung für die bevorstehende Schlacht übergab er dem Feldmar-
schall Blücher, um diesem Gelegenheit zu bieten, den erlittenen
Unfall von Brienne durch einen unzweifelhaften Sieg bei Brienne
auszugleichen. „Es würde um so ungerechter sein", sagt ein preußischer Schriftsteller jener Zeit, „diese edle Resignation des Fürsten
Schwarzenberg der Geschichte nicht zu übergeben, je seltener diese
Tugend den großen Feldherrn aller Zeiten eigen gewesen ist"
Merkwürdigerweise war der sonst so kühne Blücher dießmal um den
Ausgang besorgt. „Sie wollen also wirklich, daß ich angreife?"
sagte er zum Oberfeldherrn; „ich werde es thun! Allein ich
sage, wir werden geschlagen."

Die Schlacht bei Brienne oder la Rothière am
1. Februar war die erste größere auf französischem Boden, und
es hatten Oesterreicher, Russen, Preußen, Württemberger und
Bayern gleich rühmlichen Antheil daran. Sie fiel, wie es der
Oberfeldherr vorausgesehen, zum entschiedenen Vortheile der Verbündeten aus. Um Mittag ließ Blücher angreifen. Bald war
um den Besitz von la Rothière, den Schlüssel der Aufstellung
Napoleon's, der heftigste Kampf entbrannt. Nicht minder erbittert wurde auf den beiden Flügeln gestritten. Nach einem wech-
selvollen blutigen Schlagen blieb zuletzt la Rothière in den Händen
der Russen. Der Kronprinz von Württemberg erstritt bei la Gibrie
entscheidende Erfolge und brachte den linken Flügel des Feindes zum Weichen, während eine Abtheilung Szekler und ein baye-
risches Infanterieregiment unter Wrede Chaumenil dem Marschall
Marmont entrissen. Schon war die Schlacht auf diesen Punkten
glorreich entschieden und der Feind im vollen Rückzuge. Nur
auf dem feindlichen rechten Flügel wurde noch Dienville von

General Gerard gegen alle Anstrengungen Gyulai's heldenmüthig vertheidigt. Es war bereits 8 Uhr vorüber, als Gyulai vom Fürsten Schwarzenberg den Befehl erhielt, den Ort um jeden Preis zu nehmen. Nun bot Gyulai alle seine Kräfte von Neuem auf. Viermal mußte der Ort, siebenmal die Brücke über die Aube gestürmt werden; Mitternacht war herangerückt, ehe beide Punkte vollends gewonnen waren. Um dieselbe Zeit machte Napoleon noch einen letzten Angriff auf la Rothière, jedoch nur um seinen Rückzug zu decken; am andern Morgen war das Schlachtfeld vom Feinde geräumt. Mehr als 1000 Gefangene, 73 Geschütze, größtentheils mit ihrer ganzen Bespannung, mehrere hundert Pulverkarren waren der Preis dieser schönen Waffenthat. Am nächsten Tag wurden Stadt und Schloß Brienne von Oesterreichern und Bayern erstürmt. Napoleon zog sich mit seiner Hauptmacht gegen Troyes und von da weiter gegen Nogent-sur-Seine zurück.

Um dieselbe Zeit, als an den Ufern der Aube dieser Sieg über den Franzosenkaiser erstritten wurde, hatten die österreichischen Waffen auch im Süden einen schönen Erfolg errungen.

Noch im December 1813 war Milutinović, nachdem die nördliche Hälfte Dalmatiens bereits erobert, gegen Ragusa entsendet worden. Der General hatte hier zwei Feinde zu bekämpfen: die Franzosen, welche noch die Veste der Stadt im Besitze hatten, und die nationale Partei, welche die Wiederaufrichtung der früheren Republik anstrebte. Die letztere fand eine Stütze an dem Vladika von Montenegro, dem viel gefeierten Peter I. Petrović aus dem Hause Njeguš, der seinerseits Ansprüche auf das Gebiet von Cattaro erhob und an der Spitze mehrerer tausend Bewaffneter von seinen schwarzen Bergen an die Küste herabgekommen war. Milutinović mußte von Spalato

aus, da es an Transportschiffen fehlte, den beschwerlichen
Landweg antreten. Als man auf die Höhe von Almissa kam,
war die Bora mit aller Wuth losgebrochen, so daß die Mannschaft, um nicht in die See hinabgerissen zu werden, an manchen Stellen einer hinter dem andern auf allen Vieren kriechen
mußte. Vor Ragusa angelangt, fand man die Franzosen auf
den Besitz der Veste beschränkt, die von ungeordneten Haufen
bewaffneter Aufständischer und einer Abtheilung Engländer um-
lagert war, während der britische Capitän Hoste in den Gewässern
von Ragusa kreuzte. Die Stadt hatte bereits das französische Joch
abgeschüttelt; vor dem Quartiere des Insurgentenchefs prangte
das alte Banner der Republik zwischen einer österreichischen und
britischen Fahne. Eine andere Abtheilung Engländer war mit
dem Vladika von Montenegro vor Cattaro gezogen, das sich
anfangs Jänner 1814 an die „provisorische Regierung von
Montenegro und Albanien" ergab. Die vor der Veste von Ragusa lagernden Engländer machten allsogleich mit den Unsern
gemeinsame Sache, und Milutinović benützte einige Fahrlässig-
keiten der ungeübten Aufständischen, an deren Spitze sich viele
Ragusaner Adelige befanden, um schnell die wichtigsten Punkte
um die Stadt von seinen Truppen besetzen zu lassen. Eine Anzahl Geschütze, die Hoste von seiner Fregatte an's Land schaffen
ließ, machten es dem österreichischen Feldherrn möglich, die Veste
zu beschießen, 21. Jänner. Einige britische Kanonenbarken legten
sich vor der Stadt gegen die Hauptkaserne der Aufständischen in
Bereitschaft. Am 28. erklärte sich die Besatzung der Veste zur
Uebergabe bereit. Milutinović traf mit dem französischen General
ein rasches Uebereinkommen, und am 29. Morgens zog er mit seinen
Leuten und den Engländern bei einem Thore, wo es die Aufständischen am wenigsten vermutheten, in die Veste ein, ließ hinter sich
wieder schließen und pflanzte auf der Zinne die kaiserliche Fahne

auf. Die bewaffneten Bauern draußen machten erst große Augen, mißhandelten dann einige ihrer Anführer, denen sie die Schuld beimaßen, daß sie sich den Besitz der Veste vor der Nase wegnehmen ließen, und liefen zuletzt auseinander. Nun besetzte Milutinović auch die Stadt, ließ Kanonen mit brennender Lunte vor der Hauptwache auffahren; der Oberanführer der Aufständischen legte sein Commando nieder, die Patrioten gaben sich der Gnade des Kaisers von Oesterreich anheim; Stadt und Gebiet von Ragusa war der österreichischen Herrschaft zurückgewonnen.

An der Etsch ruhten den ganzen Jänner hindurch die Waffen. In Neapel war am 11. Jänner zwischen dem als k. k. Gesandten dahin geschickten Grafen Neipperg und dem Grafen Mier einerseits, und dem königlichen Minister des Aeußern Marchese de Gallo andererseits ein Vertrag auf die früher verabredeten Bedingungen (s. oben S. 177) abgeschlossen worden, laut dessen sich Neapel überdieß verpflichtete, 20.000 Mann im Bunde mit Oesterreich in's Feld zu stellen. Allein Murat zeigte sich unentschlossen und zweideutig. Während er seine Truppen in Mittel-Italien vorrücken ließ, die Herrschaft Napoleon's bis auf ihre Abzeichen vernichtete, blieb er in ununterbrochenem Briefwechsel mit dem Vicekönige von Italien, schlug ihm sogar Theilung oder Abwechslung im Oberbefehle vor. Er wußte noch nicht wie die Sachen in Frankreich standen und suchte nebenbei Gewinn für eigene Rechnung. Aus Modena erließ einer seiner Generale, Carascosa, am 31. Jänner einen Aufruf an die „Italiener" sich unter die Fahnen des Königs von Neapel zu schaaren, um ein Reich zu bilden; Tags darauf wurde der Appell, um Oesterreich zu schonen, in einen an die „Völker von Süd-Italien" umgewandelt. Am 5. Februar darauf antwortete Bellegarde von Verona aus durch einen Aufruf an die Piemontesen und Toscaner, unter ihre früheren Regierungen zurückzukehren; „es ist der großmüthige Wille der verbündeten Fürsten, das alte gesellschaft liche Gebäude von Europa auf den Grundlagen, die so lange sein Glück und seinen Ruhm begründeten, wieder aufzurichten".

Trotz der Unzuverlässigkeit des Königs Joachim kam sein Schritt der österreichischen Sache doch sehr zu statten. Prinz Eugen, durch die Neapolitaner in seiner rechten Flanke bedroht, mußte seine ausgedehnte Stellung an der Etsch mit der gedrängteren hinter dem Mincio vertauschen, von der einen Seite durch Peschiera, von der andern durch Mantua geschützt. Am 4. Februar 6 Uhr Morgens verließen die letzten Truppen des Vicekönigs Verona, in dessen Mauern drei Stunden später die Oesterreicher unter freudigem Zuruf der Bevölkerung einzogen. Bellegarde, auf die Mitwirkung des Königs von Neapel bauend, glaubte nun seinen Gegner weiter vom Mincio zurückdrängen, der Vicekönig dagegen, auf die Unentschlossenheit Murat's zählend, den Feldmarschall in dessen neuer Stellung überraschen und aus derselben herausschlagen zu können. So kam es am 8. Februar zur Schlacht am Mincio, die dadurch merkwürdig war, daß beide Heere im gegenseitigen Aufmarsche aneinander geriethen. Um dieselbe Zeit, wo ein Theil der Truppen Bellegarde's bei Valeggio den Fluß übersetzte, ging der Vicekönig mit dem Centrum seiner Macht bei Goito über den Mincio, und bald wurde gleichzeitig bei Pozzolo am linken, bei Mozambano am rechten Ufer bis in die sinkende Nacht gestritten. Beide Theile schrieben sich den Sieg zu, beide berechneten den Verlust ihres Gegners als den bei weitem größeren; in Wahrheit hatte keiner jene Vortheile über den andern erreicht, die in seinem Sinne lagen, wie denn auch, theils in der Nacht vom 8. auf den 9., theils am andern Morgen, beide Theile zurückgingen, Bellegarde auf das linke, der Vicekönig auf das rechte Ufer des Mincio.

An demselben 8. Februar war Nugent südwärts vom Po in Modena eingerückt; am 9. setzte er daselbst eine provisorische Regierung im Namen und bis auf ;die weiteren Befehle des Erzherzogs Franz IV von Oesterreich-Este ein.

In der Nähe der französischen Hauptstadt waren mittlerweile die in Frankfurt zuerst angeknüpften Verhandlungen wieder in Gang gebracht, ohne daß dadurch die Kriegsunternehmungen von beiden Seiten irgend eine Unterbrechung erlitten.

Schon am 5. Jänner hatte der Herzog von Vicenza dem österreichischem Staatskanzler mitgetheilt, er sei bereit sich in Mannheim oder an einem andern zu bezeichnenden Ort einzufinden; Metternich hatte jedoch geantwortet, der englische Bevollmächtigte sei im Lager der Verbündeten nicht wieder eingetroffen und ohne diesen könnten die Verhandlungen nicht begonnen werden. Caulaincourt hatte sich darauf nach Luneville verfügt, weitere Mittheilungen abzuwarten. Diese trafen am 14. ein. Metternich hatte Chatillon-sur-Seine als Ort der Zusammenkunft, den Anfang Februar als Beginn der Unterhandlungen vorgeschlagen. In einem vertraulichen Schreiben, das Caulaincourt am 25. an Metternich richtete, wiederholte er den Versuch Oesterreich von der Allianz abzuziehen. Metternich antwortete am 30. in zarter Weise: sein Kaiser, dem er den Inhalt des Schreibens mitgetheilt, könne davon keinen Gebrauch machen; sein Kaiser sei in den Krieg gegangen ohne Haß, ohne Empfindlichkeit; der Kaiser der Franzosen möge ernstlich erwägen, um was es sich handle. „Wenn der Kaiser Napoleon die Stimme der Vernunft hört, wenn er seinen Ruhm in dem Glück eines großen Volkes sucht, so wird mein Kaiser gern an den Augenblick zurückdenken, wo er ihm sein geliebtes Kind an-

13

vertraute. Wenn aber eine beklagenswerthe Verblendung Ihren Gebieter taub machen sollte gegen den einmüthigen Wunsch seines Volkes und Europa's, so wird der Kaiser von Oesterreich das Schicksal seiner Tochter beklagen, ohne sich dadurch in seinen Schritten aufhalten zu lassen."

Am 5. Februar begannen die Unterhandlungen. Caulaincourt von Seite Napoleon's, Stadion, Razumovskij, Humboldt von Seite Oesterreichs, Rußlands und Preußens, Aberdeen, Cathcart und Sir Charles Stewart von jener Englands waren die Bevollmächtigten; außerdem behielt sich auch Castlereagh vor in Chatillon zu erscheinen. Als Mitarbeiter zweiten Ranges erschien von französischer Seite de la Besnardière; Metternich sandte einen seiner Vertrauten, Herrn von Floret, um sich von dem Gang der Verhandlungen fortwährend unterrichten zu lassen. Protokollführer war Graf Pozzo di Borgo, in Diensten des russischen Kaisers, ein Landsmann Napoleon's und zugleich einer seiner geschworensten Feinde. Was die Verbündeten jetzt verlangten, lautete dahin: „Frankreich solle auf seine Grenzen von 1790 beschränkt werden; die anderweitigen Einrichtungen, die man in Europa zu treffen fände, würden dem Kaiser Napoleon seinerzeit mitgetheilt werden, ohne daß jedoch weiter darüber verhandelt werden dürfe" Die Bedingungen, unter dem Einflusse Englands dictirt, waren hart, ja demüthigend. Dennoch beschwor Caulaincourt seinen Herrn, sie anzunehmen. „Ein Tag, ja eine Stunde kann alles, was Euer Majestät am theuersten ist, in Gefahr bringen", schrieb er ihm; „300.000 Mann sind gegen Sie auf dem Marsche, uns droht völliger Umsturz des Bestehenden. Es ist höchste Zeit, der Sache ein Ende zu machen, damit Frankreich Frankreich bleibe." Doch Napoleon war weit entfernt auf solche Rathschläge zu hören. Er blickte schon wieder schlachtenlustig in die

Zukunft. Nach ihrem Siege bei Brienne hatten sich Schwarzen=
berg und Blücher wieder getrennt, Napoleon hoffte, sich jetzt auf
sie werfen und sie einzeln schlagen zu können. In seiner Antwort an Caulaincourt machte er sich über Metternich lustig:
„Er glaubt Europa zu führen, während alle Welt ihn führt.“
Caulaincourt solle sich nur auf solche Bedingungen einlassen
die annehmbar seien. „Wenn nicht, so werde ich eine Schlacht
wagen und selbst den Verlust von Paris und alles, was daraus
folgen könnte, nicht scheuen!“ Gleich darauf ließ er zwar durch
den Herzog von Bassano schreiben: „Caulaincourt habe carte
blanche, alles anzunehmen, was ihm geboten würde, damit
der Kaiser die Hauptstadt retten könne, ohne eine Schlacht zu
wagen.“ Aber konnte sein Bevollmächtigter diesen Worten
trauen? Mußte er nicht fürchten, bei dem ersten Erfolge, wo
dem Kaiser etwa noch einmal das Glück lächelte, von diesem im
Stich gelassen zu werden?

13.

Letztes Kriegsglück Napoleon's — Vertrag von Chaumont — Ende des Congresses von Chatillon; Februar bis Mitte März 1814.

Nach der siegreichen Schlacht bei Brienne hatte sich, wie
schon früher erwähnt, die schlesische Armee wieder von dem Haupt-
heere Schwarzenberg's getrennt. Es geschah dieß zum Theil
aus Rücksichten der Verpflegung, die für die vereinigten Heere
mitten im Winter und in Gegenden, deren Einwohner zahlreich
geflüchtet waren, ungemeine Schwierigkeiten bot. So zog denn
Blücher in nördlicher Richtung, um den jenseits der Marne
stehenden Corps von York, Kleist und Langeron die Hand zu
bieten. Die Hauptarmee wandte sich westlich. Am 4. Februar

erstürmte Bianchi Cleray, am 5. hatte Colloredo einen harten
Strauß in der Nähe von Troyes zu bestehen, der ihm eine Verwundung zuzog, am 11. wurde Sens an der Yonne erobert, am
12. Nogent-sur-Seine nach heftigem Kampfe genommen. Aber
mit Besorgniß blickte der Oberfeldherr auf die schlesische Armee,
deren Führer wieder in die früheren Fehler zu verfallen schien.
„Meinen alten Blücher" schrieb Schwarzenberg am 11. von
Troyes, „zieht es schon wieder mit solcher Macht gegen das
Palais Royal, daß er wieder anfängt wie unsinnig vorzurennen;
es wäre ein Wunder, wenn dieses Zerstückeln seiner Kräfte ihm
nicht abermals einen Unfall bereiten sollte"

Das trat denn auch buchstäblich ein. Napoleon kannte seinen
Gegner. Es war unglaublich, was der große Schlachtenkaiser
in jenen Tagen mit seiner verhältnißmäßig geringen Truppenzahl leistete; seine rastlose Thätigkeit, seine Gewaltmärsche in
schlechter Jahreszeit und meist auf schlechten Wegen, die Geschick-
lichkeit, womit er alle Vortheile seiner gedrängteren Stellung
gegen die ausgedehntere der Verbündeten zu benützen verstand,
waren gleich sehr zu bewundern. „Seine damaligen Manoeuvres",
sagt ein militärischer Schriftsteller, „bleiben denkwürdig für alle
Zeiten und verdienen das tiefste Studium. Er war wieder der
General von 1796" Am 10. Februar vernichtete er eine russische Abtheilung von Blücher's Heer bei Champaubert; am 11.
schlug er York und Sacken bei Montmirail, verfolgte sie nach
Chateau Thierry und vertrieb sie daraus, 12.; am 14. über-
raschte er bei Vaurchamps den Feldmarschall Blücher, der sich
mit Verlust der Hälfte seiner Leute, von 18 Kanonen und 10
Fahnen nach Châlons durchschlagen mußte. Schwarzenberg's
Hauptarmee hatte während dieser Zeit den Uebergang über die
Seine erkämpft, am 15. die Loing-Brücke bei Moret genommen,
am 16. Fontainebleau besetzt und befand sich nur mehr einen

Tagmarsch von Paris, als die Nachricht von den Unfällen der schlesischen Armee eintraf. Um jetzt die Aufmerksamkeit Napoleon's von dort abzulenken und Blücher Zeit zu verschaffen, seine hart mitgenommenen Heerestheile zu sammeln, ließ Schwarzenberg durch einen Theil seiner Armee die Vorrückung am rechten Ufer der Seine fortsetzen, während er gleichzeitig darauf bedacht war, Bianchi aus Fontainebleau zurück zu rufen und an sich zu ziehen. Wirklich wandte sich Napoleon, kaum mit Blücher fertig geworden, gegen Schwarzenberg, schlug Winzingerode am 16. bei Guignes, drängte am 17. Wittgenstein's Vorhut bei Nangis und Mormant, Wrede bei Valjouan zurück, erstritt am 18. nach blutigem Kampfe gegen Bianchi und den Kronprinzen von Württemberg die Flußübergänge bei Montereau und setzte sich die Seine aufwärts in Marsch.

Jetzt war der Franzosenkaiser wieder übermüthiger als je. Die Verhandlungen zu Chatillon, die seit dem 10. eine Unterbrechung erlitten hatten, wurden am 17. wieder aufgenommen, als Napoleon die unbedingte Vollmacht, die er dem Herzog von Vicenza ertheilt hatte, wieder zurücknahm. Mußten es die Verbündeten nicht als eine Gnade ansehen, wenn er sie auf ihrem Rückzuge nicht vollständig vernichtete?! „Mit meinen Gefangenen pflege ich nicht zu unterhandeln! Was? Bin ich nicht näher an München und Wien, als sie an Paris?" Doch bald fühlte sich wieder sein corsisches Blut, und er verlegte sich seinem Schwiegervater gegenüber auf's Prahlen, Bitten und Schmeicheln. „Ich habe die russische und preußische Armee vernichtet", schrieb er diesem am 21. aus Nogent-sur-Seine. „Jetzt ist meine Armee der Ihrigen an Infanterie, Cavallerie und Artillerie überlegen; ich bin bereit über diese Thatsache, falls selbe Einfluß auf die Entschließungen Euer Majestät haben sollte, Männer von richtigem Urtheil, wie Schwarzenberg, Bubna, Metternich,

Einsicht nehmen zu lassen. Wenn ich gegen das Heer Euer Majestät eine Schlacht verlieren sollte, so habe ich Hilfs= mittel, zwei andere zu liefern, bevor es Paris erreicht hat, und wäre selbst Paris genommen, ganz Frankreich würde sich er= heben, das Joch abzuschütteln, das ihm die englische Politik aufzwängen will" Dem ganzen Schreiben war die Hast, die fieberhafte Aufregung anzusehen, in der es hingeworfen worden. Drei, viermal kam er darauf zurück, Kaiser Franz möge Frieden schließen auf den Grundlagen, die er selbst von Frankfurt aus vorgeschlagen. Er setzte alle möglichen Beweggründe in Bewegung, den Kaiser auf seine Seite zu bringen, rief die innigen Bande an, die beide Reiche, beide Throne aneinander ketteten, hielt ihm die maritime Uebermacht Englands vor, was „dem künftigen Herrn von Triest" nicht gleichgiltig sein könne, nannte ihn „nach der Stärke Seiner Armee, nach der Größe Seiner Staaten" die erste Macht der Coalition. Berthier übersandte das Schreiben seines Gebieters an Schwarzenberg mit der Bitte, es unmittel= bar in die Hände des Kaisers Franz gelangen zu lassen. Er wiederholte dabei die Argumente Napoleon's. „Ihre Lage ist eine günstige", sagte er; „wäre es nicht klüger sie zu erhalten, indem Sie auf die Fortsetzung der Feindseligkeiten verzichten, als sich den Wechselfällen des Krieges auszusetzen?"

Doch alle diese Reden und Vorspiegelungen waren schon verbrauchte Waffen. Kaiser Franz antwortete am 27. von Chaumont aus in einem Schreiben, das er durch den Fürsten Wenzel Liechtenstein an Napoleon sandte. Es war in ablehnen= dem ernsten Ton gehalten. „Das große, das einzige Ziel, dem meine Bemühungen und die meiner Verbündeten zustreben, ist die Wiederherstellung eines allgemeinen Friedens, der sich ohne ein wahrhaftes politisches Gleichgewicht nicht denken läßt"; die Bedingungen, dahin zu gelangen, habe man in Chatillon bezeichnet. Kaiser Franz sagte in dem Schreiben weniger, als er schon damals in seinem Sinne barg. Denn schon waren die Absetzung Napoleon's, die Wiederherstellung der Bourbons Dinge, die in der Umgebung des Kaisers Franz wiederholt zur Sprache kamen. Metternich war noch dagegen, während Andere die Gefühlsseite bei ihrem Gebieter anzuregen suchten, ohne auf diesem Wege mehr zu erreichen, als dann und wann eine trockene Bemerkung des Kaisers, dem alles andere näher lag, als sentimentale Regungen *).

Schwarzenberg hatte, während er vor Napoleon gegen Troyes zurückwich, die schlesische Armee herangezogen, die auf diese Art seinen rechten Flügel bildete. Napoleon meinte, der Oberfeldherr der Verbündeten werde ihn bei Troyes erwarten und eine Schlacht annehmen, die jetzt, da in die Reihen des französischen Heeres neue Siegeszuversicht eingekehrt war, in Napoleon's eifrigstem Wunsche lag. Er drängte in dieser Absicht am 22. Blücher bei Mery über die Seine zurück und erschien am 23. vor Troyes, das er jedoch bereits geräumt fand. Schwarzenberg hatte in der Nacht seine Truppen durch die Stadt über die Seine geführt und in einem Kriegsrathe am 23. wurde beschlossen, noch weiter über die Aube zurückzugehen. Tags darauf traten Bevollmächtigte von beiden Seiten — von jener der Verbündeten: Duka, Suvalov, Rauch, von französischer: Flahaut — in Lusigny zur Verhandlung eines Waffenstillstandes zusammen, die aber wegen der übertriebenen Forderungen Napoleon's zu keinem Ergebnisse führen konnte.

---

*) Als da einmal viel vom „Könige von Rom" die Rede war, sagte der Kaiser: „Redt's mir nit alleweil von dem Kind bei mir z'Haus hab' i gar viel Kinder an die i z'erscht denken muß"

Der Gründe für die rückgängige Bewegung Schwarzen=
berg's waren zwei. Der erste lag in der immer schwierigeren
Verpflegung in der armen ausgesogenen Champagne. „Trenne
ich meine Armee," schrieb der Fürst am 21. Februar von Troyes,
„so kann ich en detail geschlagen werden; halte ich sie beisam=
men, so sterbe ich vor Hunger". Von weither mußten die Lebens=
mittel zugeführt werden und Vieles ging auf dem Transporte
durch Plünderung der Nachzügler oder Ueberfälle feindlicher
Streifparteien verloren. In solcher Verfassung war vor der
Hand keine Schlacht zu wagen, die Alles auf das Spiel setzte
und unter allen Umständen viel Blut kostete. War es doch der
Grundsatz des edlen Fürsten: „Ein Feldherr müsse sich über
jedes aufgeopferte Menschenleben Rechenschaft geben können!"
Der andere Grund lag in den Vorgängen im südöstlichen
Frankreich. Dort hatte Marschall Augereau eine Armee von
36.000 Mann gesammelt, mit der er von Lyon aus vor=
rückte und dadurch zu gleicher Zeit den Rücken der verbündeten
Hauptarmee, die Belagerungscorps, welche dieselbe vor den
festen Plätzen Besançon und Auxonne zurückgelassen hatte, und
die Stellung Bubna's in Genf bedrohte. Darum erhielt jetzt
Bianchi Befehl, mit beiläufig 30.000 Mann in Eilmärschen
von der Hauptarmee abzugehen und dem Vorrücken Augereau's
Einhalt zu thun; Bianchi habe, so lautete Schwarzenberg's
Befehl, seinem Gegner „mit allem Nachdruck auf den Leib zu
gehen, ehe dessen noch in der Organisirung begriffene Kräfte
eine vermehrte Solidität erhielten." Von Basel führte der Erb=
prinz von Hessen-Homburg frische Truppen herbei, mit denen
die „österreichische Südarmee", wie man sie jetzt nannte, auf
34.000 Mann Fußvolk und 9000 Reiter gebracht wurde.
Das Hauptquartier Schwarzenberg's befand sich zwischen
der obern Aube und Marne, in Colombe-les-deux-Eglises, als

er die Nachricht empfing, daß der Kaiser der Franzosen nur zwei seiner Corps ihm gegenüber zurückgelassen, mit seiner Haupt- macht dagegen die nördliche Richtung gegen Blücher eingeschla- gen habe. Allsogleich war sein Entschluß gefaßt, wieder angriffs- weise vorzugehen. Wrede und Wittgenstein wurden vorgeschickt, um dem Marschall Oudinot, der sich in Bar-sur-Aube fest- gesetzt hatte, die Spitze zu bieten. Der Zusammenstoß, der bereits am 26. Februar Abends in kleinerem Umfange begann, nahm am 27. die größeren Verhältnisse einer Schlacht an. Wechselvoll und blutig wogte der Kampf viele Stunden hindurch hin und her; da befahl um 4 Uhr Nachmittags der Feldmarschall den Sturm auf die Stadt. Mit ihrer Einnahme war auch das Schicksal des Tages entschieden. Oudinot räumte das Schlacht- feld und das rechte Ufer der Aube, nachdem er 2600 Mann an Todten und Verwundeten, 800 an Gefangenen verloren; die Ein- buße der Verbündeten waren 950 an Todten und Verwundeten. Eine der letzten feindlichen Kugeln, schon matt in ihrem Fluge und durch das Pelzwerk noch mehr geschwächt, traf den Fürsten Schwarzenberg am linken Oberarm, nach vierzehn Feldzügen seine erste Verwundung. Er achtete anfangs nicht darauf. Erst später trat ein Wundfieber ein, das ihn durch mehrere Tage auf's Lager warf. Inzwischen griffen Gyulai und der Kronprinz von Württemberg den Marschall Macdonald, der seine Ver- einigung mit Oudinot suchte, am 28. bei la Ferté-sur-Aube an; in der Nacht räumte der Feind auch hier das Feld und zog sich an die Seine zurück. Am 1. März warfen Frimont und Pahlen die Nachhut Oudinot's mit großem Verluste aus Vandoeuvres hinaus. Am 2. vertrieben der Kronprinz von Württemberg und Gyulai die letzten Truppen Macdonald's aus Bar-sur-Seine. Am 3. drängten Wittgenstein und Wrede das Corps Oudinot's von Lusigny nach Troyes zurück und nahmen ihm 2500 Mann an

Gefangenen und 11 Kanonen ab. Am 4. Mittags öffnete Troyes seine Thore und der Oberfeldherr der Verbündeten zog in die zum zweiten Male eroberte Stadt ein. Macdonald und Oudinot zogen sich weiter an der Seine abwärts und nahmen bei Bray und Montereau feste Stellungen ein.

Während dieser siegreichen Fortschritte der Hauptarmee hatte die schlesische mit nicht minderem Glück die Marschälle Marmont und Mortier bis Meaux an der Marne zurückgedrängt, 26., 27. Februar, als Blücher den Anmarsch Napoleon's erfuhr. Vorsichtiger als die beiden früheren Male, hielt er jetzt seine Corps beisammen, wich über die Marne, über die Aisne, 2. März, nordwärts aus und setzte sich jenseits des letzteren Flusses bei Laon fest. Napoleon war ihm auf den Fersen und trieb am 7. die Russen unter Sacken und Winzingerode von den Höhen von Craonne zurück. Allein in der Nacht vom 8. auf den 9. überfielen Kleist und Yorck das Corps Marmont's bei Athies, nahmen ihm mehr als tausend Gefangene und 40 Kanonen ab und trieben den Rest über die Aisne zurück. Am 9. griff Napoleon die Stellung Blüchers bei Laon an. Mit Erbitterung und unter großen Verlusten auf beiden Seiten wurde auch noch am 10. gestritten. Zuletzt ließ Napoleon vom Kampfe ab und zog sich auf Soissons zurück. Blücher fühlte sich so geschwächt, daß er, wie er an den Oberfeldherrn berichtete, mit seinen ermüdeten Truppen keine nachdrückliche Verfolgung des Feindes einleiten konnte.

Nicht minder glücklich waren die Waffen der Verbündeten im Süden. Der tapfere Bianchi drängte Augereau gegen Lyon zurück, setzte sich bei Macon fest, hielt hier am 11. einem Angriff seines Gegners Stand und warf ihn zuletzt aus allen seinen Stellungen. Am 14. stieß der Erbprinz Friedrich von Hessen-Homburg mit seinen frischen Truppen zu Bianchi und übernahm jetzt, als der ältere Feldmarschalllieutenant, den Oberbefehl über die österreichische Südarmee.

In Italien hatte diese ganze Zeit hindurch das Kriegsglück in einer Reihe kleinerer Gefechte, die für den Erfolg des Ganzen von keinem Ausschlag waren, gewechselt. Die schwankende Haltung des Königs von Neapel trug Schuld daran. Am 15. Februar hatte er endlich, auf die Kunde von der Niederlage Napoleon's bei Brienne, seinem Schwager offen den Krieg erklärt. Als er aber bald darauf dessen Erfolge gegen Blücher und Schwarzenberg erfahren, war er in seine frühere Unschlüssigkeit zurückgefallen, die Bellegarde an jeder größeren Unternehmung hinderte, während der Vicekönig von Italien daraus trefflich Nutzen zu ziehen wußte. Am 2. März wurde in Folge der unverläßlichen Mitwirkung der Neapolitaner eine österreichische Abtheilung, an 2500 Mann, bei Parma abgeschnitten und vernichtet, König Joachim war in dieser Zeit sogar in Unterhandlung mit dem Prinzen Eugen getreten, so daß Napoleon letzterem aus Soissons, 12. März, schreiben konnte: „Schließen Sie den Vertrag in meinem Namen mit Murat ab; doch halten Sie ihn geheim, bis die Oesterreicher aus dem Lande gejagt sind." Unter den kleineren Kriegsereignissen, die hier fast täglich vorfielen, ist eines Seegefechtes zu gedenken, das am 15. März zwischen der österreichischen und der französisch-italienischen Flottille auf dem Gardasee stattfand, wo beide Theile verhältnißmäßig große Verluste erlitten, doch keiner einen entscheidenden Erfolg errang.

Gegen Venedig währte die Blockade, von der Landseite durch unsere Truppen, von der See durch britische Schiffe, ununterbrochen fort. Auch hier gab es die ersten Monate des Jahres 1814 hindurch fortwährend kleinere Kämpfe. Um Mitternacht vom 17 auf den 18. Jänner landete eine Compagnie St. Georger Grenzer auf der Insel Grado, deren Besatzung

sich bereits auf mehreren Fahrzeugen eingeschifft und mit Preisgebung der Veste und ihrer Geschütze das weite gesucht hatte.
Am 23. März erfolgte die Erstürmung des Forts Sta. Anna;
die Veste Cavanella wurde freiwillig vom Feinde geräumt, den
die Unsern bis unter die Kanonen von Brondolo verfolgten.
Denselben Tag bekam der kaiserliche General Pulszky die Insel
Fossone in seine Gewalt und setzte sich den Werken von Brondolo
gegenüber fest.

Wir kehren, nach diesem kurzen Seitenblick auf den Stand
der Dinge in Oberitalien, in das Hauptquartier des Fürsten
Schwarzenberg zurück, wo man sich um die Mitte März nicht sehr
behaglich fühlte. Zwar konnte Schwarzenberg seine ausgehungerten Truppen, deren größten Theil er nach der Wiedereinnahme
von Troyes cantonnirt hatte, jetzt wenigstens einigermaßen ver-
pflegen. Aber seine Verbindungen mit den übrigen Heeren wurden immer schwieriger. Die wichtigsten Vorgänge, selbst die auf
dem französischen Kriegsschauplatze, erfuhr der Oberfeldherr viel
später; so Blücher's Erfolge über Marmont erst am 14., an
demselben Tage Bianchi's siegreiches Gefecht bei Macon. Längs
der Seine, der Aube, der Yonne, der Marne hatte Napoleon
den Landsturm aufgerufen, ein letztes Mittel, vor dem er sich,
die Erinnerung der französischen Revolution vor Augen, bisher
stets gehütet hatte. In allen Ortschaften längs dieser Flüsse, die
nicht von Abtheilungen der Verbündeten besetzt waren, ertönte
die Sturmglocke. Kleinere und größere Haufen bewaffneter
Bauern machten alle Boten= und Ordonnanzritte, alle kleineren
Streifungen höchst unsicher. Schon waren mehrere Fälle vor-
gekommen, wo einzelne Aussendungen spurlos verschwanden.
In den Städten, welche die Verbündeten mit bewaffneter Hand
nahmen, machten die Einwohner mit den französischen Soldaten

gemeinſame Sache. Bar-ſur-Aube war aus dieſem Grunde nach
der Einnahme zur warnenden Strafe der Plünderung preisgegeben worden. Für den Oberfeldherrn war unter dieſen Umſtänden die höchſte Vorſicht geboten, ſo lange er nicht von den
Bewegungen ſeines großen Gegners zuverläſſige Kunde hatte.
„Bei einem guten Erfolge“, ſagte er, „findet ſich ein Heer von
Menſchen, die alle ihren Antheil daran haben wollen; bei einem
ſchlimmen iſt man im Gegentheile bereit, alles dem Einen, der
am höchſten ſteht, zur Laſt zu legen“ Seine Lage wurde unter
ſolchen Umſtänden um ſo unbehaglicher, je mehr unberufene Leute
in einer Sache mitreden zu dürfen glaubten, deren Ueberblick
ihnen ganz und gar mangelte. Die Einen waren voller Beſorg-
niſſe, daß nicht zu weit gegangen werde: „man habe noch viele
feindliche Feſtungen unbezwungen im Rücken; man ſolle erſt
den Bauernkrieg niederſchlagen; an eine Stadt wie Paris gedrückt
und von Napoleon eingeholt eine Schlacht annehmen zu müſſen,
ſei eine höchſt bedenkliche Sache“ Den Andern war Schwarzenberg ein unverbeſſerlicher Zauderer, der Napoleon ungehindert
mit ſeiner ganzen Macht über Blücher herfallen laſſe, anſtatt ihm
den Rücken zu bedrohen; „Oeſterreich wolle ſeine Armee möglichſt
ungeſchädigt erhalten, um damit entſcheiden zu können und die
Frage über Krieg und Frieden in ſeiner Hand zu haben“ Pozzo
di Vorgo ſpöttelte in Chatillon über die „neue Auflage der
langwierigen Belagerung von Troja“ (Troyes). Es gehörte der
ganze unerſchütterliche Gleichmuth des Fürſten Schwarzenberg
dazu, um inmitten dieſes leidenſchaftlichen Kampfes der Meinungen an dem zu halten, was er nach ſeiner bewährten Ein-
ſicht für das Beſte hielt. Als ihm Kaiſer Alexander, unter dem
Einfluße der Hetzer und Dränger, von Bar-ſur-Seine in einem
Augenblicke des Unmuthes ſchrieb, er wolle ihn in Zukunft
nicht „binden“ Schwarzenberg möge einzig den ſtrategiſchen

Combinationen gemäß handeln, antwortete würdevoll der Fürst, 13. März, von Troyes: „Niemals, Euer Majestät, war ich gebunden. Immer habe ich in Folge strategischer Combinationen gehandelt, und ich glaube gut manövrirt zu haben. Wie glücklich würde Napoleon sich schätzen, wenn er ahnen könnte, daß solche Zweifel zu einer Zeit, wo sie die große That der Befreiung von Europa vollbringen, bei den verbündeten Monarchen Eingang gefunden!"

Doch das waren vorüberziehende Wölfchen. Im Großen waren die Verbündeten einiger als je und ihres Zieles sich klar bewußt. Am 1. März schlossen Metternich, Nesselrode, Hardenberg und Castlereagh zu Chaumont einen Vertrag, zufolge dessen sich die verbündeten Mächte verpflichteten die Waffen nicht früher niederzulegen, bevor sie nicht einen Frieden erzielt haben würden, „der das Gleichgewicht in Europa, die Ruhe und Unabhängigkeit seiner Staaten sichere und den willkürlichen Verletzungen fremder Rechte und Gebiete, von denen die Welt so viele Jahre hindurch heimgesucht worden, vorbeuge" Die Dauer der Verpflichtung wurde auf zwanzig Jahre bestimmt. Jede der drei festländischen Mächte verband sich, 150.000 Mann auf den Beinen zu halten, England, 5,000.000 Pf. St. jährlich seinen Verbündeten zur Verfügung zu stellen. Kein Theil dürfe mit dem gemeinsamen Feinde in abgesonderte Verhandlungen treten, keiner ohne die anderen Frieden, Waffenstillstand oder was immer für einen Vertrag mit ihm abschließen.

Während dieser ganzen Zeit, in der unmittelbaren Nähe der kämpfenden Armeen, in der Mitte des von militärischen Colonnen, von Streifparteien, von Haufen bewaffneten Landsturms durchzogenen Gebietes, saß der Congreß von Chatillon noch immer beisammen. Es herrschten da die feinsten Umgangsformen, der höflichste Ton; der Herzog von Vicenza machte in der liebenswürdigsten Weise den Hausherrn und suchte seinen Gästen den Aufenthalt so angenehm als möglich zu machen. Täglich trafen von Paris die ausgewähltesten Leckereien, die kostbarsten Weine ein, wenn sie nicht ein oder das andere Mal von streifenden Kozaken auf dem Wege aufgefangen und als gute Beute erklärt wurden. Caulaincourt hatte von seinem Ge= bieter die Weisung, mit Metternich unausgesetzt in vertraulichem Verkehre zu bleiben; „denn es sei unmöglich, daß der Vater der Kaiserin Maria Luise eine solche Demüthigung Frankreichs zulasse, wie sie Rußland und Preußen wollten" In der That waren von Allen Metternich und Caulaincourt vielleicht die einzigen, denen es aufrichtiger Ernst war, daß die Verhandlun= gen zu einem guten Ende kämen. Allein das Drängen der Kriegspartei bei den Verbündeten und die verblendete Hart= näckigkeit Napoleon's arbeiteten allen friedlichen Bedingungen entgegen. Metternich sandte Anfangs März den Fürsten Paul Esterházy nach Chatillon. „Gibt es denn", frug dieser den Herzog von Vicenza, „gar kein Mittel, Ihren Kaiser über seine wahre Lage aufzuklären? Will er durchaus sein Schicksal auf die Laffette seiner letzten Kanone stellen?" „Oesterreich" schrieb Metternich am 9. März an Floret, „hat alles gethan um zu verhindern, daß die Dinge nicht zum äußersten kommen; aber wenn die Unterhandlungen einmal abgebrochen sind, wird der Krieg kräftiger als je fortgesetzt werden und niemand kann für den Ausgang stehen" Es war von Napoleon's Seite ganz das alte Spiel. Seit Wochen wartete sein Bevollmächtigter auf die Gegenanträge, die er den Verbündeten zu stellen habe. Am 8. März, nach dem wenig bedeutenden Erfolge bei Craonne, wollte Napoleon abermals auf die Frankfurter Vorschläge zu= rückgreifen. Allein mit diesen war es längst vorbei, und so auch

mit der Geduld der Verbündeten. Von Bar-sur-Aube schrieb
Metternich einen letzten Brief an Caulaincourt: „Die Wünsche
Oesterreichs sprechen zu Gunsten einer Dynastie, die so innig
mit der seinigen verbunden ist. Noch hängt es von Ihrem Gebieter ab, Frieden zu machen. Ich werde thun, was ich kann,
um Lord Castlereagh noch einige Tage aufzuhalten. Ist dieser
Minister einmal abgereist, wird man nicht mehr Frieden machen"
Am 19. März ging der Congreß unverrichteter Dinge
auseinander. „Sie vermöchten" sagten die Bevollmächtigten der
Verbündeten in einer Note, „in dem von der französischen Regierung eingehaltenen Gang nur das Bestreben zu erkennen, die
Verhandlungen in die Länge zu ziehen und müßten daher dieselben als beendet ansehen". Jetzt ließ Napoleon Metternich
von Doulevant am 25. wissen, daß er den Frieden unterzeich-
nen wolle. „Ich beeile mich" schrieb der Herzog von Vicenza,
„Sie in Kenntniß zu setzen, daß ich bereit bin, mich in Ihr
Hauptquartier zu begeben, und daß ich bei den Vorposten Ihre
Antwort erwarte" Allein jetzt war es zu spät, wie acht Monate früher in Prag.

14.

Schlacht bei Arcis-sur-Aube — Einnahme von Paris, Ende März 1814.

Wir verließen Napoleon in Soissons. Von dort wandte er
sich nach Rheims, das der russische General Saint-Priest am
12. März mit Sturm genommen hatte und aus dem er nun
von Napoleon mit großem Verluste wieder hinausgeworfen
wurde, 13. März. Von Rheims zog Napoleon gegen Süden,
überschritt bei Epernay die Marne und rückte in Eilmärschen
gegen die Aube heran.

Am 18. März erfuhr der Oberfeldherr der Verbündeten durch den General Tettenborn, daß der französische Kaiser vom 14. auf den 15. in Epernay übernachtet hatte. Schwarzenberg's Hauptquartier befand sich damals in Arcis-sur-Aube, und es war kein Zweifel, daß es Napoleon jetzt auf ihn abgesehen hatte. Am 19. erzwang der französische General Sebastiani bei Plancy gegen die Russen unter Kaisarov den Uebergang über die Aube. Noch denselben Tag griff Napoleon Mery-sur-Seine an, um auch da den Flußübergang in seine Gewalt zu bekommen. Doch hier hielten zwei österreichische Grenadierbataillone vom Armeecorps des Kronprinzen von Württemberg so tapfer Stand, daß Napoleon von seinem Unternehmen ablassen mußte. Er ging gegen Abend nach Plancy zurück, wo er übernachtete. Seine Unternehmung hatte den Zweck verfolgt, die Mitte von Schwarzenberg's Aufstellung zu durchbrechen, dessen Hauptmacht dadurch in zwei Theile zu spalten und diese dann einzeln anzugreifen. Als es damit nicht ging, faßte er den Plan, sich für's erste auf den rechten Flügel der verbündeten Hauptarmee zu werfen. Dieser, Oesterreicher und Bayern unter Wrede, stand bei Arcis-sur-Aube. Fürst Schwarzenberg meinte anfangs, der Kaiser der Franzosen habe eine Umgehung seines rechten Flügels im Sinne und sandte darum Abtheilungen Reiterei auf das rechte Ufer der Aube. Als er jedoch wahrnahm, daß der Feind seinen Marsch gegen Arcis richtete, zog er jene Abtheilungen wieder an sich und ließ die Stadt räumen, um Napoleon ganz auf das linke Ufer des Flusses zu locken. Der Kronprinz von Württemberg hatte bereits vom Oberfeldherrn Befehl erhalten, das dritte, vierte und sechste Armeecorps um Troyes zu sammeln und von da in der Richtung von Plancy vorzurücken, wo er dann den linken Flügel der ganzen Aufstellung Schwarzenberg's zu bilden hätte.

14

Die Absicht des Feldmarschalls wurde vollkommen erreicht. Napoleon, in der Meinung sein Gegner wolle ihm ausweichen, besetzte am 20. Arcis und führte alle seine Truppen, nahe an 40.000 Mann, auf das linke Ufer der Aube; Wrede, der ihm vor der Hand allein gegenüberstand, zählte ungefähr 30.000 Mann. Um 1 Uhr Nachmittag gab Schwarzenberg das Zeichen zum Angriff. Der Hauptkampf drehte sich um den Besitz des Dorfes le Grand Torcy, ostwärts von Arcis. Mehrmal wurde es im Laufe des Tages gewonnen und verloren, bis gegen Abend die von Schwarzenberg sehnlichst erwarteten Reserven von Lesmont her eintrafen. Als der Kampf um 8 Uhr schloß, hatte jeder Theil seine ursprüngliche Stellung inne. Das Geschützfeuer währte bis Mitternacht. Um diese Zeit sandte Schwarzenberg an den Kronprinzen von Württemberg die Weisung, so schnell als möglich auf das Schlachtfeld zu rücken. Erst um 10 Uhr Vormittags am 21. waren die drei Armeecorps zur Stelle. Der Oberfeldherr wollte zuvor abkochen lassen und die Vorrückung bis Nachmittag aufschieben, als er von den Franzosen, die von der bedeutenden Verstärkung ihres Gegners keine Ahnung zu haben schienen, angegriffen wurde. Fürst Schwarzenberg zog seine Batterien langsam zurück, die Franzosen drangen unaufhaltsam nach, die sanften Anhöhen hinan, die hier vom linken Ufer der Aube aufsteigen. Als die Spitzen der feindlichen Colonnen die Hochfläche erreicht hatten, sahen sie mit einem Male in der Ebene vor sich das versammelte Hauptheer der Verbündeten, bei 100.000 Mann, kampfbereit aufgestellt. Sie hielten an. Sebastiani sandte an Napoleon zurück um neue Verhaltungsbefehle. Jetzt, gegen Mittag, gibt Schwarzenberg das Zeichen zur allgemeinen Vorrückung. Aber schon hat Napoleon den Rückzug beschlossen; man gewahrt bereits Abtheilungen seines Heeres durch die Stadt auf das

rechte Ufer der Aube ziehen. Der Kronprinz von Württemberg
sendet seine leichte Reiterei gegen die nach Arcis ziehenden feindlichen Massen; achtzig Kanonen schleudern in dieselben ihre
Geschosse hinein; die nachrückende Infanterie nimmt die Stadt
mit Sturm und mit ihr alles, was sich noch nicht auf das andere Ufer hat retten können. Ein entscheidender Sieg ist errungen. Das schöne Manoeuvre von Arcis hat neue Lorbeern um
die Stirn des Fürsten Schwarzenberg gewunnen. Napoleon
dagegen haben die beiden Tage mehr als 6000 Mann an
Todten, Kampfunfähigen und Gefangenen gekostet, ihm, der
nicht mehr übermüthig sagen kann, wie dreiviertel Jahr zuvor
in Dresden: „Was sind mir 200.000 Menschen?!"

Auf der Höhe von Mesnil-la-Comtesse, von wo er den
Gang der Schlacht beobachtet, hatte der Oberfeldherr der Verbündeten seine Corpscommandanten um sich versammelt. Es
wurde für's erste beschlossen, daß Wrede mit seinem Armeecorps
und die russischen Garden auf das rechte Ufer der Aube über-
setzen und dem abziehenden Feinde auf dem Fuß folgen sollten.
Erst bei hereinbrechender Nacht verließ der Feldmarschall das
Schlachtfeld und nahm sein Hauptquartier in der unmittelbaren
Nähe desselben, in Pougy. Ausgesandte Vortruppen brachten
die Meldung, daß Napoleon die Richtung gegen Vitry-le-
Français an der Marne einschlage. Noch denselben Abend hatten
Schwarzenberg und Radetzky eine Besprechung, worin die
Frage erwogen wurde, ob es nicht besser sei, den französischen
Kaiser, der offenbar eine Bewegung im Rücken der Verbündeten
versuchte, ziehen zu lassen und gerade auf Paris loszugehen.
Tags darauf fiel ein französischer Courier einem Streifcorps
des Generals Tettenborn in die Hände. Unter den Briefschaften,
die von letzterem sogleich in das große Hauptquartier gesandt
wurden, befand sich ein Schreiben Napoleon's an Maria Luise,

worin er ihr unter anderm mittheilte, daß er die Marne aufwärts ziehe, um den Feind von Paris abzulenken. In einem
Kriegsrathe, der am 23. in der Wohnung des russischen Kaisers
zu Pougy abgehalten wurde, entwickelte nun Schwarzenberg
seine Ansicht, in der ihn der Inhalt des napoleonischen Schreibens nur bestärkt hatte; er drang aber nicht durch); die Mehreren waren dafür, daß man Napoleon nachziehen und ihn fassen
solle. Es wurde also der Marsch in dieser Richtung angetreten.
Am 24. Nachts in Dampierre kamen dem Fürsten Nachrichten
von anderer Seite zu. Die Kozaken Kaisarov's hatten einen
aus Paris an die französische Armee abgeschickten Courier ab-
gefangen. Aus den Schilderungen der Briefe, die er zu überbringen gehabt, ersah man die trostlose Lage der französischen
Hauptstadt, die Herabstimmung der Gemüther, die Thätigkeit
der Napoleon feindlich gesinnten Parteien, die Leere der öffentlichen Cassen, aller Kriegs-Magazine ꝛc. Fürst Schwarzenberg
sandte diese Mittheilungen dem russischen Kaiser zu, der nun
selbst nachdenklich wurde. Am andern Tage befand man sich
bereits über Sommepuis hinaus, nur noch eine halbe Stunde
von Vitry. Da wurde Halt gemacht. Alexander, Friedrich
Wilhelm, Schwarzenberg, Radetzky, Toll, Volkonskij, Diebič
bestiegen einen nahen Hügel, von wo man nach Vitry hinsehen
konnte. Vor der aufgeschlagenen Karte von Frankreich entwickelte
der Feldmarschall von neuem seinen Plan, der nun einstimmig
angenommen wurde. Die Heeressäulen bekamen erst Haltbefehl,
dann die Marschrichtung nach Paris, Blücher wurde verständigt,
Wrede von der Verfolgung Napoleon's zurückgerufen; nur
Winzingerode sollte mit einem Corps von 10.000 Reitern und
42 Geschützen auf den Fersen des französischen Kaisers bleiben.
Wie richtig der Gedanke Schwarzenberg's war, darüber sprach
sich, wenige Wochen später, sein großer Gegner selbst aus. „Ein

gewöhnlicher Feldherr" sagte Napoleon zu F. M. L. Baron
Koller, der ihn nach Elba geleitete, „würde sich auf den Rückzug verlegt haben, um seine Verbindungen zu sichern; ein guter
konnte nur jenen Entschluß fassen, den Fürst Schwarzenberg
faßte. Ich hielt ihn dessen fähig, weil ich ihn kenne; allein ich
rechnete darauf, er werde erst die Zustimmung der Monarchen
einzuholen haben und darüber würde der günstigste Zeitpunkt
für ihn verloren gehen." Zugleich ein Beweis, wie genau Napoleon die Schwierigkeiten kannte, mit denen der Oberfeldherr
der Verbündeten zu kämpfen hatte!

Kaiser Franz befand sich nicht bei der Armee. Er war mit
den Diplomaten in Bar-sur-Aube zurückgeblieben und lief da
keine geringe Gefahr, als sich am 24. plötzlich eine Heeresabtheilung Napoleon's unter General Alix in der Nähe der Stadt
zeigte. Allsogleich wurde aufgebrochen. Kaiser Franz, Metternich,
Stadion, Castlereagh, Hardenberg, alle zu Pferde, von einem
Bataillon Infanterie und zwei Schwadronen Husaren geleitet,
auf dem ganzen Wege in Gefahr von französischen Streifparteien angefallen und aufgehoben zu werden, so erreichte man
Chatillon, und von da weiter am 26. glücklich Dijon. Minder
glücklich erging es einer andern Reisegesellschaft von Diplomaten und Officieren der Verbündeten, die, von dem Landsturm
der Champagne überfallen, gefangen nach Saint-Dizier gebracht
wurde. Es befand sich darunter der Freiherr von Wessenberg,
und Napoleon erblickte hierin einen Wink des Schicksals: es
noch ein letztesmal mit seinem Schwiegervater zu versuchen; er
gab Wessenberg frei, wie damals in Leipzig Merveldt, und hän-
digte ihm ein Schreiben ein, worin er Gemalin und Sohn dem
Schutze des Kaisers Franz empfahl. Wessenberg traf seinen
Monarchen in Dijon; sein Auftrag hatte natürlich keine Folgen.

Denn jetzt traf die Marschälle Napoleon's Schlag auf Schlag. In den Tagen, da die Hauptmacht Schwarzenberg's an der Aube stritt, war Augereau bei St. Georges an der Saone von der österreichischen Südarmee geschlagen worden, 18. März, hatte nach einer zweiten Niederlage auf dem Bergrücken von Dardilly, 20., gänzlich nach Lyon sich zurückziehen und in der Nacht vom 20. auf den 21. die zweite Stadt Frankreichs räumen müssen, in die nun der Erbprinz von Homburg und Bianchi als Sieger einzogen und am 24. auch Vienne besetzten. Zwischen der Marne und Seine näherten sich die verbündeten Waffen Paris. Am 25. wurden die Marschälle Marmont und Mortier vom Kronprinzen von Württemberg und Ghulai bei Fère-Champenoise auf's Haupt geschlagen und nach Sezanne verfolgt. Zur gleichen Stunde gerieth eine große Wagen- fahrt, die der französische General Pacthod mit einer Bedeckung von 6—7000 Mann aus Paris seinem Kaiser zuführte, den Russen unter Langeron in den Weg, der sie angriff und den Troß mit großem Verluste der Franzosen erbeutete. Fürst Schwarzen- berg kam gerade auf das Schlachtfeld von Fère-Champenoise, als die Spitze einer neuen französischen Abtheilung zum Vorschein kam; es war General Pacthod, der, von den Preußen verfolgt, mit dem Reste seiner Truppen die beiden Marschälle zu erreichen strebte, die sich aber um diese Zeit schon weit auf dem Rückzuge befanden. Rasch zog der Feldmarschall den General Depreradović mit einem russischen Reiterregiment herbei und ließ den Franzosen die Straße verlegen, die nach kurzem Kampfe sammt und sonders die Waffen streckten. Den Feind kostete der Unglücks- tag vom 25. über 15.000 Mann an Todten, Verwundeten und Gefangenen, außer der großen Beute von Wägen mit Lebens- mitteln und Gepäcke, 80 Stück Kanonen und 250 Pulverkarren, die den Siegern in die Hände fielen.

Am 28. vollzogen Schwarzenberg und Blücher ihre Vereinigung, und unaufhaltsam wälzten sich jetzt die gewaltigen
Heeressäulen der Hauptstadt Frankreichs zu. Der 29. ging zur
Neige, als die Verbündeten das große und reiche Paris vor sich
hatten, aus dessen Häusermassen der Dom von Notre-Dame seine
altersgrauen Stumpfthürme in den dunkelnden Abendhimmel
hineinreckte. Am 30. erfolgte der Angriff von der Hauptarmee
Schwarzenberg's über Romainville gegen Belleville, von der schlesischen gegen den Montmartre. Den Franzosen gewährten die
Gärten, Weinberge und Landhäuser um Paris vielfache Stützpunkte, und mit erbitterter Verzweiflung wehrten sie sich zur
Vertheidigung ihrer Hauptstadt. Doch was vermochte die glän-
zendste Tapferkeit gegen die ungeheuere Uebermacht der Verbündeten! Um 3 Uhr Nachmittag bot Marmont Waffenstillstand an, der ihm von dem Oberfeldherrn der Verbündeten auf
vier Stunden gewährt wurde, binnen welcher Zeit die Bedingungen der Uebergabe von Paris beschlossen sein müßten. Die
Truppen Blücher's und Mortier's schlugen sich um diese Zeit
noch um den Besitz des Montmartre, der endlich von Langeron
mit Sturm genommen wurde. Um 5 Uhr Nachmittags kamen
die Grafen Paar und Orlov im Namen der Verbündeten, die
Obersten Fabvier und Denys de Damremont von Seite der
beiden französischen Marschälle in einem armseligen Dorfwirths-
hause, le petit Jardinet genannt, zusammen; erst nach Mitternacht wurde die militärische Convention, die sie verabredeten,
unterzeichnet; die Truppen Marmont's und Mortier's hatten
Paris am andern Morgen zu räumen; die Nationalgarde sollte
die Waffen niederlegen; die Stadt Paris wurde dem Edel-
muthe der verbündeten Mächte empfohlen.

Nachdem Kaiser Napoleon seine Absicht, Schwarzenberg
vom Marsche auf Paris abzuhalten, vereitelt gesehen, hatte er

sich von der obern Marne wieder westwärts gewandt, um wo
möglich seiner bedrängten Hauptstadt zu Hilfe zu kommen.
Durch Heranziehen verschiedener Garnisonen und Truppen-
abtheilungen hatte er seine Hauptmacht wieder auf 50.000 Mann
gebracht. Am Morgen des 30., des Tages der Schlacht vor
Paris, war er in Villeneuve an der Vannes, wo er seine Armee
verließ und theils zu Pferde, theils auf elenden Postwägelchen
gegen Paris eilte. Gegen Mitternacht kam er in Fromenteau
an, wo er bereits eine Abtheilung Cavallerie auf dem Rück-
marsche gegen Fontainebleau traf — seine Hauptstadt war bereits
gefallen. Da brach seine Kraft zusammen; an den Stufen eines
Doppelbrunnens an der Straße kauerte er nieder, hielt sein
Antlitz mit beiden Händen verhüllt und saß eine Weile in die
trübsten Betrachtungen versunken. Dann erhob er sich und sandte
den Herzog von Vicenza mit dem Auftrage nach Paris, den
Kaiser Alexander aufzusuchen und ihm die Bedingungen von
Chatillon vorzuschlagen, während er selbst nach Fontainebleau
zu gehen und dort seine von der Yonne heranziehenden Truppen
zu sammeln beschloß. Caulaincourt's Sendung konnte keinen
Erfolg haben; der Sturz Napoleon's war beschlossen.

Noch vor Eröffnung des Angriffes auf die französische
Hauptstadt hatte Fürst Schwarzenberg einen Aufruf an die
Einwohner derselben veröffentlicht worin er sie zur Ruhe
mahnte und ihnen schonende Behandlung versprach. Am 31. März
1814, 10 Uhr Vormittags, begannen die Verbündeten ihren
Einmarsch in Paris: an der Spitze ein Regiment russischer
Garde-Kozaken; in einem Abstand von hundert Schritten die
beiden Monarchen, Alexander rechts, der König von Preußen
links, und von ihnen in die Mitte genommen der Oberfeldherr
der verbündeten Heere, gefolgt von einem großartigen Geleite
von Generalen, Stabs- und Ober-Officieren von allen Graden

und Uniformen; darauf 6 österreichische und 2 württembergische
Bataillone, zuletzt die russischen und preußischen Garden. Eine
unermeßliche Menge Volkes erfüllte die Straßen, so daß der
Zug wiederholt in's Stocken gerieth; alle Stockwerke bis zu den
Dächern hinauf waren von Neugierigen besetzt; weiße Fahnen
und Tücher wehten von den Giebeln der Häuser, aus den Fen-
stern, von den Balconen; die freudigen Rufe: „Es leben die
Verbündeten!" wechselten mit vereinzelten „Es leben die Bour-
bons!" welche die aus ihrer Verborgenheit heraustretenden
Royalisten zum erstenmal erschallen ließen.

Das große Werk war vollbracht, und daß es gelungen,
war Karl Schwarzenberg's weltgeschichtliches Verdienst.
In diesem Urtheile waren alle Zeitgenossen einig; erst Eifersucht
und hämischer Neid späterer Tage haben sich darauf verlegt,
über Einzelheiten kleinlich zu mäkeln, anstatt den Erfolg des
riesigen Ganzen, dessen Durchführung in die Hände des Oberfeldherrn der verbündeten Heere gelegt war, in's Auge zu fassen.
„Die Begebenheiten unserer Tage" hieß es in einem nach den
Befreiungskriegen zu London erschienenen Werke, „haben dem
Fürsten Schwarzenberg in der Geschichte seine Stelle neben
Eugen und Marlborough angewiesen. Aber diese Helden hatten
nur mit der Gefahr, nicht mit den Hindernissen zu kämpfen,
die die Führung eines Heeres, fast aus allen Völkern Europa's
zusammengesetzt, mit sich brachte. Hundert Schwierigkeiten, die
nur die Nachwelt einst beschreiben und lesen darf, raubten ihm
jeden Augenblick, den ihm das Wagniß des Kampfes übrig ließ.
Er stand fest und unerschüttert unter den Stürmen, die um ihn,
nicht blos auf dem Schlachtfelde, erwachten." Der „Rheinische
Mercur", von dem feurigen Görres geleitet, schrieb 1814:
„Geschickt und wohlbedacht hat er im Felde die Kraft gelenkt;

ſtreitende Elemente hat er wohl verknüpft, ſo daß alles ein-
ſtimmig zum großen Ziele führte. Bei Leipzig hat er dem Feinde
die Welt, bei Paris die eigenen Reiche abgewonnen. Reichlich
hat er ſich den Rautenkranz verdient." Als Schwarzenberg und
Blücher im Juni 1817 in Karlsbad zuſammentrafen, brachte
letzterer den Trinkſpruch aus: „Dem Helden, der uns trotz der
Anweſenheit von drei Monarchen zum Siege führte!" Alle
Cabinete von Europa überhäuften ihn mit Ehren und Auszeichnungen. Die Londoner City votirte ihm einen Ehrendegen
von 200 Guineen im Werthe. Die Univerſität von Oxford
ſandte ihm das Diplom eines Doctors der Rechte. Die böhmi-
ſchen Stände beſtimmten eine große Summe zur Errichtung
eines Ehrendenkmals für ihn. Die Stadt Wien ernannte ihn zu
ihrem Ehrenbürger. Die größte Auszeichnung aber war ihm von
ſeinem Kaiſer beſchieden. Er ließ ihm die Wahl, das Wappen
der Stadt Paris oder die öſterreichiſche Binde in das Herzſchild
ſeines Wappens aufzunehmen; Fürſt Schwarzenberg wählte
das letztere.

III.
Der Wiener Congreß 1814, 1815.

15.

Abdankung Napoleon's — Neue Ordnung der Dinge in Italien — Friede von Paris, April bis Anfang Juni 1814.

Während seine Waffengenossen Alexander und Friedrich Wilhelm als Sieger in Paris einzogen, weilte Kaiser Franz noch fortwährend in Dijon. Konnte er als Vater und Schwiegervater unmittelbar theilnehmen an den Verhandlungen, die über das künftige Schicksal des französischen Kaiserpaares entschieden? Als Maria Luise von Blois, wohin sie sich zurückgezogen, den Herzog von Cadore (Champagny) an ihren Vater sandte, dessen Vermittlung anzurufen, wurde ihrem Boten erwiedert: „Der Kaiser von Oesterreich sei mit allem einverstanden, was seine Verbündeten beschlössen." In Paris wurde hin und wieder von einer Regentschaft gesprochen, die Maria Luise für den jungen „König von Rom" führen sollte; die Mehreren aber waren der Meinung, man müsse mit dem Hause Buonaparte völlig brechen, und Nesselrode sagte zu Talleyrand: „Wir machen uns die Abwesenheit des Vaters der Kaiserin zu Nutzen, um sie zu entfernen."

Am 31. März gab Kaiser Alexander im Namen der Verbündeten kund, daß sie weder mit Napoleon Buonaparte, noch
mit einem Gliede seiner Familie unterhandeln würden. Am
Abend desselben Tages wurde eine Schrift von Chateaubriand
ausgegeben: „Von Buonaparte und den Bourbons", woraus
die Blätter des nächsten Tages lange Auszüge brachten. Es
war damit das Losungswort gegeben. Am 1. April sprach und
druckte man schon allgemein von der Rückkehr der Bourbons.
Am 3. April gab der gesetzgebende Körper seine Zustimmung
zur Absetzung Napoleon's, und Schwarzenberg sandte dem
Marschall Marmont, der jetzt mit seinem Corps gegen Fontaine-
bleau hin stand, die darauf sich beziehenden Urkunden. In der
Nacht darauf kam von Marmont die Erklärung zurück, sich dem
Beschlusse fügen zu wollen, falls Napoleon weder an seinem
Leben noch an seiner Freiheit gefährdet würde und ein kleines
Gebiet erhalte, wo er unabhängig schalten könne. Nachdem
Schwarzenberg diese Zusicherung gegeben, 4. April, führte
Marmont am nächsten Tage Nachmittags sein Corps mitten
durch die ihm Platz machenden Truppen der Verbündeten nach
Versailles und von da weiter in die Normandie ab.

Die Kaiserin Maria Luise empfing nur unsichere Kunde
von diesen Vorgängen; in der Meinung, unheilvolle Schritte
dadurch hemmen zu können, erklärte sie von Blois aus jede
vom Feinde besetzte Stadt für unfrei und nur die von ihr aus-
gehenden Verfügungen für giltig, 3. April. Bald aber mußte sie
die Fruchtlosigkeit alles weitern Widerstandes erkennen, und legte
am 7. die Regentschaft nieder. An demselben Tage erfolgte zu
Fontainebleau die Erklärung ihres Gemals, sich in die unbedingte Verzichtleistung auf den Thron Frankreichs fügen zu
wollen. Am 11. April kam der Vertrag von Fontainebleau zustande worin diese Verzichtleistung ausgesprochen

wurde; doch sollte Napoleon und seiner Gemalin der kaiserliche
Titel und Rang, den Gliedern seines Hauses die Würde von
Prinzen gewahrt bleiben; ihm wurde die Insel Elba als sou-
veränes Fürstenthum, seiner Gemalin und ihrem Sohne der
erbliche Besitz von Parma, Piacenza und Guastalla, dem Prinzen Eugen Beauharnais eine angemessene Ausstattung außerhalb Frankreich zugesprochen; außerdem sollte Napoleon und seine
Gemalin eine jährliche Rente von 2,000.000, die Prinzen
seines Hauses eine von 2,500.000 Francs aus den Staatsein-
künsten Frankreichs erhalten. Der Vertrag wurde unterzeichnet
von Caulaincourt, Ney und Macdonald im Namen Napoleon's,
von Metternich, Hardenberg und Nesselrode im Namen der
Verbündeten. Erst vier Tage später, nachdem alles geordnet
war, traf Kaiser Franz in Paris ein, 15. April.

Am 20. April verließ Napoleon sein Heer und sein Land.
Die Bevollmächtigten der Verbündeten, von österreichischer
Seite F. M. L. Baron Koller, gaben ihm das Geleite. Die
erste Hälfte der Reise, durch das mittlere Frankreich, brachte ihm
manchen Trost; die Bevölkerung drängte sich an seinen Weg
heran, brachte Hochrufe aus, während um den Wagen der Bevollmächtigten: „Nieder mit den Fremden!" gerufen wurde.
Von Moulins an bis Lyon wurde die Sache schon zweifelhaft;
das Volk bezeigte mehr Neugierde als Theilnahme; einzelne
Rufe: „Es lebe der König! Es leben die Bourbons!" ließen
sich vernehmen. Je weiter man gegen Süden kam, desto bedenklicher wurde die Stimmung. „Nieder mit dem Tyrannen!"
rief man ihm, „Hoch die Verbündeten!" den Commissären zu.
In Avignon verlangte die aufgestachelte Menge, daß man ihr
„den Corsen" ausliefere, damit sie ihn in Stücke reißen und in
den Rhonefluß werfen könne; nur den vereinten Bemühungen
der Commissäre, der Stadtbehörden und der Gendarmerie

gelang es, Napoleon unverſehrt zu den Thoren hinaus zu bringen. Das ärgſte war in dem Städtchen Orgon zu befürchten.
Die Bewohner hatten einen Galgen hergerichtet, es war be-
ſchloſſen, ſich auf den kaiſerlichen Wagen zu werfen und den
Verhaßten ihrer Rache zu opfern. Napoleon mußte ſich ent-
ſchließen, eine fremdländiſche Uniform anzuziehen und ſich unter
ſeine Begleitung zu miſchen, während General Bertrand im
kaiſerlichen Wagen nur durch die Dazwiſchenkunft des Grafen
Šuvalov, dem ſeine ruſſiſche Uniform Achtung und Gehör
verſchaffte, dem Schickſale entging, das ſeinem unglücklichen
Gebieter zugedacht war. Am 28. April beſtieg Napoleon mit
ſeiner Begleitung im Golf von St. Raphael eine britiſche
Fregatte und betrat, dem früher ein Welttheil zu enge war,
am 4. Mai bei Porto-Ferrajo den Boden der Inſel, die jetzt
den kleinen Umkreis ſeines Lebens und Wirkens bilden ſollte.

Maria Luiſe hatte gleich nach Niederlegung der Regent-
ſchaft gewünſcht, mit ihrem Kinde nach Fontainebleau zu kommen, um ſich ihrem Gemale anſchließen zu können. Allein das
eben glaubten die Verbündeten verhindern zu müſſen. Es erſchien ein Flügeladjutant des ruſſiſchen Kaiſers in Blois, der
ihr im Namen der Monarchen eröffnete, daß ſie ihren Aufenthalt zu ändern habe. Wie eine Gefangene wurde ſie nach
Orleans überführt; die Kroninſignien, ihre Schmuckſachen,
andere Gegenſtände von Werth wurden ihr abgenommen. Von
Orleans wurde ſie ſpäter nach Rambouillet gebracht. Sie war
im höchſten Grade erbittert über die Behandlung, die ſie erfahren und deren Schuld ſie allein dem ruſſiſchen Kaiſer beimaß.
Als am 16. April ihr Vater kam und ihr einen Beſuch Alexander's
ankündigte, der ihm auf dem Fuße folge, wollte ſie jenen erſt
gar nicht ſehen; zuletzt, nachdem ſie ſich über vieles Andringen
des Kaiſers Franz von ihrem Vorhaben hatte abbringen laſſen,

empfing sie den Mann, der ihren Stolz so tief verwundet, mit
eisiger Kälte. Wenige Tage später sagte sie dem Lande, wo sie
an der Seite eines verehrten und geliebten Gemals den stol-
zesten Thron des damaligen Weltkreises eingenommen, für
immer Lebewohl. Auf derselben Straße, deren Städte und
Flecken vier Jahre früher zum Empfange der jugendlichen
Monarchin in ihrem schönsten Schmucke geprangt, von Freuden-
schüssen und Jubelrufen wiederhallt hatten, verließ jetzt die
von ihrer Größe herabgesunkene Frau ohne Prunk und Aufsehen unter Bedeckung österreichischer Reiterei Frankreich, begleitet von ihrem Söhnchen, dem Ex-Könige von Rom, dem
„Prinzen von Parma“, wie er in der nächsten Zeit genannt
wurde. Verdüstert und verbittert wie sie war, konnten sie kaum
die Zeichen der Liebe und Treue einigermaßen aufrichten, die
ihr wurden, als sie zuerst altösterreichischen Boden betrat.

Von dem Augenblicke, da der Einzug der Verbündeten
in Paris bekannt geworden, sahen sich die Nord-Tyroler,
ungeachtet der noch zu Recht bestehenden bayerischen Regierung,
thatsächlich als wieder Oesterreich zugehörig an. Im Ober-
innthale prangte der kaiserliche Adler von Dorf zu Dorf, auf
jedem Maibaum, auf jedem Brunnenstocke. In Hall trug man
in feierlichem Aufzug einen ungeheuren kaiserlichen Adler zum
Stadtthore und pflanzte ihn da auf. Die Völser trugen das
Wappen Oesterreichs in festlichem Aufputz unter beständigem
Vivatrufen, unter Pöller- und Stutzenschüssen in der Gemeinde
herum; die Meraner thaten dasselbe mit dem Bildnisse des
Kaisers Franz, das gleich einem Heiligenbilde mit alten und
neuen Schützenfahnen geschmückt in feierlichem Umzuge die
Runde durch die Stadt machte. Mitten in diesen Tagen allgemeinen Jubels und Taumels traf die Nachricht von der Heimkehr
der hohen Kaisertochter ein. Schon an der Gränze des Landes

ober Kempten prangte ein Triumphbogen der sie mit der naiven Inschrift: „Hier ist Tyrol" willkommen hieß, durch das ganze Oberinnthal gab es Schützenaufzüge, Glockengeläute, Pöllerschüsse. Alles aber wurde durch den Empfang in Schatten gestellt, den ihr die Innsbrucker bereiteten. Es war den 12. Mai. Augenzeugen versicherten, man müsse einen Wald geschlagen haben, um all' das Laubwerk herbeizuschaffen, womit man die Stadt in einen Garten verwandelte. In der Vorstadt Mariahilf erhoben sich allein zehn Triumphpforten, über und über mit kaiserlichen Adlern bedeckt. Zwanzig Bauern-Compagnien, die Hüte in festlichem Maischmuck, an den Fahnen österreichische Adler oder Tafeln mit dem Namen des Kaisers Franz, machten Spalier bis zur kaiserlichen Burg. Als Maria Luise endlich gegen Abend herankam, half alles Zureden und Abwehren nichts: man fiel über den Wagen her, spannte die Pferde aus und an einem Seidenstrick, den man eigens für diesen Zweck hatte anfertigen lassen, zogen 40 festlich geschmückte Männer die Tochter ihres geliebten Kaisers unter dem jauchzenden Zuruf der Menge, Hutschwenken, Fahnenwehen, Musikspielen, Glockenläuten, Pöllerschüssen in die Burg ihrer Ahnen. Zwei Tage weilte Maria Luise in der Mitte des biedern Volkes; am 15. verließ sie Innsbruck und eilte nach Schönbrunn, wo sie, bis die Besitzverhältnisse ihrer neuen Herrschaft geordnet wären, in stiller Zurückgezogenheit, fremd allen Festlichkeiten und Schauspielen, die binnen kurzem das nahe Wien verherrlichen sollten, ihren Aufenthalt nahm.

Nachdem die sichere Kunde vom Einzuge der Verbündeten in Paris nach Italien gekommen war, hatte König Joachim zum drittenmale Ernst gezeigt, seine Truppen Hand in Hand mit den österreichischen operiren zu lassen. Beide waren eben in der Vorrückung gegen Piacenza begriffen, 13. bis 15. April, als dem Vicekönig die Nachricht von der Thronentsagung seines Stiefvaters zukam. Gleich darauf, am 16. fand zwischen ihm und dem kaiserlichen Feldmarschall Bellegarde auf dem Schlosse Schiavino Rizzo nächst Mantua eine Zusammenkunft statt, die den vorläufigen Abschluß eines Waffenstillstandes und die Uebergabe der festen Plätze Osopo, Palmannuova, Venedig und Legnago an die Oesterreicher zur Folge hatte; das Mailändische sollte einstweilen noch von den Truppen des Vicekönigs besetzt bleiben.

Doch gerade in der Lombardie drängten die Dinge zu einer raschen Entscheidung. Am 17. April wurde in Mailand der italienische Senat zusammenberufen; man wollte bei den Verbündeten den Fortbestand des Königreiches Italien erwirken; eine eigene Deputation sollte zu diesem Zwecke in den nächsten Tagen die Reise nach Paris antreten. Allein die Meinung des Senats war nicht die der Bevölkerung. Nur ein Theil derselben wünschte Eugen zu behalten; eine andere Partei wollte vollständige Unabhängigkeit mit Beseitigung jeder Fremdherrschaft; die dritte und stärkste verlangte die alte österreichische Regierung zurück oder abgesonderte Verwaltung unter einem Prinzen des Hauses Oesterreich. Während am 20. der Senat in Berathung saß, erhob sich der Pöbel der Hauptstadt, verstärkt durch Zuzüge des Landvolkes der Umgegend, aber auch viele Personen der bessern Stände, selbst vornehme Damen darunter, und zwang den Senat seine Beschlüsse zu widerrufen. Die nach Hause fahrenden Senatoren wurden verhöhnt und ausgepfiffen. Einige derselben, wie Melzi, Mejean, Darnay, waren dem Volke vorzugsweise verhaßt; mehr als alle andern der Finanzminister Prina. Alle Kutschen wurden

15

durchsucht, einen der Bezeichneten in die Hände zu bekommen. Man stürmte den Palast, drang in den Sitzungssaal, durchstöberte jeden Winkel, warf die Papiere des Archivs zum Fenster hinaus, zerschlug, zerstörte, plünderte was man unter die Hände bekam. Nun wurden die Verhaßten auswärts aufgesucht. Mejean und Darnay wußten sich glücklicherweise unsichtbar zu machen, Prina aber war so unbesonnen, sich in seine eigene Wohnung zu flüchten. Bald war diese von der tobenden Menge umringt. Man drang hinein, der Unglückliche wurde aus seinem Verstecke hervorgeholt, zum Fenster hinausgestürzt, von der Menge unten mit Fäusten, Stöcken und Regenschirmen — es goß vom Himmel in Strömen — geschlagen und gemartert, bis er sein Leben aushauchte. Am 21. strömte das Landvolk noch zahlreicher in die Stadt, das verworfenste Gesindel trat in den Vordergrund. Nun bewaffnete sich die Bürgerschaft, um ihre Sicherheit besorgt; General Pino übernahm eine Art Dictatur; eine einstweilige Regierung aus sieben Gliedern wurde eingesetzt, die sich beeilte, jedermann des für Napoleon geleisteten Eides zu entbinden, worauf sich allmälig die Ruhe wieder herstellte. Als der Vicekönig von diesen Vorgängen erfuhr, die ihm jede Aussicht benahmen, seine Herrschaft in Italien länger zu behalten, traf er am 24. April zu Mantua ein zweites Uebereinkommen mit Bellegarde, der nun die Verwaltung des Königreiches Italien im Namen der Verbündeten übernahm. Am 27. reiste Prinz Eugen von Mantua ab, zunächst durch Thyrol nach München zu seinem Schwiegervater und von da weiter nach Paris.

Bereits am 20. hatten die Unsern mehrere Posten in den venetianischen Lagunen besetzt, am 22. erhielt der französische Admiral Duperré Befehl, das ganze Marinematerial sowie das Arsenal von Venedig den Oesterreichern zu übergeben; Fürst

Reuß wurde zum Generalgouverneur der Stadt und der Terra-
ferma ernannt. Jetzt beeilte sich Bellegarde auch die westlichen
Provinzen in seine Gewalt zu bekommen. Am 26. erschien der
F. M. L. Marchese Annibale Sommariva als bevollmächtigter
Commissär in Mailand, um im Namen der verbündeten Mächte
von den Gebieten und Städten des Königreichs Italien Besitz
zu nehmen. Am 28. traf F. M. L. Graf Neipperg mit der
österreichischen Vorhut in Mailand ein. Am 8. Mai hielt Bellegarde seinen Einzug in der lombardischen Hauptstadt, an demselben Tage Bubna den seinen in Turin, das er im Namen des
Königs Vittore Emanuele von Sardinien in Besitz nahm.
Schon bewegten sich die französischen Truppen, die früher einen
Theil der italienischen Armee gebildet hatten, von Grenier
geführt, heimwärts über die Alpen; in den ersten Tagen Juni
betraten sie den französischen Boden, wo sie Cantonnirungen in
den südöstlichen Departements bezogen, bis einige Wochen später ihre Auflösung erfolgte.

In der kürzesten Zeit nahmen jetzt die Dinge in Italien
eine andere Gestalt an. Als die Abgesandten der lombardischen
Provinzen in Paris erschienen und den verbündeten Monarchen
die Bitte um Aufrechthaltung ihrer Unabhängigkeit, jedoch
unter einem Prinzen des Hauses Oesterreich, vorbrachten, erwiederte ihnen Kaiser Franz: er sei Italiener von Geburt wie
sie, und seine Soldaten seien es gewesen, die sie vom französischen Joche befreit hätten; sie möchten nach Mailand zurückkehren, wo sie ihr weiteres Schicksal erfahren würden. Bereits
am 13. Mai empfing der oberste Kanzler Graf Ugarte in
Wien durch ein kaiserliches Handbillet die Mittheilung, daß im
Einverständnisse mit den Verbündeten die Rückkehr der Lombardie und der venetianischen Provinzen unter österreichische
Herrschaft beschlossen worden sei. Am 17. und 20. nahm General

Graf Straſſoldo Parma und Piacenza für die Kaiſerin Maria Luiſe in Beſitz. Am 20. führten Bubna und Reipperg den König Vittore Emanuele in ſeine Hauptſtadt ein; vier Tage ſpäter kehrte der vielgeprüfte Papſt Pius VII., von dem öſterreichiſchen Geſandten Ritter von Lebzeltern mit einer Ehrenbedeckung kaiſerlicher Reiterei und von dem unendlichen Jubel ſeines Volkes empfangen, nach Rom zurück. Bald erſchien auch der Großherzog Ferdinand in ſeinem Erblande Toscana wieder, das ihm im Frieden von Lüneville entriſſen worden war, und ſo war es nur das Feſtland von Neapel, auf deſſen Thron König Joachim, der Emporkömmling der Revolution, von Oeſterreich und England im Drange der Ereigniſſe in Schutz genommen, mitten unter den wieder hergeſtellten alten Regierungen ſitzen blieb.

Von Dalmatien war, wie früher erzählt wurde, nur der Bezirk von Cattaro noch nicht unter die öſterreichiſche Herrſchaft zurückgebracht worden. Ende Mai bot ſich dem General Milutinović ein willkommener Anlaß, das Verſäumte nachzuholen. Die drei öſterreichiſch-geſinnten Gemeinden Dobrota, Peraſto und Percianjo, mit den Montenegrinern in Fehde und der Rache derſelben ausgeſetzt, riefen ſeine Hilfe an. Allſogleich zog Milutinović fünfthalb Bataillone Militär-Gränzer zuſammen, ſchiffte am 6. Juni einen Theil derſelben auf ſieben bewaffneten Fahrzeugen ein und trat Tags darauf mit dem andern den Weg längs der Küſte an. Um ſeine Gegner zu täuſchen, ließ er von der marſchirenden Haupttruppe mit aller Macht die Trommeln rühren, ſandte aber ein bedeutendes' Stück Weges eine lautlos einherſchreitende kleinere Abtheilung voraus, von welcher die ausgeſtellten Poſten der Montenegriner und Bocheſen überraſcht und, ohne daß ein Schuß dabei fiel, aufgehoben wurden. Der Gewinn dieſer Kriegsliſt war, daß in den erſten

Morgenstunden des 8. Castelnuovo besetzt, die beiden Forts
Mara und Spaniola nach kurzem Widerstande genommen
wurden und man nun unmittelbar auf Cattaro losgehen konnte.
Eine Abtheilung Montenegriner, sieben bis achthundert Mann
stark, wirft sich den Kaiserlichen in den Weg; doch die uner=
schrockenen Gränzer, bepackt wie sie sind, erklettern die benachbarten Felsen, senden von da dem Feinde einige Gewehrsalven
zu, werfen sich dann mit dem Bajonett auf ihn und treiben ihn
von Gipfel zu Gipfel, während die Flottille bereits die Ein-
fahrt in die Bocche gewonnen hat und die an der Enge la
Catena aufgestellten Kanonen der Montenegriner zum Schweigen
bringt. Am 9. Vormittags steht Milutinović mit seinen
Truppen vor Cattaro. Vergebens machen die Montenegriner
wiederholte Ausfälle, wälzen Steine und Felsblöcke von den
Höhen herab; unaufhaltsam dringen die Kaiserlichen vor, werfen den Feind in die Festung zurück und dringen vor die
Mauern der Stadt, während Einzelne von ihnen die Felsen
erklimmen, von wo ihre Schüsse bis in die Häuser von Cattaro
fallen. Der Vladika von Montenegro beantragt eine Unterhandlung; Milutinović läßt die vorgeschlagenen Bedingnisse
vor der eben in Reserve stehenden Sluiner Division. ablesen;
da ruft eine Stimme aus der Mannschaft: „Solche Anträge
gehören für Weiber, nicht für Soldaten, die gekommen sind,
Cattaro zu erobern oder unter seinen Mauern zu sterben!" Der
Vorschlag wird verworfen, der Kampf beginnt auf's neue, zieht
sich bis in die sinkende Nacht; an 200 Montenegriner, darunter
vier Anführer, sind todt oder verwundet, viele gefangen. Milutinović läßt seine Geschütze ausschiffen; in der Mitte der Nacht
beginnt die Beschießung der Stadt, die aber, da der Bischof
die Uebergabe anträgt, sogleich eingestellt wird. Doch jetzt versagen die Montenegriner ihrem Oberhaupt den Gehorsam, und

erst am dritten Tage, 12. Juni, gelingt es ihm, sie zur freiwilligen Räumung der Stadt zu bewegen die sofort nebst
Budua und dem Fort S. Trinità von den kaiserlichen Truppen
besetzt wird.

Die Eroberung von Dalmatien war vollendet. General
Milutinović erhielt den Auftrag, einstweilen auch die Civil-
Verwaltung von Ragusa und vom Gebiete von Cattaro zu
führen.

Mittlerweile war auch in Frankreich das Werk der Wiederherstellung vollzogen. Bereits am 12. April war der Graf von
Artois *) mit einem Gefolge von Royalisten vor Paris angelangt, von Talleyrand an der Barrière von Bondy als
„ritterlicher Sprößling Heinrich's IV." begrüßt und bald darauf als Statthalter des Königreichs anerkannt worden. Am
23. darauf wurde zwischen ihm und den Verbündeten ein Uebereinkommen getroffen, zufolge dessen einerseits die fremden
Truppen binnen einer bestimmten Frist den Boden Frankreichs
verlassen, dagegen die von französischen Truppen noch feindlich
besetzten Festungen mit allem Zugehör den Verbündeten übergeben werden sollten. Den Tag nach Abschluß dieses Vertrages
stieg König Ludwig XVIII. bei Calais an's Land, vom
General Maison an der Spitze eines französischen Regiments,
vom Grafen Henkel-Donnersmark im Namen der Verbündeten
empfangen. Am 2. Mai hielt er seinen Einzug in Paris.

Mit den Feindseligkeiten war es zu Ende. Am 5. Mai
legte Fürst Schwarzenberg seinen Oberbefehl nieder und verab-

---

) Bruder Ludwig's XVIII., nach dessen   Karl X. König von
Frankreich.

schiedete sich von den Heeren, die er zum Siege geführt hatte.
Das wichtigste Geschäft, um das es sich jetzt handelte, war der
Abschluß des Friedens. Das aber war keine leichte Aufgabe.
Denn es handelte sich nicht, wie nach andern Kriegen, einfach
darum, die Streitpunkte zwischen dem Sieger und dem Besiegten,
den Verbündeten und Frankreich, auszutragen: ungleich weiter-
gehend waren die Gebietsfragen, die, nach dem Umsturz der
französischen Herrschaft in ganz Mitteleuropa, die Verbündeten
u n t e r s i c h zur Lösung zu bringen hatten. Es galt so zu sagen
den halben Welttheil neu einzurichten. Man konnte um so
weniger hoffen, damit binnen wenigen Tagen zu Stande zu
kommen, als die Verbündeten während ihres Siegeslaufes
theils nur allgemeine Grundsätze ausgesprochen, theils sogar
widersprechende Pläne entworfen hatten. So war z. B. hinsichtlich des Herzogthums Warschau anfänglich ausgemacht
worden, und dazu hatte Oesterreich seine Zustimmung gegeben,
daß es wieder den drei Nachbarmächten nach verhältnißmäßigen
Antheilen zufallen sollte. Allein während der überraschenden
Erfolge der verbündeten Waffen war bei Kaiser Alexander die
Ländergier gewachsen; er hatte sein Augenmerk auf die Erwerbung von g a n z Warschau, wo möglich des ganzen früheren
Polen gerichtet und es war ihm gelungen, König Friedrich Wilhelm III. für diesen Plan durch das Versprechen zu gewinnen,
daß Preußen dafür das ganze Königreich Sachsen, das man seit
der Gefangennehmung seines Königs in Leipzig als erobertes
Land behandelte, erhalten sollte. Allein weder das eine noch das
andere konnte Oesterreich nach seiner Lage und seinen Gränz-
verhältnissen zugeben, und es war dies darum ein Punkt, wo
man von vorn herein auf den härtesten Meinungskampf
gefaßt sein mußte. Andere Gebietsfragen standen bezüglich des
in der letzten Zeit zu Frankreich geschlagenen nordwestlichen

Deutschland, der dem französischen Kaiserreiche einverleibt gewe-
senen niederländischen Provinzen, des bestandenen Königreiches
Westphalen, der aufgelösten Großherzogthümer Berg, Frankfurt
und Würzburg bevor, Landstriche, die sämmtlich im letzten
Kriege durch die Waffen der Verbündeten zurückerobert worden
und jetzt von ihren Truppen besetzt waren. Wollte man den Abschluß des Friedens mit Frankreich von der Schlichtung aller
dieser gelösten und nun in neuer Weise zu ordnenden Verhältnisse abhängig machen, so war kein Ende abzusehen.

Fürst Metternich hatte darum gleich nach seiner Ankunft
in Paris den Gedanken gefaßt, den nothwendigen Friedensab-
schluß mit Frankreich in der Hauptsache auf die zwischen diesem
und den Verbündeten festzusetzenden Punkte zu beschränken. Der
meisterhafte Blick und die ungemeine diplomatische Gewandtheit,
die alle seine Schritte kennzeichneten, seit ihm die erste Hoffnung
leuchtete, dem gesunkenen Oesterreich zu seiner früheren Größe
zu verhelfen, bewährte sich auch jetzt. Während er noch im Laufe
des Krieges und jetzt in Paris sorgfältig darauf bedacht war,
Oesterreich den Rückerwerb aller jener Gebiete zu sichern, deren
Besitz für dessen künftige Sicherheit und Abrundung nothwendig
erschien, wußte er jene Gebietsfragen, deren voreilige Lösung
zum Nachtheile seines Landes ausfallen konnte, klug und tact-
voll hinauszuschieben und künftiger Erörterung anheimzugeben.
So wurde denn ausgemacht, daß man vorläufig nur den Frieden
mit Frankreich zum Abschlusse bringen, die Abwicklung aller
andern noch unentschiedenen Angelegenheiten dagegen einem
demnächst zu eröffnenden Zusammentritte der Souveraine und
ihrer Minister überlassen wollte. Als Ort dieses Congresses
wurde — aus Rücksicht für Oesterreich, das durch seinen Beitritt zum Bunde wider Napoleon so wesentlich zur Entscheidung
beigetragen, daß den Heeren der Verbündeten einen ruhm-

gekrönten Feldherrn zum Führer gegeben und dessen Monarch
dem siegreichen Europa die Höhe und den Glanz seiner Tochter
zum Opfer gebracht hatte — Wien bestimmt.

Am 30. Mai wurde zwischen Oesterreich, Großbritannien,
Rußland, Preußen, Spanien, Portugal und Schweden einer=
seits und Frankreich andererseits zu Paris der Friedensvertrag
unterzeichnet. Die Gränzen Frankreichs wurden auf seine Ausdehnung von 1792 eingeschränkt, dazu etwa 150 Geviertmeilen
mit 600.000 Einwohnern in den belgischen und Rhein-Depar-
tements im Nordosten, dann Theile von Genf und Savoyen im
Südosten. Frankreich behielt seine alten Colonien, bekam Guyana
von Portugal, Guadeloupe von Schweden zurück, mußte dagegen
San Domingo an Spanien, Tabago, St. Lucia, Isle de France
an England herausgeben, welchem letzteren auch Malta verblieb.
Die Unabhängigkeit Deutschlands als Staatenbundes, die Unabhängigkeit der Schweiz als neutralen Gebietes, die Unabhängigkeit Italiens als eines Complexes souverainer Staaten
wurde grundsätzlich ausgesprochen, eben so die Unabhängigkeit
Hollands unter erblichen Fürsten aus dem Hause Oranien. Die
belgischen Provinzen hatten bis zum Ausbruche des Revolutions=
krieges zu Oesterreich gehört, das aber nun auf ihre Wieder-
erwerbung verzichtete, da England besondern Werth darauf
legte, auf dieser Seite eine ausgiebige Vormauer gegen Frankreich zu schaffen. In einem am 14. Juni von den Vertretern
Oesterreichs, Großbritanniens, Rußlands und Preußens unterzeichneten Protokolle wurde demgemäß die Vereinigung der belgischen Provinzen mit Holland zu einem Staate festgesetzt.

Nach abgeschlossenem Frieden empfingen die drei Monarchen
eine Einladung des Prinz-Regenten von England zu einem
Besuche in London. Kaiser Franz lehnte sie dankend ab, es trieb
ihn zurück in sein Land; Alexander und Friedrich Wilhelm folg=

ten dem Rufe, und auch Metternich schloß sich ihnen an. Die Zeit, die er in London zubrachte, war keine verlorene. Er wußte sich der Person des Prinz-Regenten so angenehm zu machen, daß dieser großes Vertrauen zu ihm faßte und seinen Ministern dies offen zu erkennen gab. So hatte, noch ehe der Congreß eröffnet war, der österreichische Staatskanzler einen Gesinnungs-genossen gewonnen, dessen Beistand ihm bei den diplomatischen Kämpfen, denen man entgegenging, sehr zu statten kommen sollte.

16.

Rückkehr des Kaisers Franz in seine Staaten, Mitte Juni 1814.

Am 15. Juni 1814 traf Kaiser Franz in Schönbrunn ein. Eine zahllose Menschenmenge erwartete ihn, wie liebende Kinder die Heimkehr ihres Vaters erwarten. Es war eine ergreifende Familienscene im Großen, die da abgespielt wurde. Man drängte sich in seine Nähe, ihn zu sehen, ihn zu grüßen, einen Blick von ihm zu erhaschen, und als die Glücklichsten priesen sich, denen es gelang, unmittelbar an ihn heranzukommen, seine Hände küssen, sein Kleid berühren zu können; kein Auge blieb trocken. Dann zeigte er sich mit der Kaiserin Maria Ludovica auf dem Balcone, und die Menge unten rief Vivats hinauf und die Herren und Damen vom Hofe klatschten Beifall hinunter; es war alles hingerissen von Freude und Jubel.

Am andern Tage, 16. Juni, fuhr der Kaiser zeitlich Morgens in das Theresianum, von wo der Einzug in die Hauptstadt seinen Ausgang nahm. Der schönste Himmel begünstigte die Feier des Tages. Ganz Wien war auf den Beinen: war es doch

über Jahr und Tag, daß man den vielgeprüften und nun so
herrlich belohnten Monarchen nicht gesehen hatte! Der Kaiser
war zu Pferde, nicht wie 1805 und 1809 im Wagen; auch
damals hatte sich die treue Bevölkerung an seinen Weg gedrängt,
auch damals hatte sie ihm stürmische und begeisterte Grüße zuge-
rufen; aber es waren Grüße der innigsten Theilnahme, des Trostes,
des Mitgefühls mit seinem Unglück. Jetzt war es Rührung der
Freude, jubelnde Theilnahme an seinem Glück und seinen Siegen.
Der Zug entfaltete einen wahrhaft kaiserlichen Pomp. Vor dem
Monarchen ritten die niederösterreichischen Stände von ihrem
Landmarschall angeführt die geheimen Räthe, die Erzherzoge;
hinter dem Kaiser kamen die höchsten Hofämter, die Generalität,
ein endloses Gefolge. „Die Pracht des kaiserlichen Einzuges",
schrieb der britische Geschäftsträger Lamb an Lord Castlereagh,
„übertraf bei weitem alles dieser Art, was ich je gesehen habe."
Der Zug bewegte sich langsam und auf Umwegen, um die Bevölkerung nach Möglichkeit daran theilnehmen zu lassen, in den
St. Stephansdom, wo ein feierliches Dankamt angestimmt
wurde, und dann wieder auf einem Umwege durch die bedeutendsten Straßen der Stadt in die Hofburg. Abends war glänzende Stadterleuchtung, und daran reihten sich in den nächsten
Tagen Festspiele, allegorische Darstellungen mit Gedichten und
Gesängen in den verschiedenen Theatern, wobei das Publicum
immer neuen Anlaß fand, seiner ungestümen Freude und Begeisterung Luft zu machen.

Auch die Provinzen wollten theilnehmen an der allgemeinen
Huldigung, die dem geliebten Monarchen gebracht wurde. Am
22. Juni empfing der Kaiser in der Hofburg die Abgeordneten
der Stände aus allen seinen Landen. „Nach vielen Jahren
der Opfer und Verluste" so ungefähr sprach er sie an, „sei endlich die Zeit heilbringender Vergeltung gekommen; je schmerzlicher

die Trennung gewesen, desto wohlthuender sei jetzt das Gefühl,
daß die Kinder ihren Vater unter keinem Wechsel der Verhältnisse verlassen; die bestandene Probe des Unglücks zeige, daß sie das
Glück zu genießen wüßten. Liebt euer Vaterland", so schloß er,
„vertraut eurem Monarchen und vergesset nie, daß euer gemein-
schaftliches Wohl der einzige Zweck seines Lebens ist."

Es war niemals ein Zeitpunkt in der österreichischen Geschichte, wo der Monarch und die Völker mehr Grund hatten,
der Erfolge, die sie errungen, froh zu werden. Der dunkle Hin-
tergrund, aus dem sich die glänzende Gegenwart und die Aussichten in eine reiche Zukunft emporhoben, konnte den Triumph
nur erhöhen. Kein Monarch auf Oesterreichs Throne hatte
anhaltenderes Mißgeschick erduldet, als Kaiser Franz in den zwei
ersten Jahrzehnten seiner Regierung. Seit dem Jahre 1792
waren es nur kurze Zwischenräume, wo die Sonne des sprüch-
wörtlichen Glückes von Oesterreich aus gewitterschwerem Ge-
wölke hervorbrach, das sich schnell wieder zusammenzog, um alle
Schrecken der Verwüstung und Zerstörung aus seinem Schoße
zu entladen. Kaiser Franz hatte viermal als Besiegter mit einem
übermüthigen Feinde Frieden machen müssen. Zweimal hatte
er denselben im Herzen seiner Monarchie mit allem Uebermuth
des Eroberers hausen lassen, zweimal als Flüchtling seine Hauptstadt vor ihm räumen müssen. Er hatte nacheinander die österreichischen Niederlande, die schwäbischen Vorlande, das Herzogthum Mailand abtreten, dann die als Ersatz dafür gemachten
Erwerbungen von Venedig, Dalmatien, Salzburg, Westgalizien
wieder herausgeben, zuletzt Tyrol, Krain, Istrien, Görz, Triest,
die Hälfte von Kärnthen, Theile von Croatien und Ostgalizien
preisgeben müssen. Er hatte den jahrhundertlangen Schmuck einer
ruhmvollen Reihe von Ahnen, die deutsche Kaiserkrone, niederlegen, die Secundo- und Tertiogenituren seines Hauses gegen

schmäleren Ersatz von ihren Thronen herabsteigen lassen müssen. Und bei all' diesen Unfällen, die sich mit den Jahren häuften und mehrten, hatte er doch nie das Vertrauen in eine bessere Zukunft verloren. „Ich bin wohl sehr unglücklich", hatte er 1805 zu einem auswärtigen Diplomaten gesagt, „aber ich habe das Vorgefühl, daß mein Unglück ein Ziel haben werde!"

Dieses Ziel war jetzt gesetzt, und unendlich reicher, als man noch vor einem Jahre in seinen kühnsten Erwartungen hoffen konnte, war von allen Seiten Ersatz für das meist nur vorübergehend Verlorne hereingebracht worden. Die diplomatische Vorsicht und Gewandtheit seines ersten Ministers hatte mit den steigenden Erfolgen seiner tapferen Armee gleichen Schritt gehalten. Gleich bei dem Beitritte Oesterreichs zum Bündnisse wider Napoleon mußte jenem der Rückfall der illyrischen Provinzen zugesichert werden. Im Laufe des Krieges wurde die Vergrößerung Oesterreichs in Italien zum Grundsatze erhoben, und noch vor dem Pariser Frieden hatte sich Oesterreich von seinen Verbündeten den Rückfall der Lombardie, Venedigs, Südtyrols und Dalmatiens, deren Besitz es sich thatsächlich durch seine Heere zurückerobert hatte, anerkennen lassen. Vier Tage nach dem Abschlusse des Friedens, 3. Juni, hatte Oesterreich mit Bayern einen geheimen Vertrag abgeschlossen, laut dessen dieses, gegen angemessene anderweitige Gebietsentschädigung, die Wiederherausgabe von Nordtyrol und Vorarlberg, von Salzburg, des Inn- und Hausruckviertels zusagte. Oesterreich säumte nicht, diese Versprechungen, so weit es anging, zur That werden zu lassen. Am 12. Juni verkündete Bellegarde in Mailand die Einverleibung der Lombardie und des Venetianischen mit Oesterreich. Am 24. übernahm Ritter von Roschmann als kaiserlicher Hof-Commissär Tyrol und Vorarlberg in österreichischen Besitz. Kurz zuvor waren die Tyroler Patrioten

Hormayr und Schneider; nach fast dreizehnmonatlicher Haft, wieder in Freiheit gesetzt worden. Der erstere trat in seinen Dienst bei der Staatskanzlei, aus dem er eigentlich nie geschieden war, zurück, und wurde später, August 1816, k. k. Historiograph. Nur dem armen Schneider ging die Kränkung, die er blos um politischer Rücksichten willen hatte erdulden müssen, an's Leben. Am 23. Juli erfloß das kaiserliche Manifest zur Wiederbesitznahme der illyrischen Provinzen.

Mit welcher unbegränzten Freude das getreue Tyrol sich am langersehnten Ziele seiner Wünsche sah, ließ sich nach allem, was vorgegangen war, erwarten. Aber auch in den übrigen altösterreichischen Gebieten wurde die Rückkehr der kaiserlichen Herrschaft mit Jubel begrüßt, in den erst später ihr zugekommenen mit Befriedigung hingenommen. Daß im Mailändischen das vorangegangene Parteigetriebe nicht auf einen Schlag erlosch, und daß noch im August ein scharfes Verbot gegen die geheimen Anschläge der Carbonari ergehen mußte, konnte wohl eben so wenig befremden, als daß in Raguja, der vielhundertjährigen Stätte selbständigen Gemeinwesens, ein letzter Versuch gemacht wurde, die alte Staatsform wieder herzustellen. Das rasche Ende dieses Versuches offenbarte übrigens hinreichend die Oberflächlichkeit und Ohnmacht desselben. Noch war die Einverleibung Ragujas mit Oesterreich nicht förmlich ausgesprochen und kundgemacht, da brach, während Milutinovié in Cattaro weilte, ein republicanischer Aufstand aus, August 1814. Die Militärgewalt schritt rasch ein, sechzehn Patricier wurden festgenommen, die Thore der Stadt geschlossen, die Garnison trat unter Waffen, Kanonen mit brennenden Lunten fuhren vor der Hauptwache auf. Vierundzwanzig Patricier waren der Verhaftung durch rechtzeitige Flucht entgangen und hatten sich nach Canosa geflüchtet, wo sie Berathungen hielten. Rasch war Milu-

tinović an Ort und Stelle. Er sicherte den Rückkehrenden Straf-
losigkeit zu, drohte dagegen den Ausbleibenden mit Einziehung
ihrer Güter. Er erscheint in Person, ohne Bedeckung, auf Canosa,
wo sich die Flüchtlinge beeilen, ihm ihre Unterwerfung anzu-
kündigen; sie kehren in die Stadt zurück, ihre gefangenen Genossen werden befreit, die Ruhe ist wieder hergestellt. Der nächste
Morgen bringt die förmliche Abtretung von Dalmatien,
Ragusa und Cattaro an Oesterreich, und Stadt und Land
beeilen sich, dem neuen Monarchen ihre Huldigungen darzubringen.

So hatte Oesterreich den größten Theil seiner früheren
Gebiete bereits in förmlichen Besitz genommen, ehe noch der
Congreß zusammentrat, der über die Besitzerwerbungen der
meisten andern europäischen Staaten erst berathen und entscheiden sollte. Zwar Salzburg und die beiden oberösterreichischen
Viertel hielt Bayern, da ein Ersatz dafür noch nicht ausgemittelt
war, einstweilen noch in seinen Händen; allein die wirkliche
Herausgabe war nur eine Frage der Zeit. Von den Gebieten,
die Oesterreich zu Anfang der französischen Kriege besessen,
blieben ihm nur Belgien und die breisganischen Vorlande aus.
Die Verzichtleistung auf Belgien von Oesterreichs Seite war
kein Opfer, das es brachte. Es war eher ein Gewinn zu nennen,
da Belgien, so reich, so schön, so gesegnet das Land war und so
treu es zu seinen Fürsten aus dem Hause Habsburg gehalten
hatte, unter den geänderten Verhältnissen und bei seiner Ent-
legenheit von dem Hauptbestande der Monarchie Oesterreich nur
Verlegenheiten bereiten konnte. Dasselbe war von den österreichischen Vorlanden zu sagen. Im Nordosten hatte Oesterreich
im Laufe der französischen Kriege Westgalizien und kleinere
Theile von Ostgalizien eingebüßt; was es davon zurückerhalten
sollte, das allein stand noch in Frage, weil es mit der großen

polnisch-sächsischen Angelegenheit zusammenhing deren Entscheidung dem Congresse vorbehalten blieb.

17.

Ankunft der Congreßgäste in Wien — Erste Meinungsverschiedenheiten — Förmliche Eröffnung des Congresses, September bis 1. November 1814.

In Paris war ausgemacht worden, daß sich zwei Monate nach dem abgeschlossenen Frieden Bevollmächtigte aller jener Mächte, die an dem letzten Kriege theilgenommen, in Wien zusammenfinden sollten. Indeß wirkten später verschiedene Umstände zusammen, daß die Frist bis Anfangs October hinausgerückt wurde. Doch trafen bereits am 2. September, und dann stets mehr in den folgenden Tagen die ersten auswärtigen Bevollmächtigten zum Congresse in der österreichischen Hauptstadt ein.

Fürst Metternich, seit 17. Juli von seiner Londoner Reise heimgekehrt, brachte die erste Zeit in Baden nächst Wien zu. Mehrere andere Diplomaten fanden sich da zeitweise ein, und hier war es, wo die ersten vorläufigen Besprechungen über den Beginn des Congresses stattfanden, dessen Angelegenheiten man in die allgemein-europäischen und die des zu bildenden deutschen Bundes zu scheiden beschloß. Mitte September übersiedelte Metternich nach Wien, wo inzwischen Hardenberg, Nesselrode, Castlereagh, Stein, Wrede, Dalberg, Clancarty, Talleyrand u. a. theils schon eingetroffen waren, theils im Laufe der Tage ankamen. Am 22. bezogen die ersten gekrönten Häupter, Friedrich I. von Württemberg und Friedrich VI. von Dänemark, die für sie unmittelbar in der kaiserlichen Hofburg bereit

gehaltenen Appartements. Am 25. wurden Alexander I. von
Rußland und Friedrich Wilhelm III. von Preußen am Ende der
Taborbrücke von Kaiser Franz empfangen; unter dem jauchzenden Zuruf der Bevölkerung, unter dem Donner der Geschütze,
unter dem Geläute aller Glocken hielten die drei großen Verbündeten, Kaiser Franz in der Mitte, ihren feierlichen Einzug
in Wien. Tags darauf kam die russische Kaiserin Elisabeth; am
28. stiegen die bayerischen Majestäten, Maximilian Joseph und
Karoline, mit dem Kronprinzen Ludwig in der Hofburg ab; am
selben Tage langten der portugiesische Bevollmächtigte Graf
Palmella, der französische Staatsrath de la Besnardiére ein
u. s. w.

Und nun folgte in raschem Wechsel jene Reihe der glänzendsten Festlichkeiten, die dem Wiener Congresse das Witzwort
des Fürsten de Ligne zuzog: „Der Congreß tanzt, aber er
schreitet nicht vorwärts!" Gleich am 29., nachdem die zum Congresse erwarteten gekrönten Häupter alle eingetroffen waren,
fand eine große Praterfahrt statt, wurde von dem Ahnherrn der
Stuwer's ein brillantes Feuerwerk abgebrannt, die Rückfahrt durch
die glänzend erleuchteten Straßen der Stadt unternommen.
Am 30. war Vormittags Wachtparade im Prater, Abends
großer Cercle bei Hof; am 2. October Vormittags Kirchenparade
auf dem Glacis, Abends Hof-Redoute; am 3. großes Manöver
auf der Simmeringer Haide ꝛc. Die großartigste aller militärischen Festlichkeiten war die am Jahrestage der Schlacht bei Leipzig, 18. October, im Prater. Die ganze Wiener Garnison rückte
dazu aus. Den Anfang machte auf der großen Wiese rechts von
der Hauptallee eine Feldmesse, die der greise Fürsterzbischof von
Wien, Graf von Hohenwart, abhielt. Nach der gottesdienst-
lichen Feier verließen die Monarchen ihr prachtvolles Zelt, und
Kaiser Alexander schritt auf den Kreis der Generalität zu, in

16

deren Mitte sich Schwarzenberg befand. „Es ist billig",
sprach er mit lauter Stimme, „daß, nachdem wir Jenem, dem
wir alles zu verdanken haben, unsere Huldigung dargebracht,
wir Ihnen, Herr Marschall, unsere Anerkennung zollen, weil
nach Gott Sie es sind, dem wir unsere Erfolge schulden." Die
ganze Garnison rückte darauf zum Lusthaus und auf die Simmeringer Haide ab, wo auf langen Reihen von Tischen, unter
allen Arten kriegerischer Trophäen, unter Musik und Kanonen-
salven, unter Trinksprüchen und tausendstimmigem Zuruf ein
frohes Bankett begangen wurde. Abends war Ballfest bei
Metternich, Tags darauf großes militärisches Diner beim
Fürsten Razumovskij. Und so fort Tag für Tag.

Allein jene irrten — und die meisten Schriftsteller bis auf
den heutigen Tag haben ihnen hierin gedankenlos nachgesprochen
—, die da meinten, vor lauter Vergnügen sei der Wiener Congreß nur sehr spät und sehr langsam zu seinen Geschäften gekommen. Im Gegentheil, wie die Arbeiten für den Congreß
schon mehrere Wochen früher begonnen hatten, so wurden sie
auch jetzt, ungestört von den Lustbarkeiten, die nur der äußere
Aufputz waren, eifrig fortgesetzt, bevor noch die förmliche Eröffnung des Congresses öffentlich erklärt werden konnte. Und
bereits stiegen im Laufe dieser Vorverhandlungen so manche
leichte Wölkchen auf, von denen sich voraussagen ließ, daß sie
sich nicht so schnell und so leicht würden zerstreuen lassen, wenn
sie sich nicht gar zu einem finstern Gewitter zusammenballten,
das unter Donnern und Blitzen die scherzenden, lachenden,
hüpfenden und tanzenden Congreßgäste nach allen Richtungen
auseinandertriebe.

Alexander und Friedrich Wilhelm hatten unter sich die
Abrede getroffen, daß man Oesterreich in Italien freie Hand

laſſen, dafür aber das ungetheilte Polen an Rußland, das ganze Sachſen an Preußen bringen wolle. Das Herzogthum Warſchau war von den ruſſiſchen Armeen, ſeit ihrem Vorrücken gegen Weſten Ende 1812, ſeiner ganzen Ausdehnung nach beſetzt, und dort wurde auch die Hauptmacht der jetzt aus dem Kriege heimkehrenden Truppen feſtgehalten oder in die angränzenden ruſſiſchen Gouvernements verlegt. Sachſen wurde nach dem Falle von Dresden und Torgau unter vorläufige ruſſiſche Verwaltung, mit dem General Fürſten von Repnin als Generalgouverneur an der Spitze, geſtellt. Die beiden Monarchen hatten weiter unter ſich ausgemacht, daß Sachſen von der ruſſiſchen in preußiſche Verwaltung übernommen, die ruſſiſche Beſatzung des Landes auf das Warſchauer Gebiet zurückgezogen werden ſollte. Sie dachten auf ſolche Art eine vollendete Thatſache zu ſchaffen und das Beiſpiel Oeſterreichs nachzuahmen, das die italieniſchen, iſtrianiſchen und dalmatiniſchen Landſtriche, auf die es ſein Augenmerk gerichtet, gleichfalls vorerſt von ſeinen Truppen hatte nehmen und beſetzen und darauf den gemachten Erwerb ſich von ſeinen Verbündeten beſtätigen laſſen.

Doch ſo meinte es nicht Metternich mit Polen und Sachſen zu halten, nicht etwa, weil er Rußland und Preußen aus kleinlichem Neid die gewünſchte Bereicherung nicht gönnte, ſondern weil er ſie ihnen, um der wichtigſten Intereſſen Oeſterreichs willen, nicht gönnen konnte. Durfte es ein einſichtsvoller öſterreichiſcher Staatsmann gleichgiltig hinnehmen, daß Rußland, das in den letzten Jahren von der einen Seite Finnland erworben, von der andern ſich den Donaumündungen genähert hatte, nun auch noch mit dem gewaltigen polniſchen Keil weit nach Mitteleuropa hereinrage, oder daß das raubſüchtige Preußen, deſſen Hauptziel ſeit Friedrich's II. Tagen auf die Schwächung Oeſterreichs hinausging, die wichtigen

Päffe des fächfifchen Erzgebirges, fo zu fagen unmittelbar unter
den Wällen von Therefienftadt, der einzigen böhmifchen Feftung
auf diefer Seite, in feine Hand bekomme?

War es Metternich geglückt, die Entfcheidung über diefe
öfterreichifche Lebensfrage von Paris nach Wien zu übertragen,
fo befand er fich doch noch lange nicht in der Lage, der darüber
zu eröffnenden Discuffion mit Beruhigung entgegenzufehen.
Wohl hatte er fchon während des letzten Krieges die briti-
fchen Staatsmänner, vor allem Caftlereagh und neueftens
Wellington, fich befreundet; allein diefe hielten doch gewiffe
Hauptpunkte der Politik ihres Infelreiches feft, die mit feiner
Anfchauung nicht übereinftimmten. Unter folchen Umftänden
kam es Metternich nur gelegen, daß der eben erft in Wien ein-
getroffene Vertreter Frankreichs einen kleinen Sturm erregte,
der vorläufig zur Folge hatte, daß die förmliche Eröffnung des
Congreffes vom 1. October auf den 1. November hinausge-
fchoben wurde, während welcher Zeit man die Hauptfchwierig-
keiten, die fich der von allen Seiten gewünfchten Einigung in
den Weg ftellten, befeitigen zu können hoffte.

Mit dem Talleyrand'fchen Sturm hatte es folgende Bewandtniß. Als er nach Wien kam, fchien es unter den vier
Hauptverbündeten, Oefterreich, England, Rußland und Preußen,
abgemachte Sache zu fein, daß über alle Gebietsfragen in erfter
und in letzter Linie nur unter ihnen felbft, den großen „Vier",
entfchieden werden follte; jedenfalls, meinten fie, liege es in der
Natur der Sache, daß Frankreich, das befiegte, nicht mitzureden
habe über die Theilung der Bente, die ja eben ihm abgenommen
worden war. Allein das war nicht die Meinung Talleyrand's.
Er wollte nicht nach Wien gekommen fein, bloß um fich auf
Hof-Redouten und im Cercle fehen zu laffen, um Bälle und
Salons zu befuchen, um Feuerwerke und Beleuchtungen zu

sehen, und dann bei Entscheidung der wichtigsten Angelegenheiten den stummen Zeugen zu machen. Gerade weil er als
der Vertreter einer besiegten, von ihrer früheren Höhe herab-
gestürzten Macht erschien, legte er das größte Gewicht darauf,
sich als ein Gleicher den Andern anzureihen und seinem Lande
den ebenbürtigen Rang unter den Großmächten Europas in
keinem Stücke verkümmern zu lassen. „Wie könnt ihr euch noch
Verbündete nennen!" rief er den Vieren zu; „seid ihr noch
gegen uns im Krieg?" „Wir verlangen nichts", sagte er wieder,
„wir verlangen nicht ein Dorf für uns; aber wir wollen, was
recht ist!" Gerade darum, behauptete er, weil Frankreich unbetheiligt und uneigennützig sei, müsse es darauf bestehen, mit berathen und gehört zu werden; „will man uns das nicht zugestehen, gut, so ziehen wir uns von allem zurück." Er schien es
mit seiner Drohung ernst zu meinen, und auf einen so auffälli-
gen Schritt wollten es die Vier doch nicht ankommen lassen.
Es fanden mehrere stürmische Sitzungen statt; die Zwischenzeit
benützte Gentz, um von Einem zum Andern zu laufen und sie
zur Nachgiebigkeit zu stimmen; endlich kam man überein, daß
die Vertreter der acht Mächte, die den Pariser Friedensvertrag
unterzeichnet hatten, also nicht bloß Frankreich, sondern auch
Schweden, Spanien und Portugal, mit in den leitenden Ausschuß des Congresses aufgenommen werden sollten.

Metternich konnte mit dieser Einrichtung ganz zufrieden
sein. Er hatte dadurch für jede Seite der polnisch-sächsischen
Angelegenheit jedenfalls einen festen Verbündeten gewonnen.
War Castlereagh anfangs der Vergrößerung Preußens durch
Sachsen nicht abgeneigt, so konnte er doch um keinen Preis die Zu-
theilung von ganz Polen an Rußland zugeben, dessen riesige
Machtentfaltung die britischen Staatsmänner mit besorgten
Blicken wahrzunehmen begannen. Schien andererseits Talleyrand,

getreu den Traditionen der französischen Politik, hinsichtlich der Wiederherstellung des Königreichs Polen für's erste den
Plänen Alexander's nicht durchaus abhold zu sein, so stemmte er
sich doch vom ersten Augenblicke gegen die Ansprüche Preußens
auf Sachsen, einestheils weil man in Frankreich die Rettung
des Königs Friedrich August, seines letzten treuen Verbündeten
jenseits des Rheins, für eine Ehrensache nahm, und andrerseits
weil Frankreich aus denselben Gründen, aus denen England
die Erstarkung Preußens wünschte, diese letztere hintanhalten
mußte. Gelang es Metternich, den britischen Premier auch
bezüglich der sächsischen Frage, den Vertreter Frankreichs auch
bezüglich der polnischen auf seine Seite zu bringen, so hatte er
gewonnenes Spiel. Einstweilen konnte der österreichische
Staatskanzler Castlereagh und Talleyrand allein wirken lassen,
von denen er überzeugt war, daß jener in der polnischen, dieser
in der sächsischen Frage mit aller Entschiedenheit auftreten würde.
Es dauerte auch nicht lange, so befand sich der russische Kaiser
mit beiden im offenen Kriege. Talleyrand erklärte dem Zar, Frankreich werde in eine Verschlingung Sachsens durch Preußen unter
allen Umständen nicht einwilligen, und Lord Castlereagh warnte:
„Wolle Rußland darauf bestehen, ganz Warschau besetzt zu
halten, so würden die Vertreter Englands die offene Erklärung
abgeben, daß man durch solches Vorgehen aller Aussicht auf Herbeiführung eines geordneten Zustandes, wie man dieß zu Paris
verheißen, beraubt sei; der Kaiser möge diese Folgen in ernst-
liche Ueberlegung nehmen." Zuletzt durfte auch Metternich
nicht länger schweigen. Am 22 October richtete er eine Note
an Hardenberg, worin er sich mit vieler Schonung über die
sächsische, aber mit aller Entschiedenheit über die polnische Angelegenheit aussprach, das gemeinschaftliche Interesse hervor-
hob, das Oesterreich wie Preußen daran hätten, nicht das

ganze Warschau Rußland in die Hände zu spielen, und den preußischen Staatskanzler aufforderte, um dieses gemeinsamen Interesses willen Hand in Hand mit Oesterreich zu gehen.

Die erste Folge dieser Note war, daß dem Könige von Preußen in der That Bedenken aufstiegen, ob es wohl in seinem Besten liege, sich unbedingt in die Arme Rußlands zu werfen; die zweite, daß Kaiser Alexander, als er diese Stimmung wahrnahm und die Ursache davon erfuhr, über Metternich die ganze Fülle seines Zornes entlud. Er ließ ihn kommen und versuchte es mit ihm zuerst im guten; er wollte ihn von der Reinheit seiner Absichten, die nur das Wohl Polens im Auge hätten, überzeugen. Als ihm aber Metternich mit feiner Ironie entgegnete: „wenn es sich nur darum handle, die Polen zu beglücken, so könne Oesterreich, das gleichfalls Ansprüche auf einen großen Theil des Herzogthums Warschau habe, diese Rolle wohl auch übernehmen", da fuhr Alexander heraus: „Sie sind der einzige Mann in Oesterreich, der sich mit Rußland einen solchen Ton der Auflehnung herausnimmt!" Metternich zog sich zurück, indem er mit Würde entgegnete: „Wenn die Beziehungen der Cabinete eine solche Gestalt annehmen, werde ich meinen Monarchen bitten, an meiner statt einen andern Bevollmächtigten für den Congreß zu ernennen." Kaiser Alexander schien die Verwirklichung dieser Worte, so große Stücke er sonst auf Metternich hielt, unter den obwaltenden Umständen durchaus nicht zu bedauern, und ergriff die erste Gelegenheit, die ihn mit Kaiser Franz zusammenführte, sich über Metternich's Haltung und Sprache zu beschweren. Allein aus der Antwort, die ihm wurde, konnte er entnehmen, daß Kaiser Franz mit dem Auftreten seines Ministers nichts weniger als unzufrieden und weit davon entfernt sei, sich der Dienste eines so erprobten Staatsmannes berauben zu wollen.

Solches war die nicht sehr tröstliche Lage der Dinge, als am 1. November 1814 die förmliche Eröffnung des Congresses stattfand. Sie war im eigentlichen Sinne des Wortes eine bloße Formsache, die darin bestand, daß die Vertreter der Acht ihre Vollmachten einander mittheilten und jene der übrigen Mächte einluden, die ihrigen in der kaiserlichen Staatskanzlei niederzulegen. Den Vorsitz in dem leitenden Ausschusse einzunehmen, wurde über Talleyrand's Vorschlag Fürst Metternich eingeladen, als der erste Bevollmächtigte jener Macht, in deren Hauptstadt der Congreß tage. Zum ersten Secretär des Achter-Ausschusses wurde Friedrich von Gentz erwählt, der schon bisher das Amt eines Protokollführers zur ungetheilten Befriedigung Aller geführt hatte.

Wenn man den Wiener Congreß als die Gesammtheit aller Bevollmächtigten der am Congresse vertretenen Mächte auffaßt, so ist derselbe in Wirklichkeit niemals zusammengetreten. Es war immer nur ein Ausschuß von Vertretern der mächtigsten Staaten, von welchem die Berathung der in Frage kommenden Angelegenheiten ausging und der sich die letzte Entscheidung darüber vorbehielt. Die Einzelnheiten der verschiedenen Fragen wurden in besonderen Ausschüssen berathen, die sämmtlich aus dem leitenden Ausschusse hervorgingen und deren Ergebnisse derselbe zum Beschlusse erhob.

Der Zeit nach der erste dieser Ausschüsse war jener für die deutschen Angelegenheiten, dessen erste Sitzung am 14. October stattfand, der aber kaum einen Monat später, 16. November, seine Berathungen einstellte, ohne irgend einen Erfolg erzielt zu haben. Der Grund lag einestheils in seiner Zusammensetzung, anderntheils in der weit auseinandergehenden Verschiedenheit der gegenseitigen Ansichten. Den Ausschuß bil-

deten Oesterreich, Preußen, Bayern, Württemberg und Hannover. Oesterreich, Preußen und Hannover gingen in allen Haupt-
fragen miteinander; allein Bayern und Württemberg zeigten
sich so ungefügig, erhoben, wo sie konnten, solche Schwierigkeiten, daß es zu gemeinschaftlichen Beschlüssen nicht kam. Andererseits warfen die größeren der im Ausschusse nicht vertretenen Staaten, wie Baden, das Gesammthaus Hessen, nicht
ohne Grund die Frage auf, woher jene fünf Staaten ihren
Beruf hätten, sich als Wortführer aller übrigen zu betragen,
die doch nicht minder Mitglieder des künftigen Bundes sein
sollten. Es war ihnen das keine bloße Formfrage. Die mittleren
und kleinen deutschen Länder waren gern bereit, einen Theil
ihrer Hoheitsrechte zur Stärkung des gemeinschaftlichen Ganzen
abzugeben, wogegen sich aber Bayern und Württemberg mit
aller Macht sträubten, die an ihrer Souverainetät nicht das
geringste schmälern lassen, sich sogar das Recht des Krieges und
Friedens, der selbständigen Repräsentation nach außen vorbehalten wissen wollten. Die mittlern und kleinen Staaten, und mit
ihnen der hannoveranische Bevollmächtigte Graf Münster, strebten
die Wiederherstellung der deutschen Kaiserwürde im
Besitze Oesterreichs an. Viele Denkschriften wurden darüber
abgefaßt, die Minister Metternich und Hardenberg wiederholt
mit Deputationen beschickt, der Kaiser Franz in feierlichen
Audienzen darum gebeten. Allein für's erste hatte dieser keine
Neigung auf den Plan einzugehen. Hatte er es doch in früheren
Jahren bis zum Ueberdrusse erfahren, was es heiße, scheinba-
res Oberhaupt über eine Anzahl mehr oder minder mächtiger,
in ihren Plänen und Zielen immer auseinandergehender, stets
nur ihren besondern Vortheil, nie das Interesse des Ganzen im
Auge haltender Fürsten und Länder zu sein! Dann aber, selbst
wenn Kaiser Franz gewollt hätte, war jetzt eine Aussicht mehr

vorhanden, damit durchzudringen? Preußen erklärte offen, daß mit einem schwachen Kaiserthum nicht gedient sei, daß es sich aber ein starkes nie gefallen lassen würde.

Außer dem deutschen Ausschusse wurden im Laufe des Congresses noch viele andere niedergesetzt, die sämmtlich früher oder später mit ihren Aufgaben zu Stande kamen und zum Theil höchst eingehende und werthvolle Arbeiten lieferten. Das letztere galt insbesondere von dem Ausschusse für die freie Schifffahrt auf den mitteleuropäischen Strömen und Flüssen, an dessen Arbeiten sich Wilhelm von Humboldt, der zweite Bevollmächtigte Preußens, in hervorragender Weise betheiligte, und von jenem über die Maßregeln zur Abschaffung des Negerhandels, dessen Ergebniß jene berühmte Erklärung vom 8. Februar 1815 war, die mit Recht als eine der schönsten und edelsten Kundgebungen des Wiener Congresses gepriesen wurde. Ein dritter Ausschuß hatte die Angelegenheiten der Schweiz, ihre Stellung als Ganzes im europäischen Staatensystem, so wie die Gebietsverhältnisse der einzelnen Cantone, deren im Lauf der letzten Zeitläufte fünf neue entstanden waren — Aargau, Waadt, Tessin, St. Gallen und Thurgau — zum Abschlusse zu bringen. Ein vierter Ausschuß führte die Verhandlungen über die Vereinigung der früheren Republik Genua mit dem Königreiche Sardinien, ein fünfter jene über die Ansprüche, die der Prinz Karl Rohan-Guéménée und der Admiral Philipp Latour d'Auvergne gegenseitig auf den Besitz des Herzogthums Bouillon erhoben; ein sechster prüfte die Forderungen, die Spanien für die Ex-Königin Maria Luise von Hetrurien erst auf Toscana, dann auf Parma geltend machen wollte. Ein sogenannter statistischer Ausschuß hatte die Daten hinsichtlich des Flächenraumes und der Volksmenge jener Gebiete zu liefern, um deren Zutheilung an die verschiedenen Anspruchsteller es sich handelte.

Endlich gab es auch einen Ausschuß, der die Bestimmungen vorzuschlagen hatte, nach denen in Hinkunft der Rang unter den
diplomatischen Agenten der gekrönten Häupter geregelt
werden sollte.

Aber noch ungleich mehr Ausschüsse hätte der Congreß
niedersetzen müssen, wenn er all die zahllosen Angelegenheiten
entscheiden wollte, die vor sein Forum gebracht wurden. Wer in
den letzten fünf und zwanzig Jahren irgend ein Recht eingebüßt,
Besitz oder Einkünfte verloren, eine Schmälerung seines früheren
Ranges zu beklagen hatte, glaubte den Zeitpunct nicht ver-
säumen zu dürfen, um vor dem Areopag des versammelten
Europa die Wiedereinsetzung in den vorigen Stand zu verlangen.
Das waren nun bedeutende, aber mitunter auch sehr geringfügige
Gegenstände. Da war zuvörderst der König Ferdinand IV von
Sicilien, der das Festland Neapel, auf dessen Thron jetzt Joachim
Murat saß, von den Mächten zurückbegehrte. Da war der Herzog
Gustav Adolf von Holstein-Eutin, früher Gustav IV. König
von Schweden, der die Giltigkeit seiner Thronentsagung anfocht
und in sein Königreich wieder eingesetzt oder dasselbe doch seinem
Sohne, auf welchen die Entsagung niemals gelautet habe, eingeräumt wissen wollte. Da war der souveraine Johanniterorden,
welcher bat, daß ihm die Insel Malta zurückgestellt oder eine
andere Insel im mittelländischen Meere, etwa Corfu, als Ersatz
dafür zugesprochen werde. Da waren die früheren reichsun-
mittelbaren Fürsten, Grafen und Ritter, welche durch die man-
nigfaltigen Umstaltungen Deutschlands, durch die Stiftung des
Rheinbundes, durch die Errichtung des Königreichs Westphalen
aus selbständigen Herren Unterthanen geworden waren und die
nun ihre vorigen Standesrechte zurückverlangten. Da war der
Fürst Buoncompagni Ludovisi, der seine Besitzrechte auf das
Fürstenthum Piombino und die Insel Elba geltend machte.

Da war der Graf und Herr zu Pappenheim, dessen vormalige Reichserbmarschallwürde die Fluth der Ereignisse fortgeschwemmt hatte; da war die Judenschaft von Frankfurt a. M., deren um 440.000 blanke Gulden vom früheren Großherzog erkaufte Gleichberechtigung von der jetzigen Stadtgemeinde in Frage gestellt wurde 2c. 2c.

Es gab aber auch Angelegenheiten von allgemeinem Interesse, wofür uneigennützige Menschenfreunde den Congreß in Thätigkeit zu setzen suchten. Darunter gehörte namentlich das Unwesen der Seeräuberei, das die Barbareskenstaaten (Algier, Tunis und Tripolis) auf dem mittelländischen Meere trieben und worunter alle benachbarten Küstenstrecken, alle Handelsschiffe, die nicht unter einer bevorzugten Flagge fuhren, zu leiden hatten. Der britische Admiral Sidney Smith erschien in Wien hauptsächlich in der Absicht, die versammelten Mächte dahin zu bringen, mit vereinten Kräften diesem Ueberbleibsel einer überwundenen Vorzeit ein für allemal ein Ende zu machen. Er wollte eine Flotte ausgerüstet wissen, wozu alle seefahrenden Nationen ihre Contingente zu stellen hätten, und erbot sich, die Führung derselben zu übernehmen. Der Congreß war nicht abgeneigt, diesem Gegenstande seine Aufmerksamkeit zu schenken; handelte es sich doch dabei um die Befreiung vieler tausend in moslemitischer Gefangenschaft schmachtender Christensclaven! Wenn der schöne Zweck nicht erreicht wurde, so lag die Schuld einerseits in dem selbstsüchtigen Widerstreben Englands, das seine eigene Handelsmarine längst durch Verträge sichergestellt hatte, andererseits in dem Umstande, daß der Congreß, mit hundert andern Dingen beschäftigt, die unmittelbar mit seiner Aufgabe zusammenhingen, eben nicht alles erreichen konnte, was er erreichen wollte oder was man von ihm erwartete.

18.

Fortdauer der Festlichkeiten und der Mißhelligkeiten. — Das geheime Bündniß vom 3. Jänner 1815. — Der Ausschuß der Fünf.

Unter den Schaustücken des November machte keines so viel von sich reden, als das große Carroussel in der k. k. Winterreitschule. Nach wochenlangen Vorbereitungen und wiederholten Hinausschiebungen kam es endlich am 23. November zur ersten Aufführung. Ueber die Pracht, den Glanz und Reichthum, der sich da entfaltete, herrschte nur eine Stimme. Der Werth der Geschmeide, die an dem reichen Costüme der reitenden Damen und ihrer Cavaliere glänzten, wurde auf dreißig Millionen geschätzt. Die Schönheit der Pferde feinster Race, welche die Ritter herumtummelten, war unter der schweren Pracht der Schabraken und des kostbaren Riemzeuges kaum auszunehmen. Das herrliche Schauspiel riß die Zuschauer zu solcher Bewunderung hin, daß die Klage, es nur ein mal sehen zu können, sich nicht anders beschwichtigen ließ, als durch eine zweite, und durch eine dritte Aufführung desselben, 1. und 5. December. Wer mochte da glauben, daß hinter den lächelnden, beifällig nickenden Gesichtern der Monarchen und Minister sich mitunter die finstersten Gedanken, hier von Gram und Besorgniß, dort von Verdruß und aufflammendem Zorne, bargen? Die polnisch-sächsische Frage war es, die zur selben Zeit eine ihrer gefährlichsten Krisen durchmachte.

Am 8. November übergab Fürst Repnin die Verwaltung des Königreichs Sachsen in preußische Hände. Metternich hatte zu dieser einstweiligen Maßregel die Zustimmung seines Kaisers nur

unter der doppelten Bedingung gegeben, daß erstens Preußen mit
Oesterreich in der polnischen Angelegenheit Hand in Hand gehe,
und zweitens daß es sich schließlich nur um Abtretung eines
Theiles von Sachsen an Preußen handeln, daß man dagegen den
Hauptstock des Landes dem Könige Friedrich August belassen
werde. Keine dieser beiden Bedingungen wurde erfüllt. Preußen
ging in der polnischen Frage anstatt mit Oesterreich wieder mit
Rußland gleichen Schritt, und die Proclamationen des Fürsten
Repnin und des preußischen Ministers von der Reck lauteten so,
als ob nun schon ganz Sachsen für immer preußisch wäre.
Darüber entstand, als man in Wien davon erfuhr, gewaltige
Anregung. Talleyrand bezeichnete den Schritt Preußens geradezu
als Verrath. Selbst die nächste Umgebung des russischen Kaisers
billigte den Vorgang nicht. Nesselrode, der dem Lord Castlereagh
versicherte, er habe um die Kundmachung Repnin's nichts gewußt,
blickte mit ernsten Besorgnissen in die nächste Zukunft. Unter den
höheren österreichischen Militärs herrschte Unmuth und Erbit=
terung. Schwarzenberg verhehlte dem russischen Kaiser nicht, daß
er nie den Oberbefehl über die verbündeten Heere würde ange=
nommen, ja seinem Kaiser den Beitritt zum Bündnisse geradezu
würde abgerathen haben, wenn er hätte ahnen können, was da
kommen werde. Metternich erwog die Möglichkeit eines voll=
ständigen Bruches mit Rußland und Preußen. „Oesterreich"
äußerte er zum Kronprinzen von Württemberg, „wird dabei
freilich viel auf's Spiel setzen; allein es kann die polnische und
sächsische Frage nicht aus der Hand geben. Am Hofe Lud=
wig's XVIII. dachte man alles Ernstes an einen neuen Los=
bruch; der Kriegsminister nahm die Ergänzung des Heeres, der
Finanzminister die Herbeischaffung der nöthigen Geldmittel in
Angriff und Talleyrand empfing die Weisung, alles aufzubieten,
nicht bloß Oesterreich und die deutschen Staaten, sondern auch

England für die Sache des Königs von Sachsen zu gewinnen. In einer Audienz, die der erste französische Congreß-Bevollmächtigte in den Tagen darauf beim russischen Kaiser hatte, setzte er diesem gelegentlich mit aller Ruhe auseinander, daß Frankreich bereits 200.000 Mann auf den Beinen habe und in den nächsten Wochen 300.000 dazu haben werde, kriegsgeübte Soldaten, auf deren Tüchtigkeit und Treue man sich bei einem auswärtigen Kriege verlassen könne.

Angesichts einer so drohenden Verwicklung mußte Kaiser Alexander in seinen ursprünglichen Vorsätzen doch etwas wankend werden, und er begann den Gedanken einer Theilung des Herzogthums Warschau mit Oesterreich und Preußen, wie das zu Anfang des Bündnisses wider Napoleon war ausgemacht worden, allmälig in Erwägung zu ziehen. Aber auch auf Seite Preußens kamen die ersten Wahrzeichen von Nachgiebigkeit zum Vorschein; es zeigte sich bereit, den König Friedrich August in anderer Weise schadlos zu halten; ein Gebiet in Westphalen, Münster, Paderborn von etwa 350.000 Seelen war man bereit, ihm abzutreten. Damit aber waren weder der sächsische König noch Oesterreich und Frankreich zufrieden zu stellen. Kaiser Franz äußerte zur Großfürstin Katharina von Rußland — denn die hohen Damen unter den Congreß-Gästen blieben nie ganz ohne Einfluß auf den Gang der Ereignisse, besonders wenn sich die Vorboten eines nahenden Sturmes wahrnehmen ließen —, „er wünsche zwar aufrichtig Frieden zu halten; allein er könne nicht zugeben, daß der König von Sachsen seines Landes völlig beraubt werde." Metternich war nun Englands und Frankreichs schon vollkommen sicher. Mit Talleyrand hatte er von allem Anfang her um so leichteres Spiel, als es diesem mit seiner Wiederherstellung Polens nie besonderer Ernst war, und als der Fürst von Benevent bald herausfand, er müsse, um die Wiedereinsetzung

des Königs von Sachsen durchzusetzen, sich möglichst eng an
Oesterreich, welches dasselbe Ziel verfolge, anschließen und dürfe
dieses darum auch in der polnischen Frage nicht im Stiche lassen.
Aber selbst Castlereagh, der bis dahin noch immer stark zu
Preußen hingeneigt hatte, empfing von London aus Andeutungen, die ihn auch in der sächsischen Frage auf die Seite Metternich's brachten, an den er sich in der polnischen von Anfang her
gehalten hatte.

So schien man von allen Seiten wieder in ein friedliches
Geleise einlenken zu wollen, als eine unerwartete Nachricht aus
Warschau eintraf. Großfürst Constantin hatte Wien am 9. November verlassen und war in die Hauptstadt Polens geeilt, wo
er mit dem Kriegsausschusse eifrige Verhandlungen über die
Vermehrung der bewaffneten Macht pflog. Das Ergebniß derselben war ein Aufruf „an das polnische Heer" vom 11. December, worin er die Bewohner des Herzogthums aufforderte, „zum
Schutze ihres Vaterlandes und zur Aufrechthaltung ihrer politischen Existenz" sich unter die Fahnen Kaiser Alexander's zu
schaaren; „denn nur dieser könne ihnen v er s ch a f f e n, was ihnen
die Andern höchstens zu v er s p r e ch e n vermöchten." Das sah
einer Kriegserklärung auf ein Haar ähnlich, und es war zugleich
ein Angriff auf das Ansehen des Congresses; denn wozu berieth
man in Wien über das Schicksal Warschaus, wenn dort von maß=
gebender Stelle offen erklärt wurde, dasselbe liege allein in der
Hand des Beherrschers von Rußland? Die Parteien kamen jetzt
immer härter an einander. Bei einer Verhandlung, die in dieser
Zeit stattfand, gerieth einer der Monarchen derart in die Hitze,
daß er seinen Handschuh auf den Tisch warf. „Meint Euer Majestät damit den Krieg?" fragte Castlereagh. „„Vielleicht, meine
Herren!"" „Ich wußte nicht", entgegnete der britische Staatskanzler, „daß man Krieg führen könne, ohne die Guineen Eng-

lands." Das war eine eben so beißende als wahre Bemerkung;
denn in keiner der festländischen Staatscassen befand sich damals
Ueberfluß an Geld.

Castlereagh stand nun schon ganz auf Metternich's Seite
und durch ihn war auch die Verbindung mit Talleyrand hergestellt, der diese Lage mit seiner eigenthümlichen Gewandtheit
benützte, um das Ziel zu erreichen, das ihm jüngst von Paris
aus war angedeutet worden. Bei einem Geschäftsbesuche, den
ihm der britische Premier gegen Ende December abstattete,
schlug er diesem geradezu ein Bündniß zwischen Oesterreich, England und Frankreich vor, um mit vereinten Kräften den russisch-
preußischen Anmaßungen entgegen zu treten. Der edle Lord war
über diesen kühnen Gedanken, dessen Ausführung die vor kurzem noch Verbündeten mit einemmale in zwei feindliche Lager
schied, so betroffen, daß Talleyrand ihn vor der Hand nicht
weiter drängte. Jedoch traf er seine Vorbereitungen und
berichtete darüber an seinen König, von dem er die nöthige
Vollmacht erhielt, mit der Weisung, auch Bayern und
Württemberg in das Bündniß zu ziehen. Dem Vertreter
Bayerns, dem kürzlich in den Fürstenstand erhobenen Feldmarschall Wrede, konnte nichts gelegener kommen, als ein solcher
Antrag. Schon hielten er und Fürst Schwarzenberg förmliche
Berathungen über einen etwaigen Feldzugsplan, wofür sich
Bayern bis zu 75.000 Mann ausrücken zu lassen erbot. Von
Oesterreich standen bereits 40.000 Mann in Galizien, wohin
jetzt 75.000 Mann nachgeschoben wurden, eine Maßregel, die
Angesichts der Truppenansammlungen jenseits des San nicht
befremden konnte.

Durch Alexander's Natur ging ein Zug ritterlicher Roman-
tik, der ihn für gefühlvolle Regungen leicht empfänglich machte.

17

Eine solche war es, die ihn das ereignißvolle Jahr 1814 nicht zu Ende gehen ließ, ohne nach so viel bedrohlichem Wetterleuchten der letzten Wochen, so viel an ihm lag, den Regenbogen des Friedens aufzuspannen. In diesem Sinne richtete Nesselrode in seines Kaisers Namen am letzten Jahrestage eine Note an die Vertreter Oesterreichs, Großbritanniens und Preußens, mit Vorschlägen zur Schlichtung der polnisch-sächsischen Frage. Darnach sollten der Tarnopoler Kreis von Ostgalizien an Oesterreich, der westliche Theil des Herzogthums Warschau (das heutige Posen'sche) an Preußen kommen, das übrige Gebiet Rußland zufallen, Thorn und Krakau mit einem kleinen Umkreise als freie Städte erklärt, das ganze Königreich Sachsen aber Preußen zugesprochen und dem Könige Friedrich August eine Entschädigung am Rheine ausgemittelt werden.

Durch diesen Vorschlag war der ein e Theil des Streitpunktes, das Schicksal des Herzogthums Warschau, so ziemlich der Ausgleichung nahe gebracht, da Oesterreich auf der Rückerlangung des ehemaligen Westgalizien nicht bestand und für Preußen zur Sicherung seiner Ostgränze nur noch der Besitz von Thorn verlangt werden konnte. Allein der z w e i t e Theil, die Entscheidung über Sachsen und dessen König, stand dabei noch immer auf dem alten Flecke. Preußen wollte von seiner Forderung nicht ablassen, und seine Vertreter stimmten dabei einen hochfahrenden Ton an, der alles wider sie in die Höhe brachte. Während einer Verhandlung, die hierüber am 2. Jänner 1815 stattfand, ging es sehr hitzig her, bis Castlereagh herausfuhr: „England ist nicht da, sich etwas vorschreiben zu lassen; wenn man mit Waffen auftreten will, so wird man mit Waffen antworten." Castlereagh war es nun selbst, der auf die zuerst von Talleyrand angeregte Idee eines geheimen Bündnisses mit Oesterreich zurückgriff; am 3. Jänner kam es zustande, in der

Nacht zum 4. wurde die Urkunde unterzeichnet. Der Vertrag
war in vorsichtigen Ausdrücken abgefaßt; es sollte nur ein Ver-
theidigungsbündniß zwischen den drei Mächten sein, derart daß
jede derselben, im Falle eines gegen sie gerichteten Angriffes, von
den beiden andern mit je 150.000 Mann unterstützt würde.
Ein besonderer Zusatz-Artikel ließ Bayern, Hannover und den
Niederlanden den Beitritt offen; später trat auch Sardinien bei.
Zur Ausarbeitung des Feldzugsplanes wurde ein eigener
Kriegsausschuß zusammengesetzt, den von österreichischer Seite
Radetzky und Langenau, von bayerischer Wrede, von franzö-
sischer Ricard bildeten. Das Bündniß sollte als strenges Geheim-
niß bewahrt werden, da man nur im äußersten Falle davon
Gebrauch zu machen gesonnen war.

Zu diesem äußersten Falle kam es nun wohl nicht. Mochten
nun Rußland und Preußen, wie Einige behaupten, trotz aller
von der Gegenseite angewandten Vorsicht Kenntniß davon erlangt haben, was zwischen den andern drei Großmächten verabredet worden war, oder mochten sie nur im allgemeinen zur
Einsicht gekommen sein, daß ihr starres Beharren auf den bis=
herigen Forderungen keinen Erfolg haben könne, als den vollständigen Bruch mit Oesterreich, Frankreich und England, genug
an dem, schon wenige Tage nach Abschluß des geheimen Bündnisses begannen bei einer Zusammentretung der Bevollmächtigten der fünf großen Mächte jene endgiltigen Berathungen
über das Schicksal von Sachsen und Polen, die binnen wenig
Wochen zu einem von allen Seiten angenommenen Ausgleiche
führten. Das war der sogenannte Ausschuß der Fünf
(Comité des Cinq), gebildet aus den Vertretern von Oesterreich, Frankreich, Großbritannien, Preußen und Rußland, der
fortan die erste und wichtigste Stelle im Bereiche der Congreß-
Verhandlungen einnahm. Zwar behielt der Ausschuß der Acht,

der noch immer zeitweise berufen wurde, seine Eigenschaft und seinen Titel als leitender Ausschuß des Congresses bei und wurde nach wie vor dafür angesehen, daß in ihm eigentlich der Congreß repräsentirt sei; allein der Fünferausschuß stand nicht unter ihm, wie alle andern für besondere Angelegenheiten niedergesetzten Commissionen, sondern neben ihm, ja er überragte ihn bald an Bedeutung und Ansehen. Der Fünferausschuß war, wie sich ein Zeitgenosse ausdrückte, der Areopag, der hohe Rath von Europa, der Mittelpunkt, von wo die folgenreichsten Entschließungen ihren Ausgang nahmen. Der Ausschuß der Fünf hat aber eine weit über den Rahmen des Wiener Congresses hinausreichende Bedeutung dadurch erlangt, daß aus ihm das System der fünf europäischen Großmächte (europäische Pentarchie) herauswuchs, das trotz allem, was in neuester Zeit von der Anerkennung einer sechsten, ja einer siebenten Großmacht gesprochen und verhandelt wurde, im Grunde noch bis heute seine Geltung nicht gänzlich verloren hat.

An dem Tage, da der Fünferausschuß zum erstenmal zusammentrat, 12. Jänner, übersandte der preußische Staatskanzler dem Fürsten Metternich eine Note, in welcher zwar wörtlich noch auf der Einverleibung von ganz Sachsen bestanden wurde, deren Haltung jedoch erkennen ließ, daß es mit dieser Forderung Preußen nun nicht mehr buchstäblicher Ernst sei. Im Grunde handelte es sich, wie jetzt die Sachen standen, sowohl in der polnischen als in der sächsischen Frage nur um das Mehr oder Weniger, was man von den verschiedenen Seiten in Anspruch nahm und was man dagegen dem andern Theile zugestehen mochte. Kaiser Alexander wollte das wichtige Thorn nicht an Preußen, das kaum minder wichtige Krakau nicht an Oesterreich übergehen lassen. Oesterreich bestand nicht

auf Krakau, aber Preußen bestand auf Thorn, das ihm für den
Zusammenhalt seiner beiden Provinzen Preußen und Posen von
großer Bedeutung war. Was Sachsen betraf, so gab Preußen
schon so weit nach, daß dem Könige Friedrich August ein Theil
seines Erbkönigreiches verbleiben solle; allein es verlangte für
den an Preußen abzutretenden Bestandtheil die starke Festung
Torgau und die angesehene Handelsstadt Leipzig, wozu sich
Oesterreich, Frankreich und England im Interesse des ohnehin
so hart mitgenommenen Königs nicht herbei finden wollten.
Endlich wurde für diese letzten Streitpunkte folgender Ausweg
gefunden: „Krakau wird zum Freistaat gemacht und unter den
gemeinschaftlichen Schutz der drei Nachbarmächte Oesterreich,
Preußen und Rußland gestellt; Thorn sammt Gebiet fällt an
Preußen, das dagegen zu Gunsten Sachsens auf Leipzig ver-
zichtet, aber Torgau erhält." Nachdem die fünf Mächte über
diese Punkte unter sich einverstanden waren, handelte es sich nur
noch um die Zustimmung Friedrich August's, der jetzt, aus
seinem Gewahrsam auf Schloß Friedrichsfelde freigegeben,
mit der königlichen Familie seinen vorläufigen Aufenthalt in
Preßburg nahm.

19.

Napoleon's Entweichen von Elba — Achtserklärung wider ihn — Schluß des Congresses.

Der Fasching des Jahres 1815 gehörte zu den kürzesten
— Aschermittwoch fiel schon auf den 8. Februar —, aber zu-
gleich zu den brillantesten des Jahrhunderts. Nur e i n e größere
Feier ernsten Charakters, das Todtenfest für den königlichen
Märtyrer der französischen Revolution Ludwig XVI., † 21. Jän-

ner 1793, im St. Stephansdome von Wien unterbrach die Reihe von kleineren und größeren Ballfesten, die bei Hofe, in öffentlichen Räumlichkeiten, in den Prunksälen des hohen Adels, der Diplomatie und der Finanzwelt veranstaltet wurden Den Reiz der späteren dieser heitern Feste erhöhte die Erscheinung eines Mannes, dessen gefeierten Namen alle Zeitungen der letzten drei Jahre weit und breit bekannt gemacht hatten und der insbesondere dem Wiener Publicum durch eine der rauschendsten Schöpfungen Beethoven's vertraut geworden war — des Herzogs von Wellington nämlich, der am 1. Februar in Wien eintraf, um den nach London zur bevorstehenden Parlamentseröffnung eilenden Lord Castlereagh abzulösen. Wellington trat, was die Congreß-Verhandlungen betraf, durchaus in die Fußstapfen seines Vorgängers und schloß sich, namentlich was die Angelegenheiten des Festlandes betraf, durchaus an Metternich an.

Auf die lauten Freuden des Carnevals folgten die stillen Wochen der Fastenzeit. Auch bei Hof ging es jetzt ruhiger her; von Zeit zu Zeit nur gab es theatralische und mimische Darstellungen, angeordnet von der erfinderischen Kaiserin Maria Ludovica, in Scene gesetzt von den Künstlern Isabey und Joseph Fischer, ausgeführt von jungen Herren und Damen der Aristokratie. Eine solche „Kammerunterhaltung bei Hof" war für den Abend des 7. März angesagt, dessen Vormittag einer der bewegtesten des Congresses werden sollte. Zeitlich früh nämlich erhielt Metternich durch einen Courier aus Genua, und beinahe um dieselbe Zeit Wellington durch eine Depesche aus Florenz, die Nachricht, daß Napoleon die Insel Elba verlassen habe. Schnell angekleidet eilte Metternich zum Kaiser Franz, der sogleich entschlossen war, seine Regimenter von neuem marschfertig zu machen und seinem Minister befahl, die Monarchen von Ruß-

land und Preußen von diesem Entschlusse in Kenntniß zu setzen.
Binnen einer halben Stunde hatte Metternich die zustimmende
Erklärung der beiden letzteren, um 9 Uhr erschien Fürst
Schwarzenberg im Gebäude der Staatskanzlei, um 10 Uhr
versammelten sich die schleunig zu einer vertraulichen Besprechung
berufenen Minister der fünf Mächte bei Metternich, in weniger
als einer Stunde war der Krieg eine beschlossene Sache und
Couriere flogen nach allen Richtungen ab, den auf dem Rück-
marsche befindlichen Truppenzügen den Haltbefehl zu überbringen. Die „Kammerunterhaltung bei Hof" fand wirklich statt;
denn die wichtige Nachricht wurde vor der Hand noch als
Geheimniß behandelt. Doch war den hohen Persönlichkeiten, die
sich im Zuschauerraum befanden, leicht anzumerken, daß ihr
Sinn mit andern Dingen beschäftigt war, als mit denen, die
man auf der Bühne vor ihnen abspielte. Es wurde unter
andern „der unterbrochene Tanz" aufgeführt, ein zu jener Zeit
beliebtes Scherzstück, dem sich an jenem Abend eine ernstere
Bedeutung unterlegen ließ.

Wenn Napoleon, durch übertriebene Nachrichten von den
Vorgängen auf dem Wiener Congresse irregeleitet, auf die Un-
einigkeit unter den Mächten gezählt hatte, so sollte er nur zu
bald eines andern belehrt werden. Zwar seine ersten Erfolge
waren überraschend, und wieder schien jenes Glück seine Schritte
begleiten zu wollen, das ihm beinahe ein Vierteljahrhundert
nicht von der Seite gewichen war. Am 26. Februar hatte
er mit seiner kleinen Flottille Elba verlassen, war am
1. März bei Cannes im Golf Juan an's Land gestiegen, hatte
ohne Schwertstreich, durch die bloße Macht seines Wesens. alle
ihm entgegengesandten Truppen des Königs unter seine Fahnen
gebracht und befand sich am Abend des 20. in Paris. das

Ludwig XVIII. am Morgen mit fluchtähnlicher Eile verlassen hatte. Allein mit diesem überraschenden Siegeslaufe, der ihn auf den Kaiserthron Frankreichs zurückführte, endete auch Napoleon's Glück. Wohin er nach gewonnener Ruhe blickte, was er, um seine neu gewonnene Macht befestigt und anerkannt zu sehen, angriff, alles war von übler Vorbedeutung. Er suchte mit den auswärtigen Souveränen wieder anzuknüpfen, verhieß auf das feierlichste eine Aenderung seiner früheren kriegerischen Politik; allein er fand nirgends Glauben und Gehör, ja seine Boten wurden nicht einmal vorgelassen, seine Briefe von den Monarchen, an die er sie gerichtet hatte, zurückgewiesen oder an den Congreß übergeben. Doch der härteste Schlag, der ihn treffen konnte, war die Erklärung der Congreß-Mächte vom 13. März. Kaum war die Nachricht von seinem Wiedererscheinen auf französischem Boden nach Wien gelangt, als der Achterausschuß über Metternich's Antrag vor ganz Europa feierliche Verwahrung einlegte gegen ein Unternehmen, „durch welches Napoleon Buonaparte den einzigen gesetzlichen Titel zerstörte, an den sich seine Existenz geknüpft fand"; er habe sich dadurch „selbst außerhalb aller bürgerlichen und gesetzlichen Bedingungen gestellt und als Feind und Störer des Weltfriedens der öffentlichen Rache überliefert."

Napoleon hatte geglaubt, seine Gegner zerfahren und zerfallen anzutreffen, und nun sah er sie einiger und im festeren Bunde wider ihn als je. Am 25. März erneuerten die vier großen Verbündeten den Vertrag von Chaumont und verpflichteten sich dadurch zu abermaliger gemeinsamer Kriegsführung, die nicht früher aufhören solle, „als bis Napoleon Buonaparte vollkommen außer Möglichkeit gesetzt sei, Unruhen zu erregen und seine Versuche zur Erlangung der obersten Gewalt in Frankreich zu erneuern" Als das Hauptziel des neuen

Bündnisses wurde bezeichnet „Die Bestimmungen des Pariser
Friedens vom 30. Mai 1814 so wie die am Wiener Congresse
beschlossenen Uebereinkünfte in vollem Umfange aufrecht zu
halten und gegen jede Verletzung, namentlich gegen die Anschläge von Napoleon Buonaparte, sicherzustellen." Zugleich
wurden die umfassendsten Kriegsrüstungen betrieben. Bei dem
Hofkriegsraths-Präsidenten Feldmarschall Schwarzenberg fanden
Berathungen statt, denen die Monarchen von Rußland und
Preußen, Wellington, Wrede, Radetzky, Langenau, Knesebeck
beiwohnten. Man beschloß, die gewaltigen Truppenmassen
der Verbündeten, deren Gesammtzahl man auf anderthalb
Millionen Streiter veranschlagen konnte, in drei Lager zu
theilen   in den Niederlanden Engländer   Preußen und
Holländer unter Wellington und Blücher; am Oberrhein die
Hauptmacht der Oesterreicher, die Russen, Bayern, Württemberger ꝛc. unter dem unmittelbaren Befehle des Oberfeldherrn
Fürsten Schwarzenberg; endlich in Italien eine zweite österreichische Armee unter Frimont und Bianchi. Die letztere war
zunächst bestimmt, dem Könige Joachim von Neapel die Stirne
zu bieten, der sich über die erste Kunde von seines Schwagers
Wiedererscheinen in Frankreich an die Spitze eines Heeres von
80.000 Mann gestellt hatte, mit welchem er nordwärts gegen
die Grenzen des österreichischen Italien zog, während seine Gesandtschaft in Wien noch immer von Friedens- und Freund-
schaftsversicherungen überströmte. Den ersten Stoß Napoleon's
erwarteten die Verbündeten in den Niederlanden; Blücher mit
seinen Preußen befand sich bereits dort, und Wellington verließ
am 29. März Wien und den Congreß, um den Oberbefehl
der britischen und holländischen Truppen zu übernehmen.

Napoleon hatte, um das Vertrauen seiner Franzosen zu
stärken, aussprengen lassen, sein Schwiegervater sei mit den

andern Monarchen zerfallen, habe ein geheimes Bündniß mit
ihm geschlossen, ihm seine Unterstützung und ein Hilfsheer von
100.000 Mann versprochen; die Kaiserin Maria Luise mit dem
Könige von Rom werde ehestens in Paris eintreffen. Allein die
Nachrichten, die Schlag auf Schlag aus Wien eintrafen, be=
sagten von all' dem das Gegentheil. Alle Anstrengungen, die Napoleon machte, um den geradezu vernichtenden Eindruck der Erklärung des Congresses vom 13. März zu verwischen, sie als ein unter-
schobenes, nur allein von der bourbonischen Gesandtschaft in Wien
fabricirtes Machwerk hinzustellen, waren umsonst. Was die Pariser
am meisten stutzig machte, war, daß in dem Schriftstück nicht einmal
der Kaisertitel erwähnt, sondern einfach nur von „Napoleon
Buonaparte" gesprochen wurde. Die Verbündeten waren also
ihrer Sache gewiß, daß es mit dem neuen Regimente nicht lang
dauern werde! Vergeblich waren auch die Bemühungen Napoleon's, alle seine Getreuen wieder um sich zu schaaren. Sein ge-
flüchteter Gegner war jenseits der Grenzen Frankreichs mächtiger
und zählte innerhalb derselben mehr Anhänger, wenn auch stille,
als er. Talleyrand und die französische Gesandtschaft in Wien
widerstand allen Verlockungen des wiedergeschaffenen Kaiserthums. Napoleon's Stiefsohn, Prinz Eugen Beauharnais, eilte
nicht von Wien nach Paris. Selbst seine Gemalin Maria Luise
blieb in Schönbrunn, als man sie wissen ließ, daß man ihren
Prinzen auf jeden Fall zurückbehalten werde. In Frankreich
selbst ließen sich die bedenklichsten Anzeichen wahrnehmen. Zwar
die Armee und die große Anzahl von Officieren, die man nach
dem Pariser Frieden auf halben Sold gesetzt hatte, war voll
Begeisterung für ihren zurückgekehrten Feldherrn, und das
gemeine Volk der Hauptstadt und vielfach in den Provinzen
hoffte von dem neuen Umschwung der Dinge. Aber fast alles,
was den besseren Ständen angehörte, hielt sich in scheuer Ent-

fernung; die Beamten zeigten sich lässig in ihrem Dienste, schienen es sich mit dem, was doch wieder kommen könnte, nicht verderben zu wollen; selbst viele seiner Feldherren und Staats- männer traten nur zögernd in seinen Dienst, oder hielten sich ganz fern, oder eilten wohl gar zu König Ludwig XVIII. nach Gent. Napoleon hatte den Franzosen nebst dem Ablassen von seiner Eroberungspolitik auch eine Aenderung des innern Re- gierungssystems verheißen; constitutionelle Einrichtungen sollten an die Stelle der früheren Alleinherrschaft treten. Allein auch dieses Mittel wollte nicht verfangen. Als die Wahlen zu den neuen Kammern ausgeschrieben wurden, sandten von 83 De- partements 29 überhaupt keine Abgeordneten, die übrigen größ- tentheils Anti-Napoleonisten, während selbst die Kammer der Pairs, obgleich fast durchaus aus Geschöpfen und früheren Anhängern des Kaiserreichs zusammengesetzt, von allem Anfang einen bedenklichen Geist der Unbotmäßigkeit wahrnehmen ließ. Der baldige Sturz des zweiten Kaiserreiches war vorauszu- sehen.

Mittlerweile beeilte sich der Wiener Congreß, mit seinen Arbeiten noch vor Ausbruch des bevorstehenden Krieges zu Ende zu kommen. Von seinen größeren Arbeiten war eine der preis- würdigsten noch vor Castlereagh's Abreise vollbracht worden: es war dieß die schöne Erklärung vom 8. Februar über die Ab- schaffung des Sclavenhandels. Napoleon selbst brachte dem Congresse eine stillschweigende Huldigung dar, indem er am 30. März ein Decret in demselben Sinne im „Moniteur" ver- öffentlichte. Am 19. März beendete der Ausschuß über den Rang der diplomatischen Agenten, am 20. jener über die Angelegenheiten der Schweiz, am 24. der über die Befreiung der Flußschifffahrt von den sie beengenden Schranken seine Arbeit. Am 3. April kamen zwischen Oesterreich, Rußland und Preußen die Hauptverträge über die Theilung des Herzogthums Warschau und über die Errichtung des Freistaates Krakau nach der schon früher getroffenen Abrede zu Stande.

Am längsten währten die Unterhandlungen mit dem König von Sachsen. Noch an demselben Tage, da die Nachricht von Napoleon's Entweichen von Elba in Wien eingetroffen war, hatte man im Fünferausschusse beschlossen, daß sich Metternich, Wellington und Talleyrand nach Preßburg verfügen und dem Könige den Beschluß der Mächte rücksichtlich der Theilung seines Landes zur unbedingten Annahme vorlegen sollten. Am 8. März waren die drei Minister von Wien abgereist; am 11. waren sie wieder zurückgekommen, ohne etwas anderes als Verwahrungen und Einwendungen von Seite Friedrich August's mitbringen zu können. Ein lebhafter Notenwechsel zwischen den Bevollmächtigten der Fünf und den Ministern des Königs, Graf Schulenburg und v. Globig, hatte die Sache nicht weiter geführt, als König Friedrich August Anfangs Mai seinen bisherigen Aufenthalt in Preßburg mit dem in Laxenburg vertauschte, wo es wohl zumeist der persönlichen Einwirkung seines kaiserlichen Schwagers*) zu danken war, daß der König sich zuletzt in sein hartes Schicksal fügte. Am 18. Mai kam das Uebereinkommen zwischen Friedrich August einerseits, und Oesterreich, Rußland und Preußen andererseits zum Abschlusse. Der an Böhmen gränzende Theil des Königreichs Sachsen mit Dresden und Leipzig, ungefähr die Hälfte seines früheren Gebietes, verblieb dem angestammten Fürsten, das übrige fiel an Preußen, das daraus eine eigene Provinz, das Herzogthum

---

*) Die ältere Schwester des Kaisers Franz, Maria Theresia, geb. 1767, war seit 1787 mit Prinz Anton von Sachsen vermält.

Sachsen, bildete. An die Verzichtleistung auf diesen Theil des früheren Besitzstandes seines Hauses mußte Friedrich August, 22. Mai, jene auf das Herzogthum Warschau knüpfen und damit allen Ansprüchen auf die polnische Krone entsagen, die seine Vorfahren siebenzig Jahre lang getragen hatten.

Es war jetzt nur noch die Verfassung Deutschlands, über die sich die den künftigen deutschen Bund bildenden Mächte einigen mußten. Seit dem erfolglosen Auseinandergehen des ersten deutschen Ausschusses war in der Angelegenheit eigentlich nichts weiter geschehen, als daß ein Entwurf nach dem andern — im Ganzen waren es von Mitte September 1814 bis in die zweite Hälfte Mai 1815 neun, darunter zwei österreichische, fünf preußische und zwei zwischen Oesterreich und Preußen vereinbarte — vorgebracht und wieder beiseite gelegt, und daß die Wiedererrichtung des deutschen Kaiserthums mit Oesterreich an der Spitze von den mittleren und kleinen Staaten wiederholt angeregt und von österreichischer wie preußischer Seite aus den früheren Gründen jedesmal abgelehnt wurde. Einen dritten Anlaß zu Meinungsverschiedenheiten bildete die Zusammensetzung des neuen deutschen Ausschusses. Den früheren hatten bekanntlich nur Oesterreich, Preußen, Bayern, Hannover und Württemberg gebildet und schon damals hatten die andern „souverainen Fürsten und freien Städte" Deutschlands nicht einsehen wollen, woher jene Fünf die Berechtigung geholt, über sie ohne sie zu entscheiden. Das Begehren, zu den Berathungen über die künftige Verfassung Deutschlands beigezogen zu werden, wurde von Seiten der mittleren und kleineren Staaten immer dringender, bis man sich zuletzt dahin einigte, daß außer jenen Fünf und dem Königreiche Sachsen auch Baden, HessenDarmstadt, Luxemburg (Niederlande) und Holstein (Dänemark) besondere Bevollmächtigte ernennen, die übrigen Fürsten und

Städte aber sich durch einen Ausschuß von fünf Bevollmächtigten vertreten lassen sollten. In dieser Weise fand denn am
23. Mai die erste Zusammentretung statt, in welcher der zuletzt
zwischen Oesterreich und Preußen vereinbarte Entwurf zur
Grundlage der Berathungen angenommen wurde. Im Verlaufe
der Sitzungen, die nun in ungemein rascher Aufeinanderfolge
stattfanden — 23. 26. 29. 30. 31. Mai, 1. 2. 3. 5. 8.
10. Juni —, bildete sich ein neuer, zehnter Entwurf heraus,
aus welchem schließlich die wirkliche „Bundesacte oder
Grundvertrag des deutschen Bundes" hervorging. Die
deutsche Bundesacte trug das Datum des 8. Juni 1815, die
Namensfertigung der bevollmächtigten Minister sowie die Sie-
gelung fand am 10. Juni, in der letzten Zusammentretung, statt;
Württemberg und Baden, die sich von Anfang an widerspänstig
gezeigt und von den Berathungen ferngehalten hatten, ließen
auch mit der zustimmenden Unterzeichnung auf sich warten.

Einen Tag früher, am 9. Juni, war die Schlußacte
des Wiener Congresses, die alle einzelnen Verträge und
Uebereinkünfte in den verschiedenen Angelegenheiten theils in
ihren Text aufnahm, theils als Beilagen demselben anschloß,
zustandegekommen und von den Congreß-Bevollmächtigten der
acht Mächte unterzeichnet worden; nur Labrador für Spanien
verweigerte seine Unterschrift, weil der Congreß den Streit-
punkt, der zwischen Spanien und Portugal über die Festung
Olivenza obwaltete, nicht nach Wunsch des ersteren hatte entscheiden wollen. Am 10. Juni hielt der Fünferausschuß seine
letzte Sitzung, am 11. erklärte der Wiener Congreß seine Geschäfte für beendigt.

Mit so großem Glanz und Prunk, mit so viel Geräusch
und Jubel der Wiener Congreß vor mehr als acht Monaten
begonnen hatte, ohne Sang und Klang, fast unbemerkt schloß

er seine Sitzungen. Von den Bällen und Schaustücken, Festlichkeiten und feierlichen Aufzügen, die ihn in den ganz ungerecht-
fertigten Verruf gebracht hatten, als hätte er darüber seine
eigentliche Aufgabe vergessen oder unnöthigerweise hingeschleppt,
von dieser schimmernden Außenseite des Congresses war schon
seit der ersten Hälfte Februar, die einzige Pirutschfahrt im
Prater 4. März ausgenommen, keine Rede mehr; die Zeiten
wurden zu ernst und die Vergnügungslust war gelähmt. Auch
die hohen Gäste des Congresses hatten einer nach dem andern
die prunkvolle Hauptstadt verlassen; der erste von allen, der dicke
und mürrische König Friedrich I. von Württemberg, schon am
26. December 1814; nach ihm, aber erst drei und fünfthalb
Monate später, seine beiden Widerspiele: am 7. April 1815 der
gutmüthige und heitere König Joseph Maximilian von Bayern
und am 16. Mai der „Bruder Lustig" unter den gekrönten
Häuptern, wie ihn der Fürst de Ligne nannte, der aller Welt
freundliche und joviale König Frederik von Dänemark. Als
dann der große Zankapfel unter den Großmächten, die polnisch-
sächsische Frage, beseitigt war, eilten König Friedrich Wilhelm
und Kaiser Alexander am 26., Kaiser Franz am 27. Mai
in das Hauptquartier des Fürsten Schwarzenberg, Heilbronn.
Am 31. endlich verließ König Friedrich August Laxenburg
und traf über Wien, Prag, Teplitz am 6. Juni in der Hauptstadt seines geschmälerten Königreichs ein. Nicht einmal die
Minister alle hielten bis zum förmlichen Schlusse des Congresses
aus. Nesselrode ging schon am 8. Juni, also einen Tag vor
Unterzeichnung der Schlußacte des Congresses, nach Heilbronn;
am 10. reisten Hardenberg und Talleyrand, der erstere
vorläufig nach Berlin, der andere zu König Ludwig XVIII.
nach Gent. Nur Fürst Metternich blieb, gleichsam als Haus-
herr, der die Thüre absperrt und den Schlüssel einsteckt, bis zum

letzten Augenblick zurück; erst in der Nacht vom 12. auf den 13. Juni verließ er Wien, um sich in die Nähe seines Kaisers nach Heilbronn zu begeben.

20.

Sturz Murat's und Napoleon's — Die heilige Allianz und der zweite Friede von Paris.

Zu den italienischen Gebieten, deren Besitz sich Oesterreich noch vor Beginn des Congresses gesichert hatte, waren während desselben die an die Lombardie und Tyrol gränzenden Gebirgsthäler Veltlin, Cleve (Chiavenna) und Worms (Bormio) gekommen. Der schweizerische Canton Graubündten hatte auf dieselben Ansprüche erhoben, wogegen sich aber die Landschaften selbst sträubten und wiederholt ihre Verbindung mit der Lombardie, sei es als selbstständiger Canton unter mailändischem Schutze, sei es als Bestandtheil der österreichischen Monarchie verlangten, bis in der Sitzung des Schweizer Ausschusses vom 13. März die Bevollmächtigten von England, Rußland und Preußen den Besitz der drei Landschaften Oesterreich zusprachen, das dagegen die Herrschaft Razüns (oder Räzüns) mit etwa 800 Einwohnern an Graubündten abtrat. Das auf solche Art erweiterte Gebiet der Lombardie zugleich mit jenem von Venedig wurde von Kaiser Franz am 7. April zum lombardisch-venetianischen Königreich erhoben und Erzherzog Johann von seinem kaiserlichen Bruder auserwählt, die Huldigung der neuen Provinzen in den Hauptstädten Venedig und Mailand, 7. und 15. Mai, entgegenzunehmen.

Diese letzteren Acte gingen vor sich, während der Krieg Oesterreichs mit Joachim Murat von Neapel seinem raschen

Ende zueilte. Der letztere war, wie früher erzählt wurde, mit 80.000 Mann von Neapel ausmarschirt, hatte am 30. März von Rimini aus einen pomphaften Aufruf an die Italiener, sich unter seine Banner zu schaaren, erlassen, war darauf gegen den Po gerückt, hatte am 4. April gegen eine schwächere österreichische Abtheilung den Uebergang über den Panaro erzwungen und am 8. darauf den Brückenkopf von Occhiobello angegriffen. Hier jedoch hatte sein Kriegsglück ein Ende, der Platz wurde von den Unsern behauptet. Am 10. April erfolgte die österreichische Kriegserklärung an den König von Neapel, drei Tage später gingen unsere Truppen von der Vertheidigung zum Angriff über. Am 20. rückte der tapfere Bianchi in Florenz ein, drückte seinen Gegner auf Rimini, 22., auf Ancona, 29., auf Macerata, 30., zurück und lieferte, obgleich an Truppenzahl um die Hälfte schwächer, am 2. und 3. Mai die Hauptschlacht bei Tolentino, die mit der vollständigen Niederlage des feindlichen Heeres endete. Nachdem am 16. Mai auch die neapolitanische Reserve bei Mignano von General Nugent geschlagen worden war, verließ Murat am 18. seine Truppen und eilte in seine Hauptstadt. Jeden Vorschlag von Unterhandlungen, die der geschlagene König mit ihm anzuknüpfen suchte, von der Hand weisend, setzte Bianchi seinen Siegeslauf unaufhaltsam fort und hielt am 23. seinen Einzug in Neapel, von wo sein unglücklicher Gegner schon einige Tage früher, um der Volkswuth zu entgehen, in einer Verkleidung hatte entfliehen und auf die nahe Insel Ischia flüchten müssen. Auch hier hatte er keinen Halt, sondern suchte die französische Küste zu erreichen und stieg am 25. Mai im Golf von Juan, eben dort wo sich Napoleon von Elba kommend ein Vierteljahr früher ausgeschifft hatte, an's Land.

Kaum minder rasch als der Krieg in Italien wurde einige Wochen später der gegen Frankreich zu Ende geführt. Napoleon hatte die ihm gegönnte Frist zu den umfassendsten Kriegsrüstungen benützt. Er befand sich wieder an der Spitze einer stattlichen Armee, deren Hauptmacht er gegen die Niederlande richtete, während sich andere Heeressäulen an den Mittelrhein und nach Savoyen hin bewegten; die Festungen befanden sich in gutem Stand und waren mit allem Kriegsbedarf ausreichend versehen. Am 12. Juni verließ Napoleon Paris, in seinem Rücken die widerspänstigen Kammern, in deren Mitte sogar der Antrag gestellt wurde, die Minister in Anklagestand zu versetzen, weil sie den Krieg ohne vorherige Berathung mit den gesetzlichen Vertretungskörpern Frankreichs hätten beginnen lassen. Am 14. Juni überschritt Napoleon mit seiner Hauptmacht die belgische Grenze, drängte am 15. bei Charleroy das Corps Ziethen's bis Fleurus zurück und besiegte am 16. bei Ligny und S. Armand das Heer Blücher's, während am selben Tage sein linker Flügel unter Ney bei Quatrebras gegen die Truppen Wellington's den kürzeren zog. Napoleon glaubte die Preußen vollständig geschlagen und weitab in nördlicher Richtung gedrängt zu haben, und wandte sich darum gegen Wellington, der ihn in der Gegend von Waterloo in einer vortheilhaften Stellung erwartete. Am 18. Juni kam es hier zur Schlacht. Die Streitkräfte waren einander auf beiden Seiten so ziemlich gleich. Bald gegen Mittag entbrannte der Kampf. Napoleon bot alle Mittel seiner gewaltigen Kriegskunst auf, um seinen Gegner zum Weichen zu bringen. Stundenlang hielten Wellington's Vierecke tapfer und standhaft die erbittertsten Angriffe der Franzosen aus. Endlich begannen sie zu schwanken, und die Schlacht war verloren, wenn nicht im rechten Augenblicke Blücher mit seinen Preußen auf der Walstatt erschien und

dadurch den heißen Tag zum Vortheile der Verbündeten entschied. Die Niederlage der Franzosen war vollständig. Napoleon vertraute die Trümmer seiner schönen Armee der Führung
Soult's an, und eilte nach Paris, wo er am 21. Morgens,
nach kaum neuntägiger Abwesenheit, unerwartet eintraf. Bis
auf ein kleines Häuflein uneigennütziger Getreuen wandte sich
jetzt alles von ihm ab. Die Kammern verlangten geradezu seine
Abdankung, wenn er sich nicht durch sie abgesetzt sehen wolle.
Am 22. stellte Napoleon seine Verzichtleistung auf den Thron
Frankreichs aus und zog sich am 25. nach Malmaison, begleitet von der Königin Hortense, von Caulaincourt, Maret, Las
Cases und wenigen Andern, während die Heere Wellington's
und Blücher's der Hauptstadt Frankreichs immer näher rückten.
Inzwischen hatte auch die Hauptarmee Schwarzenberg's bereits
den Oberrhein überschritten. Die Festung Hüningen wurde ein-
geschlossen, Erzherzog Johann mit der Führung der Belagerungs-
truppen betraut. General Rapp, der im Elsaß 20.000 Mann
commandirte, suchte unter den Kanonen von Straßburg Schutz;
Suchet, der einen Einfall in Savoyen versucht hatte, wurde
gegen Lyon zurückgedrängt; als sie das Unglück von Waterloo
erfuhren, stellte Rapp alle weitern Feindseligkeiten ein, Suchet
capitulirte. Am 30. Juni befand sich das Hauptquartier der
verbündeten Monarchen in Hagenau, wo sie eine Deputation
der französischen Kammern, Lafayette an der Spitze, aufsuchte,
um über das künftige Schicksal Frankreichs zu unterhandeln. Von
den Monarchen wurden die Deputirten nicht vorgelassen, sondern
an eine Commission von bevollmächtigten Diplomaten — von
österreichischer Seite Graf Wallmoden — gewiesen, von denen
sie den Bescheid erhielten, daß sich Oesterreich, Rußland und
Preußen ohne Mitbetheiligung der andern Verbündeten nicht
für berufen hielten, in irgend eine Verhandlung einzugehen,

daß sie aber jedenfalls als unerläßliche Vorbedingung des
Friedens die Auslieferung Napoleon Buonaparte's verlangen
müßten.

Als die Deputirten mit diesem Bescheide nach Paris zurück-
kamen, 5. Juli, hatte sich die Hauptstadt bereits in die Gnade
der Sieger gegeben; die französische Armee mußte, der geschlossenen Uebereinkunft zufolge, hinter die Loire zurückgeführt
werden. Am 7. Juli hielten Wellington und Blücher ihren Einzug in Paris; am 8. zog König Ludwig XVIII. in aller Stille
in seine Hauptstadt wieder ein, die Wiedereinsetzung der
Bourbonen war vollendete Thatsache. Am 10. Juli kam Kaiser
Franz mit seinen beiden hohen Verbündeten in Paris an, am
17. stand die Hauptmacht Schwarzenberg's zum zweitenmale,
diefmal ohne blutig erkaufte Siege, vor den Barrièren der
französischen Metropole. Der militärische Widerstand im ganzen
Lande war gebrochen; nur einige Festungen hielten sich noch,
von österreichischen, russischen oder preußischen Truppen um-
zingelt. Auch diese fielen in den nächsten Wochen. Gegen Hüningen
begann Erzherzog Johann am 21. August die Beschießung, am
28. capitulirte es, seine Festungswerke wurden geschleift. Am
längsten hielt sich Longwy, das die Preußen erst am 9. September härter zu bedrängen anfingen, bis es sich am 18. ergab.

Der zum zweitenmale gestürzte Kaiser der Franzosen, nun
einfach „General Napoleon Buonaparte", hatte bereits am
28. Juni, über Fouché's Andringen, Malmaison verlassen und
sich in langsamen Tagreisen gegen die Nordwestküste Frankreichs
gewandt, immer noch von einem Schimmer von Hoffnung
beseelt, die Nation werde ihn in der letzten Stunde zurück-
rufen und noch einmal den Oberbefehl der Armee in seine Hände
legen. Am   Juli war er in Rochefort. Auch hier zögerte er,
unentschlossen Frankreich auf ewig Lebewohl zu sagen, so lange,

bis es unmöglich war, den englischen Kreuzern, die ein täglich
dichteres Netz um den Eingang des Hafens schlossen, zu ent-
rinnen und nach Nordamerika, wohin er anfangs sich wenden zu
wollen erklärt hatte, zu entkommen. Am 15. bestieg er, sich dem
Schutze Englands anvertrauend, den „Bellerophon", dessen
Capitän Maitland ihn auf die Rhede von Plymouth führte.
Vergebens versuchte Napoleon sich in einem eigenen Schreiben an
die Großmuth des Prinz-Regenten von England zu wenden;
sein Schicksal wurde nicht in London, sondern in Paris
entschieden. Dort wurde am 2. August zwischen Metternich,
Wellington und Castlereagh ein Uebereinkommen unterzeichnet,
laut dessen der General Napoleon Buonaparte als gemeinschaft-
licher Kriegsgefangener der verbündeten Mächte erklärt, jedoch
der alleinigen Obhut Englands anvertraut wurde, während die
andern Mächte nur Commissäre ernennen würden, die sich von
der Anwesenheit des Gefangenen in dessen von England zu
bestimmendem künftigen Aufenthaltsorte zu überzeugen hätten.
Am 8. August wurde General Buonaparte vom Bellerophon
an Bord des „Northumberland" gebracht, der unmittelbar darauf die Anker lichtete und in den großen Ocean hinaussteuerte.
Sein Ziel war eine kleine Felseninsel im atlantischen Weltmeere,
an zwölfhundert Seemeilen vom afrikanischen Festlande, mehr
als achtzehnhundert vom nächsten Punkte des amerikanischen
entlegen, Sanct Helena.

An demselben Tage, wo der gestürzte Kaiser der Franzosen
den trostlosen Uferrand seines künftigen Aufenthaltsortes in
Sicht bekam, 15. October, endete sein Schwager, der entthronte
König von Neapel, an der Küste von Calabrien seine Laufbahn
und sein Leben. Durch verlockende Nachrichten aus seinem früheren Königreiche getäuscht, hatte Murat an der Spitze eines
kleinen Anhangs von 250 Köpfen, der sich in Corsica um ihn

gesammelt, das Wagniß unternommen noch einmal sein Glück zu versuchen. Ein Sturm warf das kleine Geschwader auseinander und mit nur zwei Schiffen landete Murat im Golf von Sta. Eufemia. Er sandte einer Schaar Einwohner, die sich ihm näherte, Freundesgruß zu; doch diese gaben Feuer, worauf die beiden Fahrzeuge das weite suchten und den Unglücklichen seinem Schicksale überließen. Gefangen, auf das Schloß Pizzo gebracht, als französischer „General Joachim Murat" vor ein Kriegs-gericht gestellt und zum Tode verurtheilt, fiel er von zwölf Kugeln der Soldaten, die vielleicht ein paar Monate früher unter seinen Fahnen gedient hatten.

In Frankreich war längst der letzte feindliche Kanonenschuß verhallt und die fremden Monarchen wie deren Armeen rüsteten sich, während die Diplomaten noch am Friedenswerke arbeite-ten, zur Heimreise. Bevor sie Paris verließen, lud Kaiser Alexander seine beiden hohen Verbündeten ein, das Werk der Befreiung und Befriedigung Europas durch einen feierlichen Act der Weihe zu krönen. Von der schwärmerischen Frau von Krüdener, die im Gewande einer Druidin ihm zur Seite stand, inspirirt, entwarf Alexander die Urkunde der heiligen Allianz, worin die drei Monarchen erklärten, sich gegeneinander als Brüder und Landsleute, als Mitglieder einer und derselben christlichen Nation, als Abgeordnete der Vorsehung, gesetzt über drei Zweige einer und derselben Familie, anzusehen, und sich verpflichteten, sowohl in der Verwaltung ihrer Staaten wie in ihren Bezie-hungen nach außen nur allein die Gebote des göttlichen Stifters des Christenthums im Geiste der Gerechtigkeit, der Liebe und des Friedens zur Richtschnur ihres Handelns nehmen zu wollen; alle andern Mächte, die sich zu den gleichen Grundsätzen bekennen wollten, wurden zum Beitritt eingeladen.

Am 26. September 1815 unterzeichneten Franz I., Friedrich Wilhelm III. und Alexander I. die Urkunde der heiligen Allianz. Tags darauf nahmen sie von König Ludwig XVIII. Abschied. Am 28. und 29. verließen die Kaiser von Rußland und von Oesterreich Paris — Friedrich Wilhelm blieb noch einige Tage länger — und trafen am 5. October noch einmal in Dijon zusammen, wo die österreichischen Truppen, 130.000 Mann stark, vor ihrer Heimkehr unter den Augen der Monarchen, des Fürsten Schwarzenberg und des Herzogs von Wellington noch ein großes Friedensmanöver, nach der Angabe Radetzky's, ausführten. Eine Revue am 6. schloß die militärische Feierlichkeit.

Am 20. November 1815 kam der zweite Pariser Friede zu stande. Frankreich wurde dadurch auf die Grenzen zurückversetzt, die es 1790 vor Beginn seiner revolutionären Eroberungskriege gehabt hatte. Es mußte sich ferner verpflichten 700 Millionen Francs Kriegsentschädigung zu zahlen, wovon 137½ Million auf den Bau neuer Festungen an den Grenzen Frankreichs verwendet werden sollten. Endlich wurde ihm auferlegt, eine Einquartierung von 150.000 Mann, die, „zur Aufrechthaltung und Befestigung der neuen Ordnung der Dinge in Frankreich, sowie zur Sicherung und Bürgschaft des europäischen Friedens, unter Wellington's Führung durch fünf Jahre in den östlichen Departements zurückbleiben würden, mit dem Aufwande weiterer 500 Millionen jährlich zu tragen. Die vier verbündeten Mächte erneuerten überdieß das Bündniß von Chaumont vom 1. März 1814 und den Wiener Vertrag vom 25. März 1815, schlossen Napoleon Buonaparte und dessen Familie neuerdings für ewige Zeiten von der obersten Gewalt in Frankreich aus und verpflichteten sich, wenn der Fall einträte, diesem Grundsatze mit Gewalt der Waffen Geltung zu verschaffen. Sie kamen schließlich überein, so oft es die gemeinsamen Zustände von Europa erheischen würden, abermalige Zusammentretungen wie auf dem Wiener Congresse zu halten.

20.
Schlußbetrachtungen.

Das große Werk der Befreiung Europas von der Gewaltherrschaft eines übermächtigen Mannes und der Wiederherstellung der staatlichen Verhältnisse des Welttheiles war vollbracht. Was insbesondere unser Vaterland betrifft, so hatte es sich durch die Weisheit und Kraft seiner Lenker aus dem Zustande tiefster Erniedrigung nicht bloß auf seine frühere Höhe emporgeschwungen, sondern stand mächtiger da, als je. Kaiser Franz beherrschte ein Gebiet, das an Umfang und Bevölkerungszahl jenem, das er vor Ausbruch der französischen Kriege besessen — von dem vorübergehenden Besitze West-Galiziens 1796 bis 1809 kann füglich abgesehen werden —, nahezu gleichstand, das aber vor letzterem den wesentlichen Vortheil voraus hatte, zusammengeschlossen und abgerundet zu sein. Franz I. hatte im Laufe der französischen Kriege die deutsche Kaiserwürde eingebüßt; aber war sie nicht bereits zum Schattenbilde geworden? Dafür hatte er seinem eigenen Länderbestande, den „k. k. Erblanden" wie man sie zusammenfassend ehedem nannte, den Titel und die Würde eines sie alle einschließenden Kaiserthums verliehen, und diesem in dem neuen Staatenbunde der souverainen Fürsten und freien Städte Deutschlands die erste und einflußreichste Stelle gewahrt. Kaiser Franz hatte aber zu dieser Hegemonie in Deutschland auch jene in Italien hinzugefügt. — Die Secundo- und Tertiogenituren seines Hauses,

Toscana und Modena, waren wieder hergestellt; seiner Tochter, der
Kaiserin Maria Luise, war auf Lebenszeit der Besitz von Parma,
Piacenza und Guastalla eingeräumt *). Das Erzhaus Oesterreich beherrschte in solcher Weise ein reiches Viertheil der apen-
ninischen Halbinsel unmittelbar, das übrige Italien durch seinen
entscheidenden Einfluß. Durch eigene Verträge mit den italienischen Regierungen nahm es Oesterreich auf sich, die innere Ruhe
der Halbinsel zum Gegenstand seiner besonderen Sorgfalt zu
machen, bedung sich, was insbesondere das päpstliche Gebiet
betraf, das Mitbesatzungsrecht von Ferrara und Commacchio
aus, und ließ sich dafür das Versprechen geben, daß nie eine
Veränderung im Innern vorgenommen werden wolle, die nicht
mit den vom Kaiser von Oesterreich bezüglich der italienischen
Staaten anerkannten Grundsätzen übereinstimmend befunden
würde.

Durch diesen doppelten maßgebenden Einfluß, in Deutschland und Italien, war zugleich die Weltstellung Oesterreichs
auf eine Stufe gehoben, die es kaum zu einer andern Zeit seiner
Geschichte inne hatte. Der Wiener Congreß hatte sich gegen
manche seiner Vorgänger dadurch vortheilhaft ausgezeichnet,
daß dem lästigen und vielfach behindernden Formenwesen der

---

*) Die gleichnamige Exkönigin von Hetrurien erhielt einstweilen das
Herzogthum Lucca mit der Bestimmung, daß nach dem Tode der
Kaiserin Maria Luise Parma rc. an die Königin Maria Luise
oder deren Nachkommenschaft fallen, Lucca dagegen wieder zu
Toscana geschlagen werden sollte; der Sohn der Kaiserin wurde
mit den Einkünften aus den sogenannten toscanischen, ehemals
pfalzbayerischen Herrschaften in Böhmen und dem Titel eines „Herzogs von Reichstadt" bedacht.

19

Etikette fast jeder Spielraum benommen war. In diesem Geiste hatte auch der zur Bestimmung des Ranges der diplomatischen Agenten niedergesetzte Ausschuß für die Reihenfolge der fünf Großmächte das einfache Auskunftsmittel getroffen, daß die alphabetische Ordnung der Anfangsbuchstaben ihrer französischen Namen den Ausschlag geben solle. Oesterreich fiel dadurch — „Autriche" — der erste Platz zu, und es war, was in solcher Weise ein zufälliger Umstand herbeigeführt, hier nicht ohne tiefere Bedeutung. So lange das Werk des Wiener Congresses im Großen aufrecht stand, füllte Oesterreich mit unbestrittenem Ansehen den Ehrenplatz im Areopag der europäischen Mächte aus. Was Radetzky, der den Blick des Staatsmannes mit dem Auge des Feldherrn verband, schon Mitte September 1813 in einer seiner Denkschriften ausgesprochen hatte: „Die geographische Lage der österreichischen Monarchie und die materiellen Kräfte, über die sie trotz alles bisherigen Unglücks noch immer gebietet, gibt ihr jetzt die erste Stelle in Europa und stellt sie dadurch als die Schiedsrichterin im großen Streit, zugleich aber auch, nah oder fern, als einen Gegenstand des Neides und der Eifersucht auf", das bewahrheitete sich, nachdem der große Kampf ausgerungen, durch lange daraufsolgende glückliche Jahrzehnte; und eben so richtig war es, was ein zeitgenössischer Schriftsteller des Congresses sagte: „Niemals seit der Theilung des Hauses Oesterreich in zwei Linien, die deutsche und die spanische, hatte sich dieser Herrscherstamm zu einem gleichen Grade der Macht erhoben."

Freilich wohl, mit der äußern Machtstellung war nur die eine Seite der Aufgabe gelöst. Die österreichische Diplomatie hat im ganzen Laufe ihrer Geschichte keine glänzendere Reihe von Siegen zu verzeichnen, als jene, die mit dem Vertrage vom 14. März 1812 begann und mit dem zweiten Pariser Frie-

den vom 20. November 1815 schloß. Und eben so hat die öster-
reichische Kriegsgeschichte nicht bald eine so ununterbrochene
Kette von Erfolgen aufzuweisen, als die, deren erste glänzende
Waffenthat die Schlacht bei Kulm, 30. August 1813, und deren
letztes friedliches Waffenspiel das Manöver auf den Feldern von
Dijon, 5. und 6. October 1815, war. Doch die innere
Staatskunst, mußte für sie nicht jetzt, nachdem der äußere
Bestand von neuem gesichert und gefestigt war, das ernsteste,
aber auch schönste und lohnendste Wirken beginnen?!

Kaiser Franz hatte seine Völker zum Kampfe der Befreiung
von einer demüthigenden, harten und ungerechten Gewaltherrschaft worunter der ganze Welttheil seufzte, aufgerufen.
Während der Verhandlungen des Wiener Congresses hatte
Fürst Metternich wiederholt und mit Nachdruck auf „die Rechte
der Unterthanen" hingewiesen und es mehreren deutschen Regierungen gegenüber ausdrücklich gerügt: sie hätten mit dem Ausdruck
„Souverainetätsrechte" Mißbrauch getrieben und damit „despo-
tische Rechte" verwechselt, „dergleichen man nicht begehren könne"
Durch die heilige Allianz endlich hatten sich die Monarchen von
Oesterreich, Preußen und Rußland verpflichtet, ihre Völker nach
den Grundsätzen „der Gerechtigkeit, der Liebe und des Friedens"
zu regieren. Was lag nicht alles in dieser Verheißung! Hatte
man aber den ernsten Willen, sie in Erfüllung zu bringen, die
Worte zur That werden zu lassen? Mit dem Begriffe und den
Folgen politischer Freiheit war allerdings in Frankreich gegen
Ende des letzten Jahrhunderts ein gräßliches Spiel getrieben
worden, und es war von den Staatslenkern nicht bloß recht gehandelt, es war ihre heiligste Pflicht, der Wiederkehr so furcht-
barer Zustände mit allen Mitteln vorzubeugen. Lagen aber diese
Mittel darin, daß man den Völkern, wie dieß namentlich in
Oesterreich geschah, alle politische Freiheit entzog? daß man die

wenigen Reste staatlicher Mitberathung und Selbstverwaltung, die sich in dem ständischen Leben der einzelnen Provinzen erhalten hatten, vollends niederzuhalten, unwirksam zu machen, in der öffentlichen Meinung um alles Ansehen und Vertrauen zu bringen suchte? Gewiß waren die öffentlichen Zustände der österreichischen Länder damals zur Entfaltung freieren selbstthätigen politischen Lebens nicht reif; aber durfte man darum das Ziel alles Strebens darein setzen, sie in dieser Unmündigkeit möglichst zu erhalten, die Grenzen des Reiches mit der chinesischen Mauer einer er- tödtenden Geistessperre abzuschließen und sorgfältig jeden frischeren Zug, der von drüben hereinwehen konnte, fern zu halten?

Fragen solcher Art konnten sich in den Jahren nach den Befreiungskriegen mehr oder weniger alle mitteleuropäischen Re- gierungen stellen; die österreichische Staatskunst jedoch hatte es außerdem mit ganz eigenthümlichen Verhältnissen zu thun, die in anderen Staaten gar nicht, oder mindestens nicht in gleichem Maße vorkommen. Unsere Monarchie ist aus einer Verbindung verschiedener, staatsrechtlich gesonderter Königreiche und Länder entstanden, und diese Verschiedenheit war durch den Hinzutritt der venetianischen Provinzen und Dalmatiens nur noch größer geworden. Diese Gebiete beherbergten überdieß eine Reihe der mannigfaltigsten, allen Hauptstämmen der europäischen Völker- Familie angehörigen Nationalitäten, von denen viele sich gegen Ende des vorigen und zu Anfang des gegenwärtigen Jahrhun- derts eben wieder zu fühlen begonnen hatten. War es unter solchen Umständen nicht vom höchsten Staatsinteresse geboten den Beginn einer neuen und voraussichtlich andauernden Friedensaera dazu zu verwenden, eine feste, allen diesen verwickelten und all- seitig in einander greifenden Verhältnissen Rechnung tragende Grundlage zu schaffen, von der aus sich die zwar ungleichen, aber nichts weniger als unvereinbaren Elemente mehr und mehr gegenseitig ausgliechen, immer inniger und fester aneinander schlößen?

Es gibt noch heute Manche, die es für einen politischen Mißgriff halten, daß Kaiser Franz nach Besiegung Napoleon's und Auflösung des von diesem gestifteten Rheinbundes die deutsche Kaiserwürde nicht wieder angenommen habe. Darüber ist folgendes zu sagen. Sich von neuem an die Spitze Deutschlands zu stellen, nicht bloß dem Namen und Titel nach, sondern in Wahrheit und Kraft, dazu gab es für Kaiser Franz nur einen Moment: den Zeitpunkt seines Beitrittes zum Bündnisse wider Napoleon im Sommer 1813. Wenn er damals den Völkern Deutschlands die Losung gab; wenn er ihren Blick auf die Wiederaufrichtung ihres tausendjährigen Reiches lenkte; wenn er, der die Krone Karl's des Großen auf seinem Haupte getragen, das deutsche Banner in seine Hand nahm und sich damit gegen den fränkischen Zwingherrn an die Spitze stellte, dann flog ihm die zu jener Zeit auf's höchste gestiegene Begeisterung des ganzen deutschen Volkes zu und die Fürsten, wie sie waren, groß und klein, Preußen nicht ausgenommen, mußten mit der Strömung gehen, wollten sie nicht unterliegen. Allein Kaiser Franz war, was man häufig „praktisch" nennt, was aber unter Umständen recht unpraktisch sein kann. Wahrhaft praktisch ist nur, wer für einen bestimmten Zweck die tauglichsten Mittel, vorausgesetzt daß es keine unerlaubten sind, zu ergreifen und zu gebrauchen weiß. Nun wird niemand läugnen, daß Begeisterung ein sehr wichtiger Factor ist, der, im rechten Augenblicke benützt, unglaubliches zustande bringen kann. Von diesem Factor aber Gebrauch zu machen, war Kaiser Franz nicht zu bewegen; Sentimentalität und Ueberschwänglichkeit jeder Art, und für nichts anderes nahm er, was damals in Deutschland gährte, sagten seiner Natur nicht zu; ja er hatte eine eigene

Scheu davor, weil er Ausartung und Mißbrauch fürchtete. Als alles gewonnen war, was er angestrebt, sagte er zu dem nassau-oranischen Bevollmächtigten in Wien: „Schauen Sie, mein lieber Gagern, 's ist ohne den Spectakel auch gegangen!" Ja wohl; nur übersah er dabei, was mit dem „Spectakel" noch viel bedeutenderes erreicht werden konnte, was sich ohne denselben nun nicht mehr erreichen ließ. In der Congreßzeit, wo Preußen wieder zu einer Großmacht angewachsen war, wo man Bayern und Württemberg den Fortbesitz ihrer Vergröße-rungen aus der Napoleonischen Periode bereits zugestanden hatte, war mit der Kaiseridee nichts mehr zu machen.

Dieser Umstand aber sollte nun auch für die österreichische Politik maßgebend werden. Oesterreich an der Spitze eines starken, kräftigen, in sich einigen Deutschland — nicht als bloßes Mitglied, wenn auch erstes und vorzüglichstes, eines Staaten-bundes — durfte nicht bloß sich als vorwaltend deutscher Staat hinstellen, es mußte das sogar; es war sein Beruf, sein Lebensnerv, seine ganze Bestimmung. Sobald aber jenes nicht eintrat, mußte der einsichtsvolle österreichische Staats-mann den ausschließlich deutschen Charakter der bisherigen Po-litik aufgeben, um nicht einer gefährlichen Halbheit zu verfallen, die unerreichbare Ziele verfolgt und darüber die erreichbaren aus den Augen verliert.

Das, was hier in kurzen Zügen angedeutet worden, am Faden der Thatsachen nachzuweisen und auszuführen, ist Sache desjenigen, der die österreichische Geschichte in der Zeit von 1815 bis 1848 und dann weiter bis auf unsere Tage herab zu schreiben unternimmt.

—❦—

Inhalt.

—

III. Der Wiener Congreß 1814, 1815.